SABOR

Ottolenghi
SABOR

Yotam Ottolenghi   Ixta Belfrage

com Tara Wigley
Fotos de Jonathan Lovekin

Tradução de Bruno Fiuza

COMPANHIA DE MESA

SUMÁRIO

INTRODUÇÃO	6
OS 20 INGREDIENTES DE *SABOR*	16

TÉCNICA — **22**
Tostar — 37
Dourar — 50
Infundir — 76
Maturar — 93

COMBINAÇÃO — **116**
Doçura — 131
Gordura — 151
Acidez — 171
Picância — 196

INGREDIENTE — **212**
Cogumelos — 227
Aliáceas — 242
Castanhas e sementes — 260
Açúcar: frutas e bebidas — 278

BOMBAS DE SABOR	297
SUGESTÕES DE REFEIÇÕES E BANQUETES	300
ÍNDICE REMISSIVO	308
AGRADECIMENTOS	316

INTRODUÇÃO

Eu nunca escondi meu amor pelos vegetais. Faz mais de uma década que venho enchendo de elogios a couve-flor, o tomate, o limão e a minha velha amiga, a poderosa berinjela. Fiz isso por conta própria — em aulas de culinária, em turnês de livros e nas páginas de livros e revistas; e fiz isso em grupo — em animadas discussões com colegas nos restaurantes e em cozinhas de teste. Apresentar vegetais de maneira nova e empolgante se tornou minha missão, e a abracei com legítimo entusiasmo.

Apesar disso, aproveitando o espírito de franqueza, preciso confessar uma pequena dúvida mesquinha que surge de vez em quando: quantas maneiras mais existem de assar uma couve-flor, de fatiar um tomate, de espremer um limão ou fritar uma berinjela? Quantos segredos mais existem para serem descobertos em um punhado de lentilhas ou em uma tigela de polenta?

A resposta, tenho o prazer de informar, é: muitas. Minha jornada de descoberta pelo mundo dos vegetais — e por isso me refiro a qualquer coisa, de fato, que se origine de uma planta — me levou a todo tipo de direção que eu simplesmente jamais havia imaginado. Se meu primeiro livro sobre vegetais, *PLENTY*, foi o momento da lua de mel, uma grande festa na qual alguns vegetais — pimentão, tomate, berinjela, cogumelos — ganharam capítulos inteiros dedicados a eles, *COMIDA DE VERDADE* tratou dos processos. As receitas eram divididas pelo tratamento que os vegetais recebiam: amassados, fritos, grelhados e assim por diante. *SABOR* é o terceiro livro da série: ele discorre sobre o que diferencia os vegetais e, com base nisso, sobre como criar formas pelas quais seus sabores possam ser intensificados e experimentados de uma nova maneira; discorre ainda sobre como criar bombas de sabor projetadas especialmente para vegetais. Isso é feito de três maneiras.

TÉCNICA, COMBINAÇÃO, INGREDIENTE

A primeira está relacionada com algumas *técnicas* básicas usadas para preparar os vegetais ou com alguns ingredientes-chave que são cozidos com eles. A segunda tem a ver com a *combinação*: aquilo que você combina com um vegetal para realçar alguma de suas características mais distintas. A terceira está ligada ao *ingrediente* em si: a autêntica intensidade de sabor que ele naturalmente possui e que lhe permite desempenhar o papel de protagonista em um prato, relativamente sozinho, ou escoltar e fazer brilhar outros vegetais.

Então, depois de *PLENTY* e *COMIDA DE VERDADE*, *SABOR* é o terceiro livro da série focado nos três conceitos-chave para explicar o que faz com que certas receitas vegetarianas tenham um sabor tão bom. Eu gostaria de oferecer alguns exemplos para ilustrar isso, usando alguns dos meus ingredientes favoritos: aipo-rábano (para demonstrar a técnica), tamarindo e limão (para pensar sobre a combinação) e cogumelos (para mostrar como apenas o ingrediente em si pode fazer o trabalho).

Primeiro, a *técnica*. Três receitas neste livro envolvem cozinhar o aipo-rábano inteiro por mais de duas horas, depois temperá-lo e servi-lo de diferentes formas. Durante a primeira etapa de cozimento, e antes que qualquer outro ingrediente seja acrescentado, algo realmente mágico acontece. Grande parte da água do

INTRODUÇÃO

aipo-rábano evapora, sua polpa muda de branco para dourado-escuro e fica mais doce e rica. O dourar e o caramelizar, que acontecem com muitos vegetais (e não vegetais) quando cozidos de determinado modo, são processos fundamentais que realçam o sabor deles. O que quer que você decida fazer com o aipo-rábano depois disso é menos relevante. Inclusive, você não precisa fazer mais nada, se

QUANTAS MANEIRAS MAIS EXISTEM DE FRITAR UMA BERINJELA? A RESPOSTA, TENHO O PRAZER DE INFORMAR, É: MUITAS

quiser; o processo de dourar é de tal forma uma bomba de sabor que ele fica divino se comido apenas assim, cortado em fatias e servido com um pouco de limão ou uma montanha de *crème fraîche*. Outros processos que têm um efeito igualmente fantástico são tostar, maturar (que é feito em grande parte bem antes de os ingredientes chegarem à sua cozinha) e infundir, que transformam os vegetais e os elevam a outros patamares.

Ilustrar meu conceito de *combinação* é um pouco mais complicado, porque toda vez que alguém cozinha, obviamente, junta ingredientes. O que eu fiz, porém, foi identificar quatro combinações básicas fundamentais — acidez, calor (como o da picância), gordura e doçura. A introdução de uma ou mais delas em um prato tem como consequência apresentar os vegetais (ou frutas) que os acompanham sob uma luz completamente nova. A SALADA DE ASPARGOS COM TAMARINDO E LIMÃO (p. 171) é um ótimo exemplo. Muitas pessoas defendem que os aspargos são tão magníficos — com um sabor sutil, mas refinado — que não precisam ser acompanhados de nada, exceto um pouco de azeite ou manteiga, e talvez um ovo poché. Eu mesmo defendi esse argumento em um passado não muito distante. O que aprendi mais recentemente, porém, é que os aspargos também conseguem se manter firmes quando combinados com ingredientes robustos e supostamente dominantes. Ele faz isso particularmente bem quando o elemento

INTRODUÇÃO

que o acompanha é complexo e multifacetado. Na salada que mencionei, os aspargos crus são combinados com três fontes de acidez, todas com características particulares: suco de limão, vinagre e tamarindo. Essas camadas e reiterações de acidez se unem em uma harmonia singular, que intensifica e transforma o sabor dos aspargos crus de uma forma que nos faz enxergar os vegetais com outros olhos.

O terceiro conceito tem a ver com o *ingrediente*. Os vegetais, sabidamente, não são tão bons em dar sabor quanto a carne e o peixe, devido ao alto teor de água e aos baixos níveis de gordura e proteína que contêm. Alguns, porém, são absolutamente brilhantes nessa tarefa. A nossa LASANHA PICANTE DE COGUMELOS (p. 228) é a prova viva do poder desse ingrediente em particular de carregar o peso inteiro de um prato complexo em seus ombros, fazendo qualquer carne suar para chegar aos seus pés. Poucos vegetais são capazes disso, por mais deliciosos que sejam, mas, como os cogumelos estão repletos de umami — o gosto saboroso e satisfatório que torna os tomates, o shoyu, os queijos e muitos outros ingredientes tão impactantes —, eles são perfeitamente capazes de fornecer um amplo sabor e uma verdadeira textura que dão aos pratos vegetarianos um núcleo bastante sólido. Outras bases vegetais que mostram habilidades igualmente impressionantes são os *alliums* (cebola e alho), as castanhas, as sementes e as frutas. Você pode confiar nesses quatro conjuntos para fazer um trabalho sério na sua cozinha.

Embora preparar uma receita deliciosa possa ser algo simples, cozinhar com excelência nunca é resultado de um elemento isolado — é a interação de diferentes tipos de *técnicas*, *combinações* e *ingredientes* em um prato que o eleva e o transforma em algo sofisticado. Usando novamente o exemplo da lasanha, esse prato indiscutivelmente depende muito do umami do cogumelo (ingrediente), mas também se beneficia muito de uma interação entre diferentes gorduras (combinação) e da complexa arte de maturação de queijos (técnica). A estrutura do livro, em que cada capítulo dá destaque a um tipo particular de técnica, combinação ou ingrediente, não serve, portanto, para desmerecer nem mesmo negar a existência de muitos outros elementos em uma receita; o objetivo é destacar a singularidade de um prato, um elemento particular em sua essência que o torna peculiarmente saboroso ou especial.

FLEXITARIANISMO

Diante do desafio de aprimorar o sabor dos vegetais e elevá-los a novos patamares, usei, na cozinha, todas as ferramentas possíveis que eu tinha à minha disposição. Para mim, de acordo com minha forma de cozinhar e de comer, isso inclui ingredientes como anchovas, molho de peixe e queijo parmesão, que, obviamente, não são muito usados em livros de receitas em que os vegetais desempenham o papel principal. Apesar de eu entender completamente o porquê disso, visto que muitas pessoas seguem dietas vegetarianas ou veganas à risca, decidi apelar para o maior grupo possível de amantes dos vegetais.

SE VOCÊ QUER TRAZER MAIS PESSOAS PARA O UNIVERSO VEGETARIANO, NÃO HÁ PIOR FORMA DE FAZER ISSO DO QUE EXIGIR QUE ELAS ENTREM DE CABEÇA

Acho que cada vez mais pessoas têm buscado definir seu próprio modo de consumo de vegetais. Sim, muitos se definem como vegetarianos ou veganos, mas também há uma certa fluidez que caracteriza nossa atual abordagem em relação a como nos alimentamos. Há veganos que abrem exceção para ovos, há aqueles que comem frutos do mar, mas não tocam em leite por conta do tratamento dado às vacas leiteiras, há os que excluem apenas as proteínas que são particularmente prejudiciais ao meio ambiente; há os pescetarianos, os *beegans* (veganos que comem mel) e os lactovegetarianos (que se abstêm do consumo de carne e ovos). Há também veganos ou vegetarianos "aposentados": aqueles que desistiram de seguir uma dieta restrita, mas que conservam a alegria e a habilidade de preparar uma ótima refeição sem carne.

Minha abordagem pessoal sobre vegetais sempre foi pragmática e inclusiva. Se você quer trazer mais pessoas para o universo vegetariano, não há pior forma de fazer isso do que exigir que elas entrem de cabeça. Se um ingrediente aromático de origem animal (não me refiro aqui a um corte de carne de primeira nem a um filé de atum gordo) faz um excelente trabalho em "colaborar" com um sabor vegetal particularmente delicioso, com certeza vou usá-lo, para felicidade daqueles que ficarão contentes em comê-lo. Ao mesmo tempo, também ofereço inúmeras alternativas aos produtos de origem animal (e aos laticínios, sempre que possível), para que ninguém precise ficar de fora.

INTRODUÇÃO

Essa abordagem flexitariana de cozinhar e comer acolhe a diversidade das pessoas e sua variedade de escolhas. Das cem receitas do livro, 45 são estritamente veganas, e outras dezessete são facilmente "veganizáveis". Seja qual for sua preferência, estou confiante de que você vai encontrar boas razões para participar da minha celebração aos incontáveis sabores que os vegetais têm para oferecer.

Essa confiança se baseia no meu conhecimento sobre vegetais depois de anos cozinhando e escrevendo sobre eles, durante os quais nunca parei de me surpreender. Ela se baseia também no meu amor pelos vegetais e na minha compreensão de quão versáteis eles são, do quão receptivos são a diferentes técnicas culinárias, do quão camaleônica é a capacidade que eles têm de adquirir sabor e de se metamorfosear de um prato para outro.

É SIMPLESMENTE "MÁGICO", PARA PEGAR EMPRESTADA UMA DAS EXPRESSÕES PREDILETAS DO MEU FILHO DE CINCO ANOS

E, assim, uma simples couve-flor, para usar um dos meus exemplos preferidos, pode se reinventar em cada livro e em diversos capítulos, aparecendo uma vez como um sedutor bolinho levantino, depois sendo grelhada e coberta de açafrão e passas, para voltar disfarçada de triguilho em uma versão moderna do tabule, seguida de uma encarnação como um glamoroso bolo salgado, um bife carnudo, substituindo o frango em alguns pratos, ou simplesmente servida inteira, grelhada, sem adornos, apenas com seu esplendor natural, de modo que realce suas qualidades. Isso mostra quão amplo é o leque de opções e quão fascinante é o potencial de cada vegetal. É simplesmente "mágico", para pegar emprestada uma das expressões prediletas do meu filho de cinco anos.

INTRODUÇÃO

IXTA

Por mais que os vegetais tenham essa capacidade sobrenatural de serem transformados em uma infinidade de receitas deliciosas, é preciso um esforço criativo bem direcionado para revelar esse potencial. Em outras palavras, a enésima forma de preparar nossa amada couve-flor não surgiu do nada. Foi resultado de tentativas e (muitos) erros, misturando e combinando a couve-flor com outros componentes no prato, procurando constantemente por novos ingredientes estimulantes para fazer par com ela e, em geral, sendo extremamente sensível aos processos que acontecem na panela, na assadeira ou já na travessa.

A ENÉSIMA FORMA DE PREPARAR NOSSA AMADA COUVE-FLOR NÃO SURGIU DO NADA

As pessoas à frente desse processo criativo são, naturalmente, cruciais para o caminho específico que ele irá tomar. Então, se você já encontrou um ou dois limões-taiti onde, em livros anteriores do Ottolenghi, havia limões-sicilianos, ou reparou que há uma variedade de pimentas mexicanas e também de outros tipos espalhados por estas páginas, ou se viu picles rápidos e óleos infundidos sendo usados para dar um toque final aos pratos — então você achou as impressões digitais de Ixta Belfrage, cujos dedos acompanharam o que havia de mais notável no mundo dos vegetais nos últimos dois anos e ajudaram a moldar as receitas deste livro de forma singular.

Ixta é uma das chefs mais obcecadas por detalhes que eu conheço (e conheci inúmeros chefs ao longo dos anos), com um talento incomum tanto para fazer as versões mais espetaculares de pratos familiares (veja mais uma vez a LASANHA, p. 228) como para reunir uma coleção inusitada de ingredientes e criar sem esforço uma obra-prima totalmente inédita (veja, ou melhor, vá preparar a COUVE-DE--BRUXELAS AGRIDOCE COM CASTANHA-PORTUGUESA E UVA, p. 93).

A jornada de Ixta pelo universo da comida, que fica evidente aqui em muitos dos pratos, foi um pouco como a minha — tudo, menos linear. Apesar de ter crescido principalmente em Londres, ela passou grande parte de seus primeiros anos de vida em diferentes cantos do mundo, comendo, observando e simplesmente absorvendo tradições e sabores maravilhosos.

Se você conversar com Ixta, ela vai ter prazer em lhe contar sobre o avô de uma amiga, Ferruccio — que, em um recanto da Toscana, faz a melhor lasanha do mundo, e lhe revelou alguns segredos. Vai falar sobre a casa de seu avô, nos arredores da Cidade do México, onde observava atentamente o preparo dos *chiles rellenos* (pimentões recheados). Vai mencionar o Brasil, de onde veio sua mãe e onde ela se apaixonou pelo pirão, pela moqueca e pela mandioca frita, e sem dúvida vai contar sobre as férias de Natal na França e a mais maravilhosa de todas as tortas de maçã, a *pastis gascon*.

ELA ME ENSINA UMA COISA NOVA TODOS OS DIAS. E SOU EXTREMAMENTE GRATO POR ISSO

Depois de tudo isso, você estaria certo em supor que cozinhar tenha sido o primeiro passo da vida profissional de Ixta. No entanto, no caminho até a cozinha, ela conseguiu, entre outras coisas, começar um curso básico de artes plásticas, entrar para uma universidade no Rio de Janeiro, morar por três anos na Austrália, onde trabalhou como vendedora porta a porta de uma empresa de energia e gás, virar agente de viagens e voltar para Londres para estudar design.

Por fim, foi preciso que um dia a irmã de Ixta fizesse a pergunta mais óbvia — "Por que raios você não é cozinheira?" — para que finalmente a ficha caísse, o que aconteceu com um estrondo. Depois disso, essa autodidata extremamente observadora, que havia passado a infância, a adolescência e o início da vida adulta absorvendo técnicas e sabores como uma esponja, partiu em alta velocidade numa trajetória que incluiu ser dona de um pequeno bufê, comandar uma barraca de feira em Londres, onde vendia tacos (claro), e, afinal, se candidatar a uma vaga no NOPI.

Quando, menos de um ano depois, ela chegou à minha cozinha de testes — sem treinamento formal e com uma modesta experiência, mas com uma montanha de conhecimento, criatividade e talento —, logo entendi que poderia deixar Ixta relativamente a sós com seus próprios botões. Cozinhando sua própria comida, profundamente enraizada nas culturas que absorveu ao longo dos anos, ao mesmo tempo que introduz de maneira brilhante a linguagem da culinária contemporânea, ela me ensina uma coisa nova todos os dias. E sou extremamente grato por isso.

INTRODUÇÃO

TARA

O poder que uma boa receita tem de desvelar o potencial oculto de um ingrediente e apresentá-lo sob uma nova e maravilhosa luz é a maior alegria do meu ofício. É o que mantém Ixta e a mim em movimento, na busca por explorar mais a fundo, olhando para todas as iterações possíveis, quebrando a cabeça até por fim encontrar algo que seja saboroso e verdadeiramente especial.

Bons livros de cozinha fazem a mesma coisa com um conjunto de receitas. Eles as pegam, como quem pega um ingrediente cru, e constroem uma narrativa; fazem um relato convincente, carregado de sentido e que toca no ponto certo, como um ensopado perfeitamente equilibrado ou um pavê com a proporção certa de creme, fruta e licor.

Contar uma história dessa forma é uma tarefa difícil que exige um talento particular e raro. Tara Wigley, que trabalhou em todos, exceto em dois dos oito livros de receitas publicados da família Ottolenghi, tem esse talento aos montes. Com seu profundo conhecimento sobre paladar e sobre os sabores *à la* Ottolenghi, ela foi sempre bem-sucedida ao transformar nossas receitas em muito mais do que um conjunto de instruções para recriar os pratos em casa. Ela os contextualiza e apresenta as ideias por trás deles; os reúne de um modo particular, dando sentido aos pratos e deixando as pessoas com vontade de prepará-los.

Neste livro, Tara deu uma breve olhada nas receitas e na mesma hora identificou e pinçou aquilo que Ixta e eu estávamos lutando desesperadamente para descobrir. Ela deu forma às nossas ideias vagas, nos ajudou a estruturar o livro e, na sequência, elaborou as introduções às três seções principais que compõem a base teórica. Nesse sentido, a história aqui exposta por meio das receitas foi trazida à luz graças a Tara.

YOTAM OTTOLENGHI

OS 20 INGREDIENTES DE *SABOR*

Concluímos esta seção introdutória com uma lista dos ingredientes essenciais de *Sabor*. Com "essencial", não estamos dizendo que você precisa obrigatoriamente sair e comprar todos antes de começar a cozinhar nem que você simplesmente não possa ficar sem eles. Inclusive, você poderá reproduzir muitos dos pratos deste livro sem um único desses ingredientes. O que queremos dizer é que os vinte ingredientes destacados, além de aparecerem com frequência nestas páginas ao lado de nossos amados vegetais, também resumem a essência do livro, seu espírito particular. Se você abrir um pote ou uma embalagem de qualquer um desses ingredientes, aproximar o nariz e inspirar levemente, poderá sentir o cheiro de *Sabor*.

Embora alguns ingredientes desta lista não sejam facilmente encontrados no Brasil, mantivemos todos nesta edição como um registro — e para o caso de você se surpreender em alguma loja e desejar explorar o potencial destes sabores em sua cozinha.

Visto que enaltecemos os vegetais e as inúmeras formas pelas quais é possível incrementar um pouquinho mais o sabor deles, não é surpresa nenhuma que muitos de nossos ingredientes essenciais sejam maturados ou fermentados. Há até mesmo uma seção inteira (pp. 93-113) dedicada a receitas que contam com ingredientes maturados para ficarem deliciosas e especiais como são. Há também uma longa introdução (pp. 33-5) explicando o superpoder da maturação e como ela gera camadas de complexidade, sendo um atalho para alcançar toneladas de sabor que, acreditamos, devem estar presentes em qualquer cozinha.

Assim como os fermentados, ricos em umami, as pimentas formam outro grupo forte em nossa lista. Embora sejam celebradas por seu sabor picante (veja as receitas da seção PICÂNCIA, pp. 196-211, e sua respectiva introdução, pp. 127-9), nossas pimentas fazem muito mais que isso. Elas trazem para a mesa todo um conjunto de subsabores e aromas refinados que você não encontra em nenhum outro lugar, contendo diferentes notas: adocicadas, defumadas, coriáceas, achocolatadas ou ácidas. Elas também têm uma incrível capacidade de se fundir a outros sabores para criar uma singular harmonia. Pensamos sempre na combinação de alho, gengibre e pimenta, que está no centro de diversos pratos, e tentamos imaginá-la sem a pimenta. Impossível.

OS 20 INGREDIENTES DE SABOR

As pimentas, assim como os fermentos, perpassam diferentes culturas. Praticamente todas as regiões do mundo têm sua própria versão de molhos, óleos ou marinadas de pimenta. Uma pequena garrafa ou um pote contendo um líquido avermelhado representam uma bomba de sabor de um tipo bastante peculiar.

Em *Sabor*, o México é o lugar onde costumamos buscar nossa dose de ardor picante. Isso se deve tanto à incrível variedade de pimentas que vêm de lá quanto às memórias de infância de Ixta no país e de sua paixão por comida.

Pimentas, assim como *masa harina*, flores de hibisco e todos os banquetes sensacionais que podemos criar com elas, foram os últimos acréscimos à despensa Ottolenghi, que está sempre em expansão. Recomendamos que você as experimente, mas não abandone os velhos favoritos. Alguns deles — *harissa* de rosas, alho negro, pimenta Aleppo — constam dessa lista; outros — tahine, *zaatar*, limões em conserva, xarope de romã — não constam, mas estão espalhados pelas receitas, fazendo sua conhecida mágica.

Alho negro é um alho que foi mantido ligeiramente aquecido por duas a três semanas, provocando uma reação de Maillard (veja mais na p. 28) para deixá-lo preto e adocicado, lembrando um pouco o alcaçuz, com notas de vinagre balsâmico. Traz uma doçura distinta ao PÃO SÍRIO DE AZEITE COM MANTEIGA DE TRÊS ALHOS (p. 246) e ao ARROZ SUJO (p. 252).

Anchovas não precisam de muita apresentação, mas cabe ressaltar que nos referimos àquelas que foram curadas com sal, em vez de marinadas ou conservadas em um líquido ácido — como o vinagre —, e recomendamos que você compre anchovas conservadas em azeite em vez de em óleo de girassol. As anchovas dão uma profundidade de sabor às receitas, e o gosto de peixe só vem à tona se você usar uma quantidade muito grande. Sabemos que vegetarianos e veganos não comem anchovas, por isso elas são opcionais em todas as receitas e podem ser substituídas por outros temperos, desde sal, missô e shoyu, até azeitonas e alcaparras picadas.

Cardamomo em pó é um item básico da despensa Ottolenghi há bastante tempo, porque adoramos usá-lo tanto em contextos doces quanto salgados. Vendemos na nossa loja virtual, mas ainda é muito difícil encontrá-lo em outros lugares. No entanto, você pode fabricar o seu próprio pegando as bagas inteiras de cardamomo,

OS 20 INGREDIENTES DE *SABOR*

tirando as cascas e moendo as sementes até obter um pó fino. Vai ser bom ter em mãos ele já moído na hora de preparar nosso TOFU COM CARDAMOMO, VERDURAS E LIMÃO (p. 172), pois requer uma quantidade razoável.

Feijão-manteiga pode ser cozido do zero ou, se preferir e conseguir encontrá-lo, você pode usá-lo em conserva. Tente achá-los para usar no ENSOPADO DE *BKEILA* (p. 75) ou para mergulhar em um maravilhosamente defumado AZEITE DE *CASCABEL* (P. 41). O feijão-manteiga em lata é, obviamente, uma boa alternativa.

Harissa **de rosas** é uma versão da popular pasta de pimenta do Norte da África contendo pétalas de rosa. Usamos uma versão fantástica, ricamente temperada, mas não muito picante, da marca Belazu. No entanto, ela não é vendida em todos os lugares, e pode ser substituída em nossas receitas pelas variações sem rosas. Cabe ressaltar o grau de ardor, que é muito maior nos produtos tunisianos, e o fato de que eles não contêm tanto óleo. Nosso conselho é provar sua *harissa* antes de acrescentá-la, e aumentar ou diminuir a quantidade a ser utilizada dependendo da sua preferência por sabores picantes e fortes, adicionando um pouco de azeite se achar que o prato precisa. Como regra geral, você provavelmente vai usar cerca de um terço da quantidade de pasta de pimenta tunisiana em receitas que peçam *harissa* de rosas.

Hibisco é amplamente usado no México para dar sabor a todo tipo de comidas e bebidas. Ele é floral e azedo, com um sabor comparável ao cranberry, e confere um tom rosado brilhante quase instantâneo a qualquer coisa a que se junta. O hibisco seco pode ser encontrado em muitas lojas de produtos naturais ou na internet, embora tenhamos o hábito de utilizar saquinhos de chá de hibisco, pois é mais fácil de comprar. Usamos o hibisco para adicionar uma camada extra de acidez ao nosso SORBET DE LIMÃO-SICILIANO (p. 289) e para acrescentar acidez e uma cor vibrante ao nosso PICLES DE CEBOLA (p. 158).

Limão seco é um limão que foi desidratado no sol até perder toda a água e ficar duro como pedra. Popular no Golfo Pérsico, é extremamente azedo e confere aos pratos uma acidez terrosa e levemente amarga. Existem diferentes versões e nomes para ele em cada região; pode ser conhecido como *loomi*, limão negro, limão preto e *noomi basra*, e sua cor pode variar desde o dourado ao preto, passando pelo marrom-escuro. Você pode usar qualquer um deles em nossas receitas, mas preferimos os limões pretos e menores. É possível extrair o seu sabor de diferentes maneiras: faça furos nele e o acrescente a um caldo ou ensopado para dar um sabor mais suave, ou deixe-o de molho e pique-o para dar um toque intenso de acidez terrosa. Você pode encontrá-lo na internet ou em mercearias especializadas em produtos do Oriente Médio.

Masa harina é uma farinha feita com milho nixtamalizado. A nixtamalização é um antigo processo asteca pelo qual o milho é demolhado e cozido em uma solução alcalina antes de ser lavado e descascado. Isso facilita a transformação em farinha e aumenta seu valor nutricional. A *masa harina* é usada no México e em outras partes da América Central e do Sul para fazer tortilhas (experimente os nossos TACOS DE SHIMEJI, p. 238) e tamales (experimente os nossos TAMALES

OS 20 INGREDIENTES DE *SABOR*

DE QUEIJO, p. 158), entre outros preparos. É importante lembrar que ela não é intercambiável com o amido de milho nem com a farinha de milho.

Missô é um tempero japonês feito com soja fermentada (mas também às vezes com arroz ou cevada), sal e *koji* — arroz inoculado com esporos de mofo, que soa muito menos delicioso do que de fato é. O missô é a personificação do umami (ver p. 35); é doce, salgado e encorpado ao mesmo tempo, e pode, sozinho, proporcionar uma incrível profundidade de sabor a qualquer coisa a que você adicioná-lo. Usamos pasta de missô branca em nossas receitas porque ela tem o equilíbrio perfeito entre doce, salgado e umami que buscamos. Evite usar pasta de missô branca doce; ela é, sem surpresa, *doce demais* para as receitas salgadas.

Molho de peixe é um condimento típico do Sudeste Asiático à base de peixe fermentado. Evidentemente, tem um cheiro inusitado e, embora a gente adore, sabemos que nem todo mundo gosta. O molho de peixe é inteiramente opcional em todas as receitas. É comparável em teor de sal ao shoyu light, que pode ser usado no lugar dele. Caso a receita já tenha shoyu, você pode adicionar uma quantidade menor na substituição.

Pasta de pimenta coreana *gochujang* é uma pasta fermentada à base de pimenta, arroz glutinoso e soja, sendo complexa, picante, doce e salgada ao mesmo tempo. Tente conseguir as marcas coreanas, que têm uma verdadeira profundidade de sabor. A *gochujang* pode ser encontrada na maioria das mercearias asiáticas, mas prove antes de acrescentá-la — pode ser necessário dobrar a quantidade utilizada caso esteja faltando cor, corpo ou sabor.

Pasta de tamarindo é extraída da polpa agridoce do tamarindo. É nativo da África tropical, mas popular por toda a Ásia, América do Sul e Oriente Médio. As versões industrializadas podem ser um pouco traiçoeiras para os cozinheiros domésticos, porque variam muito em termos de concentração. Geralmente, elas são mais pungentes e intensas do que a pasta que você extrai da polpa do tamarindo porque têm adição de ácido cítrico, de modo que você terá que colocar o dobro da quantidade que a receita pede se fizer sua pasta em casa. Para isso, misture uma quantidade de polpa equivalente ao tamanho de um limão grande (cerca de 120 g) com um pouco de água morna (cerca de 60 ml). Espere alguns minutos, e então use as mãos para misturar tudo, acrescentando um pouco mais de água, se necessário, para que a polpa se solte das sementes e da fibra. Passe por uma peneira fina, jogue as sementes e a fibra fora, e guarde a pasta grossa na geladeira por até um mês.

Picles de manga é um picles picante, pungente e encorpado, amplamente utilizado no sul e sudeste da Ásia, cuja especiaria dominante é o feno-grego. Não deve ser confundido com o chutney de manga, que muitas vezes é doce demais. Usamos a variedade "picante" em nossas BERINJELAS RECHEADAS (p. 152) e em nossas PANQUECAS DE GRÃO-DE-BICO COM IOGURTE DE PICLES DE MANGA (p. 91).

Pimenta Aleppo é uma pimenta seca em flocos, comum na Turquia e na Síria, batizada em referência à cidade de Aleppo. Apesar de os flocos serem de um tom vermelho-escuro, eles conferem uma tonalidade vermelha brilhante quando infusionados. Usamos a pimenta Aleppo para acrescentar um ardor mediano a muitos molhos e diversas marinadas, como em nossos *NAM JIM* (p. 202), *NAM PRIK* (p. 44), *RAYU* (p. 237) e *CHAMOY* (p. 187). Também é ótima para polvilhar sobre saladas (ver SALADA DE "MACARRÃO" DE COUVE-RÁBANO, p. 260). Não é tão fácil encontrar a pimenta Aleppo no Brasil. Talvez você possa achá-la em uma mercearia especializada em produtos do Oriente Médio, onde é possível comprar enormes pacotes com o nome de *pul biber*. Se for substituí-la, use metade da quantidade da pimenta em flocos regular.

Pimenta *ancho* é a versão seca da pimenta *poblano*. As *poblanos* são verdes quando frescas e se transformam em vermelho-escuro intenso quando secas, desenvolvendo notas frutadas e doces, com níveis de ardor de suave a médio. Aqui, nós as usamos em contextos doces e salgados — veja O FLAN DE TANGERINA E PIMENTA *ANCHO* (p. 278) e O FEIJÃO-PRETO COM COCO, PIMENTA E LIMÃO (p. 86).

Pimenta *cascabel* é, de acordo com a nossa opinião, o melhor tipo de pimenta seca que existe. Ela é usada em inúmeros pratos do nosso restaurante, ROVI — O FEIJÃO-MANTEIGA COM AZEITE DE *CASCABEL* DEFUMADA (p. 41) por exemplo — e no mix de temperos dos nossos TACOS DE SHIMEJI (p. 238). À primeira vista, elas parecem pretas, mas se você observá-las contra a luz, são de fato de um vermelho profundo e atraente. São adocicadas, lembrando um pouco castanhas e chocolate, o que as faz funcionar maravilhosamente bem tanto em contextos doces quanto em salgados (experimente usá-las no lugar da pimenta *ancho* no FLAN DE TANGERINA E PIMENTA *ANCHO*, p. 278).

Pimenta *chipotle* é a versão seca e defumada da pimenta *jalapeño*. Proporciona picância mediana e, obviamente, um sabor de fumaça. Mergulhamos os flocos de *chipotle* em óleo quente para fazer um óleo de pimenta muito rápido, mas extremamente eficaz, com o qual regamos os TAMALES DE QUEIJO (p. 158), e as trituramos para temperar amendoins, que desempenham um papel fundamental na SALADA DE RABANETE E PEPINO COM AMENDOIM *CHIPOTLE* (p. 263).

Pimentão vermelho em flocos pode ser encontrado em empórios de produtos naturais. Ao contrário dos flocos de pimenta, os de pimentão vermelho são suaves e adocicados, em vez de picantes, e ganham um tom vermelho brilhante quando hidratados.

Shaoxing é um vinho obtido pela fermentação do arroz. É levemente doce e sutilmente inusitado, com um sabor semelhante ao do xerez branco seco, que pode ser usado em seu lugar, se necessário. Acrescenta um aroma de mofo particularmente maravilhoso à CAPONATA (p. 135), à COUVE-DE-BRUXELAS AGRIDOCE COM CASTANHA-PORTUGUESA E UVA (p. 93) e aos FIGOS GRELHADOS (p. 110).

Vinagre de arroz é feito com grãos de arroz fermentados, e amplamente utilizado na China, no Japão e no Sudeste Asiático. O vinagre de arroz é mais suave, mais adocicado e menos ácido do que os vinagres ocidentais destilados,

OS 20 INGREDIENTES DE *SABOR*

por isso costumamos usá-lo em ocasiões que pedem um toque de acidez mais sutil e delicado. Nosso MOLHO DE TAHINE E SHOYU (p. 113), por exemplo, se beneficia do uso do vinagre de arroz, assim como o molho da nossa SALADA DE TOMATE E AMEIXA COM NORI E GERGELIM (p. 267).

NOTA SOBRE OS INGREDIENTES

A menos que especificado de outra forma, todos os ovos são grandes, toda manteiga é sem sal, todo azeite é extravirgem. Os vegetais são aparados, e o alho, a cebola e as chalotas são descascados (guarde as aparas e as cascas para fazer caldo). Os dentes de alho são de tamanho regular. As pimentas têm os talos removidos e são usadas com as sementes, embora, é claro, você possa retirá-las se preferir um resultado com menos picância.

O sal é refinado, mas muitas vezes pedimos também sal marinho em flocos, principalmente para finalizar os pratos. A pimenta-do-reino preta é sempre moída na hora (nunca em pó).

A salsinha é da variedade lisa, e tanto as folhas de curry quanto as de limão *kaffir* são frescas, em vez de secas.

Iogurte, *crème fraîche* e creme de leite são puros e integrais, e podem sempre ser substituídos por alternativas veganas.

NOTA SOBRE A TORRA DE CASTANHAS E SEMENTES

Torramos castanhas e sementes em forno preaquecido a 160°C, espalhadas em uma assadeira, e mexemos na metade do tempo. Amêndoas laminadas e sementes de gergelim levam de 6 a 7 minutos. Pinoles, nozes e pistaches levam cerca de 8 minutos, e amêndoas e avelãs inteiras levam de 8 a 10 minutos.

NOTA SOBRE TEMPERATURAS E MEDIDAS

Todas as receitas foram testadas em forno ventilado. Se usar um forno convencional, as temperaturas devem ser aumentadas em 10°C a 20°C, dependendo da marca e do modelo. Os fogões e os fornos variam em termos de calor, então procure por descrições visuais no modo de preparo, em vez de contar apenas com tempos de cocção, para alcançar os resultados desejados.

As medidas de colher de chá e colher de sopa variam de região para região. Neste livro, 1 colher de chá = 5 ml, e 1 colher de sopa = 15 ml.

NOTA SOBRE PLÁSTICO FILME, PAPEL-MANTEIGA E PAPEL-ALUMÍNIO

Foram feitos todos os esforços para minimizar o uso de materiais descartáveis. Papel-manteiga e papel-alumínio podem ser reaproveitados, em vez de descartados, e as tampas de silicone reutilizáveis podem ser usadas no lugar do plástico filme.

TÉCNICA

Uma das formas de incrementar o sabor de um vegetal é submetê-lo a um determinado processo antes ou durante a cocção. Em *SABOR*, nos concentramos em quatro processos: *tostar*, *dourar*, *infundir* e *maturar*. Eles sintetizam o modo como a aplicação de calor, a fumaça ou a passagem do tempo podem mudar, prolongar ou intensificar o gosto de um vegetal ou de outro ingrediente. Basicamente, são técnicas para deixar as coisas ainda mais saborosas.

As receitas foram agrupadas de acordo com a principal técnica empregada, mas muitas vezes há mais de uma acontecendo no mesmo prato. Embora o azeite e os grãos no FEIJÃO-MANTEIGA EM AZEITE DE *CASCABEL* DEFUMADA (ver p. 41), apenas para dar um exemplo, sejam *infundidos* por aromáticos pungentes, é o profundo *tostado* desses aromáticos, acima de tudo, que faz o prato se destacar. Essa é a legítima natureza dos vegetais: variados, versáteis e brilhantes, em todas as formas e tamanhos, e que podem ser preparados de diversas maneiras. No entanto, é útil — na hora de pensar em como o sabor de um vegetal pode ser aprimorado — dar uma olhada em todas as técnicas, uma por uma.

TÉCNICA

TOSTAR

No princípio, era o fogo. Não estamos falando sobre o despertar dos tempos. Estamos pensando, por ora, na primeira memória de Yotam sobre "cozinhar". Era uma batata, jogada em uma fogueira junto com algumas cebolas, no feriado judaico de Lag Baômer, quando a luz espiritual é celebrada acendendo-se luzes reais por toda a terra. Apesar de *sua* boa intenção, o seu despertar espiritual, entretanto, não foi atiçado pelas luzes, mas sim pela humilde batata: uma pequena bola de carvão, queimando seus dedos de oito anos enquanto ele tirava sua grossa casca preta. A polpa fumegante, macia e inchada, salpicada de pontinhos pretos e com um sabor profundo, doce e defumado, valia cada bolha em seus polegares. Aquela foi uma revelação épica.

TAL É O PODER DO CALOR, DA FUMAÇA E DE ALGUMAS LISTRAS PRETAS.

Outra grande "primeira vez" em termos culinários aconteceu no início do Ottolenghi, quando uma simples salada de brócolis grelhado, com lâminas de alho e pimenta vermelha, se incorporou ao cardápio rápida e solidamente. Mais de uma década depois, ainda está lá. Nossos clientes — dos quais muitos nos contam que não comiam brócolis até passarem a tostá-lo — não nos deixam tirá--la. Para muitos, a experiência do sabor que um brócolis é *capaz* de alcançar é uma revelação. Tal é o poder do calor, da fumaça e de algumas listras pretas.

Mas então, qual o segredo por trás do processo de tostar?

A explicação científica é relativamente simples. A aplicação direta de calor na parte externa do ingrediente provoca uma mudança química. No nível celular, os aminoácidos e os açúcares se reorganizam a fundo. Isso leva a uma concentração de sabores que, por sua vez, confere uma deliciosa complexidade, um amargor e uma doçura. Além disso, há um aroma "bônus", que vem da fumaça, emitido à medida que a casca é chamuscada e ao qual é impossível resistir.

O grau em que essas coisas são transmitidas depende da natureza do ingrediente (tamanho, percentual de água, teor de açúcar), do tempo que é deixado no fogo, e da cocção pela qual passam em outro lugar, antes ou depois de ser tostado. Alguns vegetais, como o "famoso" brócolis — mas também a couve-flor e a couve-de--bruxelas, por exemplo — precisam de um pouco de ajuda antes de serem tostados, para acelerar o cozimento. Gostamos de fervê-los rapidamente em água para permitir que o calor chegue ao centro, antes de secá-los bem e jogá-los na grelha com um pouco de azeite. Outros vegetais se saem melhor quando são primeiro tostados na frigideira, depois finalizados no forno. Esse grupo inclui os vegetais mais robustos e duros, como a abóbora, a batata-doce, a beterraba e alguns tipos de repolho.

No outro extremo da escala, ingredientes como a ervilha e outros tipos de vagem (ver VAGENS GRELHADAS EM COCÇÃO LENTA, p. 49), fatias finas de funcho, tomates ou tiras de abobrinha não precisam de nada além de serem tostados. Basta apenas uma pincelada de azeite e ir direto para a frigideira por

TÉCNICA

alguns segundos sem outra etapa de cozimento. Em geral, vegetais que podem ser comidos in natura, crus, podem apenas tomar um susto na frigideira para atingir todo o seu potencial de defumação sem qualquer cozimento ou marinada adicionais. Frutas doces e firmes também funcionam bem, como os PÊSSEGOS E VAGENS GRELHADOS DO CALVIN (p. 37).

Depois de passados pela grelha, é de grande valia mergulhar os vegetais tostados ainda quentes em um banho de azeite e aromáticos, quando a defumação vai infundir o azeite, que, por sua vez, se tornará um molho mais potente como resultado dessa interação. Ao mesmo tempo, o próprio vegetal fica mais propenso a absorver os aromas do alho, do limão ou do que quer que esteja no líquido se tiver acabado de sair da frigideira. Essa dupla vitória é o que acontece com os cogumelos no HOMUS DE ALHO CONFITADO COM COGUMELOS GRELHADOS (p. 234).

Uma frigideira-grelha é sensacional para tostar e chamuscar vegetais que têm posição de destaque no prato — as marcas da grelha servindo de medalha de honra ao ingrediente que passou pela iniciação —, mas é também uma ferramenta útil para infundir temperos e outros componentes extremamente saborosos com um aroma defumado, que eles carregarão consigo onde quer que sejam aplicados. Muitos molhos, óleos aromatizados e marinadas começam tostando ingredientes como pimenta, gengibre, alho, cascas de cítricos, ervas mais firmes e especiarias antes de deixar que eles espalhem sua qualidade defumada por todo lado. O molho rosê, servido com os SCHNITZELS DE PIMENTÃO VERMELHO (p. 146), por exemplo, escapa ao destino de se tornar a enjoativa maionese do infame coquetel de camarão graças à adição de tomates e pimentas bastante queimados e profundamente defumados.

Em termos de equipamento, os efeitos mágicos de tostar podem ser obtidos de forma bastante modesta. Você pode usar uma simples frigideira, seja alta ou baixa, para obter um queimado básico, que é o que costumamos fazer quando não é preciso marcar o alimento na grelha e quando o processo de cocção continua

TÉCNICA

após essa etapa inicial. Na maioria dos casos, porém, e se você não tiver uma churrasqueira à mão, é altamente recomendável investir em uma frigideira-grelha de ferro fundido, pesada. Ela retém bastante calor e permite tostar os vegetais em temperaturas que não são facilmente alcançadas em uma cozinha doméstica. Ela tende a resistir ao teste do tempo, e não deforma nem se parte sob calor intenso.

Além da frigideira, você só precisa de uma pinça comprida, para que seja muito mais fácil manusear e virar o que estiver sendo grelhado. Uma boa ventilação também é fundamental: abra as janelas! Abra as portas! Ligue o exaustor!

Por fim, outra forma que vale a pena ser mencionada, se você quiser obter um aroma profundo de fogo e defumação em sua comida, e fazê-lo "como a natureza imaginou", é simplesmente colocar seus vegetais direto na chama do fogão. Embora esse método não seja indicado abertamente em nenhuma de nossas receitas (porque exige um pouco de trabalho depois, na hora de limpar o fogão), ele funciona muito

UMA BOA VENTILAÇÃO TAMBÉM É FUNDAMENTAL: ABRA AS JANELAS! ABRA AS PORTAS! LIGUE O EXAUSTOR!

bem com alguns vegetais, poupando seu tempo e proporcionando um sabor ainda mais profundo do que ao usar uma frigideira. Os pimentões podem se beneficiar desse método (veja PIMENTÃO TOSTADO E POLENTA DE MILHO FRESCO, p. 140), mas é com as berinjelas que, sem dúvida, você vai querer experimentar uma passada de 15 minutos diretamente na chama. Sua SOPA DE ERVAS E BERINJELA CHAMUSCADA (p. 42), sua ALFACE-AMERICANA COM CREME DE BERINJELA DEFUMADA (p. 38) e cada baba-ghanush que você fizer daqui por diante vão lhe agradecer por isso.

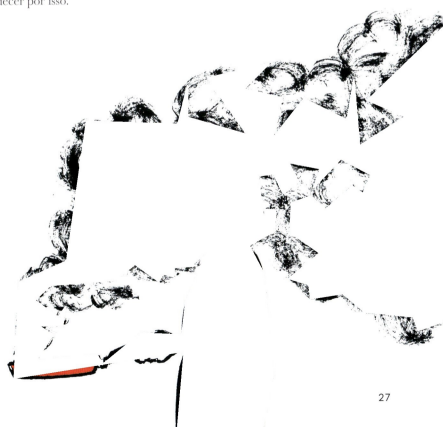

27

TÉCNICA

DOURAR

Se o processo de tostar é feito pela aplicação direta de calor na parte externa de um ingrediente, então o que dourar tem de diferente disso? A pista está no nome. A instrução de "assar um aipo-rábano até que sua casca fique dourada" evoca uma determinada imagem: uma imagem atraente. "Tostar um pimentão até que a casca fique completamente preta e se solte", por outro lado, evoca uma imagem diferente. Mas, claro, essas cascas têm usos diferentes. Você vai querer petiscar a casca profundamente dourada do aipo-rábano. A casca carbonizada do pimentão, no entanto, pode ser retirada e jogada fora.

Dourar é o nome que damos ao processo que acontece quando cozinhamos o nosso aipo-rábano. É a mesma transformação, inclusive, que ocorre toda vez que tostamos pão, torramos grãos de café ou fazemos manteiga *noisette*. Tal como acontece no processo de tostar, a explicação científica é de fácil compreensão:

O SENTIDO DE DOURAR, PARA O COZINHEIRO DOMÉSTICO, É QUE AS COISAS ADQUIREM UM CHEIRO MELHOR, UM SABOR MAIS COMPLEXO

envolve o efeito do calor nos açúcares, nas proteínas e nos aminoácidos dos alimentos. Uma vez que se inicia o cozimento e a temperatura sobe, esses açúcares, proteínas e aminoácidos não se mantêm isolados. Em vez disso, todos reagem para produzir uma enorme variedade de substâncias químicas relacionadas a sabores, aromas e cores. O sentido de dourar, para o cozinheiro doméstico, é que as coisas adquirem um cheiro melhor, um sabor mais complexo e mudam de cor, muitas vezes de pálido para marrom-dourado. O pão fica adocicado, crocante e mais escuro; os grãos de café ficam mais ricos, robustos e com a cor mais intensa; a manteiga se torna aveludada, rica e dourada.

Para que a douração ocorra, a temperatura precisa estar acima do ponto de ebulição da água. O processo geralmente tem início por volta dos 110°C. Um pouco de acidez e um teor de água de baixo a médio também contribuem. Quando um vegetal é cozido no vapor ou fervido, as condições necessárias para dourar não estão presentes. Uma couve-flor cozida no vapor ou em água jamais terá outro gosto que não o de couve-flor quente. No entanto, leve essa mesma couve-flor ao forno quente, e ela passará por uma transformação. Sabores complexos, que não existiam antes, agora estão ali: notas acastanhadas, cremosas, doces e sutis.

O que os cozinheiros chamam de dourar, os cientistas de alimentos chamam de reação de Maillard. Dá-se o nome Maillard em homenagem ao cientista francês do início do século xx, Louis-Camille Maillard, que a descobriu. E chama-se reação porque, além de exigir calor para começar, o processo também produz calor. Nesse calor intenso e na presença de carboidratos, os blocos formadores das proteínas vão se reorganizando. O processo se torna mais complexo à medida que os produtos de cada reação dão início a suas próprias reações, criando milhares de moléculas diferentes de sabor e aroma. Os aromas que você sente ao

TÉCNICA

cozinhar — profundos e saborosos, que não existiam no alimento cru — são a reação de Maillard em atividade.

Legumes doces, como a beterraba e o aipo-rábano, por exemplo, ou o nabo e a banana-da-terra, são particularmente beneficiados por esse processo. A aplicação de calor intensifica ainda mais os açúcares deles. O resultado pode ser algo crocante e doce por fora, e depois quase como caramelo por dentro, macio e saboroso. Yotam

O SABOR, NO ENTANTO, EXPLODE QUANDO ELA É DOURADA, E VOA PARA TODOS OS LADOS POSSÍVEIS

não vai esquecer nunca a primeira vez que um aipo-rábano foi assado inteiro no trabalho, quando testava receitas para o livro do restaurante NOPI.

Ao sair do forno depois de assar por três horas, ele foi cortado em doze gomos e servido com algumas gotas de limão. Tudo foi devorado em poucos minutos! Recebemos "reclamações" semelhantes de pessoas que, pela mesma doce razão, ficaram famosas por acabar sozinhas com uma couve-flor ou um nabo inteiros. Em sua forma crua, alguém teria dificuldade em comer um pé inteiro de couve-flor. O sabor, no entanto, explode quando ela é dourada, e voa para todos os lados possíveis.

Quando os vegetais são assados em pedaços, em vez de inteiros, há algumas questões práticas que precisam ser lembradas. A primeira é não encher demais a assadeira: se tudo estiver muito apertado, não haverá espaço para o vapor escapar e os vegetais vão "suar". Espalhe-os bem e uniformemente, e as condições para dourar serão perfeitas. Fique de olho neles no forno: gire a assadeira na metade do tempo e mexa tudo delicadamente. Além disso, não misture vegetais com níveis de açúcar (ou de amido, ou de água) muito diferentes na mesma assadeira: por exemplo, você não vai querer assar fatias de abobrinha, que é aquosa, com cubos de abóbora, que é bastante doce. Isso vai proporcionar um cozimento desigual: alguns vegetais vão cozinhar no vapor, outros vão suar, outros vão queimar: nenhum deles ficará feliz.

Não são apenas os vegetais, doces ou não, que podem ser transformados pela reação de Maillard. Ela vale para qualquer ingrediente que contenha uma combinação de açúcares, proteínas e carboidratos. Todos esses elementos precisam estar lá para que a reação ocorra. A razão pela qual o azeite não caameliza ou doura como a manteiga (na BETERRABA *HASSELBACK* COM MANTEIGA DE LIMÃO *KAFFIR*, p. 50, por exemplo), é que o azeite é uma gordura pura; a manteiga, por outro lado, também contém água, proteínas e sólidos oriundos do leite. São esses sólidos que escurecem quando a manteiga sem sal é suavemente aquecida, alterando sua cor e seu sabor. Esses são os "pontinhos marrons" que levam à criação da manteiga *noisette*, com notas doces e tostadas de avelã. O sabor é maravilhoso: rico, lembrando o caramelo, justamente o que um prato de PURÊ DE CENOURA AO CURRY COM MANTEIGA *NOISETTE* (p. 67), cozido no vapor (e, portanto, não dourado), precisa, por exemplo, para ser lançado ao universo da bomba de sabor de que estamos falando.

TÉCNICA

Além de assar vegetais, como já discutimos, outros métodos de cozimento que provocam a reação de Maillard são refogar, fritar, selar, grelhar, torrar e assim por diante. Qualquer coisa ensopada, cozida no vapor ou fervida não passará dos 100°C, e, portanto, jamais será Maillard. Qualquer coisa frita, por outro lado, sempre será.

Duas notas práticas para concluir. A primeira tem a ver com tirar as coisas do fogo antes de estarem totalmente prontas. A segunda tem a ver com colocar as coisas no fogo antes de estarem totalmente prontas.

Primeiro, alimentos como lâminas de alho ou de pimenta que estão fritando, ou castanhas e sementes que estão torrando, precisam sair do fogo um pouco antes de estarem prontas se você vai deixá-las no azeite (ou na assadeira, no caso das castanhas). O calor residual do azeite na frigideira ou da assadeira vai continuar a cozinhar o que está dentro delas. Se você deixou as coisas chegarem até o ponto

NÃO É MAIS UMA MERA CEBOLA: É A DOCE E SABOROSA PROMESSA DE QUE UMA REFEIÇÃO DELICIOSA ESTÁ QUASE SAINDO

desejado, não se esqueça de transferi-las para outro lugar, para esfriarem: em uma travessa forrada com papel-toalha, no caso do alho, usando uma escumadeira, ou uma outra assadeira, no caso das castanhas.

A segunda talvez seja mais um segredo do que uma dica prática. De qualquer forma, se em algum momento você estiver atrasado na hora de servir uma refeição e a multidão começar a se rebelar, nunca se esqueça de que a cebola crua que está em cima da bancada é sua maior aliada na arte do engano. Uma cebola crua tem sempre aspecto, cheiro e gosto de cebola crua. Porém, se você picá-la rapidamente, colocá-la em uma frigideira quente com um pouco de azeite, deixando-a ganhar um pouco de cor, ela se transformará em algo completamente diferente. Não é mais uma mera cebola: é a doce e saborosa promessa de que uma refeição deliciosa está *quase* saindo.

TÉCNICA

INFUNDIR

Se o processo químico de dourar é um tanto complexo, e o de tostar é bastante ousado, a infusão, pelo contrário, é bem simples e delicada. É o que acontece quando um aromático é adicionado a um líquido, e o calor e o tempo são aplicados. Fazemos isso todas as manhãs quando preparamos um café coado. O aromático pode assumir todo tipo de forma — ervas, especiarias, folhas frescas, bulbos —, da mesma forma que o tipo de líquido, a temperatura e o tempo pelo qual as coisas são deixadas em infusão. Óleo vegetal, azeite, fogo alto, fogo baixo, dois minutos no fogo, duas horas fora do fogo — essas são as variáveis que podem ser ajustadas, dependendo do grau de infusão que você deseja.

Para além de uma típica xícara de chá, as infusões são um processo maravilhosamente útil, econômico e eficaz para servir de base à cozinha ao longo do dia. Por um lado, elas podem rapidamente associar um prato a uma área e a uma culinária específicas. Assim como as folhas de chá têm o poder de nos transportar para Darjeeling, para o Sri Lanka, para Assam e além, a

A COMBINAÇÃO DE INGREDIENTES EM UMA INFUSÃO PODE LEVAR UM PRATO A QUALQUER LUGAR DO MUNDO

combinação de ingredientes em uma infusão pode levar um prato a qualquer lugar do mundo. O alho, a cebola, o alecrim, o tomilho, a pimenta verde e o azeite utilizados no PURÊ DE FEIJÃO-BRANCO COM AÏOLI (p. 76), por exemplo, levam o prato diretamente para o Mediterrâneo. As folhas de curry, as sementes de mostarda e as pimentas da *PAPPA AL POMODORO* COM LIMÃO E SEMENTE DE MOSTARDA (p. 85), por outro lado, evocam o calor do subcontinente indiano.

Além de levar um prato para terras distantes, as infusões também são uma forma econômica de chegar lá. O equipamento é simples: uma panela, uma fonte de calor, uma colher de pau para mexer, uma escumadeira para tirar o que for preciso. Os ingredientes são, muitas vezes, humildes: alho, cebola, especiarias, casca de limão, pimentas frescas ou secas. Há algo de bom e democrático, também, no fato de as infusões viajarem em bando. Não se trata da elevação de um único ingrediente — como acontece com a poderosa berinjela que, uma vez carbonizada, rouba a cena —, mas do encontro, da mistura e da troca de sabores entre grupos de ingredientes do dia a dia. Trata-se de como a soma é maior do que as partes isoladas, e da transformação mágica pela qual os ingredientes podem passar com um pouco de tempo, calor e óleo.

O tipo de óleo que você usa para aquecer os aromáticos depende do resultado que você procura. O óleo de girassol, com seu sabor neutro e ponto de fumaça mais alto, é o que você precisa quando não quer que a identidade do óleo em si afete muito um prato, um sabor ou o conjunto. É ele que você quer quando está preparando uma MAIONESE (p. 89), por exemplo. Na maioria das vezes, porém, optamos pelo azeite, porque tem um sabor muito bom, por sua viscosidade e pela ótima sensação no paladar.

TÉCNICA

A "transformação mágica" acima citada pode ser explorada de diferentes formas em uma receita. Às vezes, ela está relacionada à troca de sabores no cerne do processo de infusão. É quando os aromáticos infundem o óleo em que são aquecidos, que pode ser usado de várias maneiras: um óleo de folha de curry que é utilizado para fazer a maionese para a BATATA FRITA (p. 89), por exemplo, ou para regar sobre uma SALADA DE MELÃO E MELANCIA COM MOZARELA DE BÚFALA (p. 80) antes de servir. Às vezes, além de ter a ver com o sabor, tem a ver com a aparência. O nosso HOMUS COM LIMÃO, ALHO FRITO E PIMENTA (p. 79) perde sua cara um pouco sem graça e ganha um verde e vermelho brilhantes por causa do coentro e das pimentas que foram banhados em azeite quente. E a textura também pode ser um elemento: quando os aromáticos que ficaram crocantes por meio da fritura podem, uma vez concluído o trabalho de infundir o óleo, serem retirados com uma escumadeira, reservados e usados mais tarde para decorar um prato. Folhas de curry ou de limão *kaffir* fritas rapidamente, tiras de gengibre e pimenta, lâminas de alho, ramos de alecrim ou de tomilho: tudo isso fica fantástico colocado sobre um PURÊ DE FEIJÃO-BRANCO (p. 76) ou de um prato de FEIJÃO-PRETO (p. 86), além de proporcionar um interessante contraste de texturas na hora de comer.

Às vezes, é claro, a infusão está relacionada às três coisas: à troca de sabores, à aparência dos aromáticos e ao contraste de texturas proporcionado. Mas isso não acontece em todas as receitas, é claro. Na SOPA FRIA DE AVOCADO COM AZEITE DE ALHO CROCANTE (p. 82), por exemplo, a sopa é inteiramente distinta do azeite de alho e cominho com o qual é regada. O contraste é parte do objetivo, porém, o que faz o prato funcionar tão bem, é a sopa gelada e fresca ser acordada de seu sono de verão pelo toque do azeite crocante, potente, infundido com uma mistura de alho, sementes de cominho e de coentro.

Parte da textura desse azeite aqui é dada pelo alho finamente picado. Picar, em vez de esmagar ou cozinhar os dentes inteiros, dá origem a esses pedacinhos explosivos de alho durante a infusão. Para que o sabor do alho seja espalhado de modo mais uniforme por todo o prato, os dentes precisam ser esmagados, como acontece na marinada em que fica a SALADA DE PEPINO À XI'AN IMPRESSION (p. 113), por exemplo. Outras vezes, um prato pode lidar com fatias inteiras de alho, fritas até ficarem douradas. Além de infundir o azeite que então é usado num preparo, as lâminas fritas também podem ser usadas como decoração e consumidas, como no ALHO-PORÓ COM MOLHO DE MISSÔ E CIBOULETTE (p. 257). E, depois, há todas as vezes em que confitamos uma cabeça de alho inteira cortando a parte de cima, regando-a com azeite, embrulhando-a em papel-alumínio e levando-a ao forno até ficar macia, cremosa e incrivelmente dourada. Uma cabeça de alho inteira, assada lentamente, no HOMUS (p. 234), junto com todo o azeite infundido em alho que vem com ela? Um entusiasmado — e inteiramente infundido — "sim, claro", é o que nós temos a dizer!

TÉCNICA

MATURAR

Depois de um dia na cozinha de testes, com todo o tostar, dourar e infundir que podem acontecer, o jantar de Yotam em casa tende a ser simples e frugal. Na maioria das vezes, ele toma apenas uma taça de vinho tinto com uma fatia de parmesão ou um quadrado ou dois de chocolate amargo. Não é muito, mas é suficiente, porque o que o vinho, o parmesão e o chocolate têm em comum é que todos tiveram seus sabores intensificados por um processo de maturação e, portanto, não é preciso muito para satisfazer as papilas gustativas.

Antes de a refrigeração se popularizar, a maturação era empregada como forma de preservação dos alimentos. Cobrir as coisas com sal ou salmoura, ou interromper o suprimento de ar para deixar os ingredientes fermentarem, significava que a vida útil de um alimento poderia ser estendida além do tempo ou da estação previstos para ele. Todos os meios de conservação tinham uma finalidade em comum: criar um ambiente inóspito para as bactérias que levam os alimentos a estragarem. Se cozinhar é sempre um ato de transformação — uma espécie de alquimia —, então o processo de maturação tem algo de particularmente mágico, pois a mudança vem de dentro. Outros processos de cocção — incluindo tostar, dourar e infundir, que analisamos — exigem a introdução de calor na equação para que a transformação ocorra. A maturação, por sua vez, depende apenas da biologia para que a matéria orgânica seja transformada de um estado para outro (mais interessante e nutritivo). À medida que a matéria orgânica se decompõe e fermenta, a energia é gerada e

SE COZINHAR É SEMPRE UM ATO DE TRANSFORMAÇÃO, ENTÃO O PROCESSO DE MATURAÇÃO TEM ALGO DE PARTICULARMENTE MÁGICO

criada a partir de dentro. Seja do leite ao queijo, das uvas ao vinho, do arroz ao saquê, dos grãos de cevada à cerveja, do repolho ao kimchi, da soja ao missô e ao shoyu: todos esses ingredientes surgem, engenhosamente, pelo cuidadoso manejo da decomposição executado pelo fermentador.

A necessidade pode ter sido a mãe da invenção, e o aproveitamento do processo de decomposição para fins comestíveis pode ser fantástico, mas não é a razão (agora que todos temos geladeiras para manter os alimentos frescos) pela qual esses ingredientes "maturados" continuam entre nós. Para alguns, eles são consumidos e celebrados principalmente por suas propriedades benéficas. As ligações entre fermentados como o kombucha ou o kimchi e a saúde intestinal, por exemplo, estão se tornando cada vez mais conhecidas. Para nós, no entanto, a atração está — sempre esteve e sempre estará — relacionada aos sabores potentes, ousados, agradáveis e muitas vezes "inusitados" que frequentemente surgem como subproduto do processo de maturação.

Para a sorte de quem deseja atingir altas notas de sabor sem precisar se esforçar muito, a definição de maturação nesta seção diz respeito ao uso de ingredientes em que o processo de maturação já foi feito pelo produtor. Isso contrasta com receitas que às vezes começam, por exemplo, com a instrução de fermentar, curar, salgar ou conservar algum ingrediente antes de mais nada. Fazer esses processos em casa é fácil, gratificante, saboroso e divertido, mas todos exigem planejamento e tempo. Existem muitos livros, receitas e pessoas brilhantes que podem ensinar e inspirar você a preparar suas próprias culturas, fermentos e kombuchas. O objetivo das nossas receitas, por outro lado, é colocar grandes sabores na mesa em muito menos tempo e com muito menos trabalho, proporcionalmente.

Então, por favor, que rufem os tambores para os ingredientes que fazem a maior parte do trabalho aqui: o parmesão maduro ou o pecorino picante, por exemplo, as anchovas salgadas, o missô ou a pasta de pimenta *gochujang*; o shoyu, o vinagre Chinkiang ou o vinho de arroz Shaoxing.

Começando pelos dois queijos duros italianos, é interessante observar, a princípio, as diferenças entre eles. O parmesão é feito com leite de vaca, e o pecorino, com leite de ovelha. Dessa forma, portanto, o parmesão sempre será mais cremoso e menos "picante" do que o pecorino. A diferença, no entanto, é

O OBJETIVO DAS NOSSAS RECEITAS É COLOCAR GRANDES SABORES NA MESA EM MUITO MENOS TEMPO E COM MUITO MENOS TRABALHO

também de idade. O parmesão é sempre maturado — ou *vecchio*, se consumido por volta dos doze ou dezoito meses — ou então, se for envelhecido por mais de dois anos, *stravecchio* ou extramaturado. O parmesão extramaturado tem um sabor maravilhoso: rico, cremoso, lembrando castanhas. Ele eleva as receitas a outro patamar, proporcionando peso e corpo às ERVILHAS EM CALDO DE PARMESÃO COM MOLHO DE LIMÃO TOSTADO (p. 109), que de outro modo seriam leves.

O pecorino, por outro lado, pode ser consumido em diferentes etapas. O queijo jovem — "fresco" — é firme, mas cremoso e úmido. De sabor leitoso e leve, é delicado o suficiente para ser esfarelado à mão e espalhado sobre qualquer tipo de salada de folhas. Porém, quando semienvelhecido ou envelhecido (*semi-stagionato* ou *stagionato*) é mais maduro: robusto, mais marcante e com sabor mais pronunciado. Esse é o tipo de pecorino que você vai querer petiscar com uma taça de vinho tinto, mas que também pode ser ralado e acrescentado a um prato como o *CACIO E PEPE COM ZAATAR* (p. 104), por exemplo.

Se os queijos duros formam um dos grupos de ingredientes "maturados" desta seção, os "fermentados asiáticos" formam outro. Missô, shoyu, vinho de arroz Shaoxing, vinagre de arroz, pasta de pimenta *gochujang*: todos eles começam com um ingrediente — soja, arroz, pimenta —, que depois, por meio do processo de fermentação, é decomposto e conservado para uso na cozinha de uma forma totalmente diferente. O processo faz com que esses ingredientes estejam disponíveis durante o ano todo, mas também nos permite consumir muito mais deles — principalmente a soja —, porque o nosso sistema digestivo pode extrair os nutrientes de forma mais eficaz do alimento já nesse estado.

TÉCNICA

Apesar da necessidade e da digestão, a razão pela qual esses ingredientes desempenham um papel tão importante em nossa despensa remete — claro! — ao sabor. Faça o jogo de associação de palavras com shoyu e missô, e não vai demorar muito para chegarmos à apoteose do sabor: o umami. Umami, traduzido aproximadamente como "delicioso" em japonês, tem sido reconhecido como o "quinto" gosto desde o início do século XX, quando o químico Kikunae Ikeda descobriu, no Japão, que os cristais brancos que se formam na alga kombu seca contêm grandes quantidades de glutamato. A descoberta de Ikeda foi que o sabor intenso dessa molécula era um tanto diferente dos gostos até então reconhecidos: doce, azedo, amargo e salgado. Assim, ele se tornou o quinto gosto. Um pouco como o sal, o glutamato destaca — ou intensifica — o sabor dos alimentos, mas, ao contrário do sal, não tem sabor próprio. Para o cozinheiro doméstico, isso representa um modo fácil e rápido de injetar muito sabor em um prato.

Ao usar ingredientes maturados em seus preparos do dia a dia, lembre-se de que o sabor deles é potente e ousado, portanto, uma pequena quantidade basta. Lembre-se também de que qualquer coisa tão intrinsecamente potente e ousada em sabor precisa ser contrabalançada com algo fresco ou ácido, jovem ou adocicado. Você vai ver essa interação acontecer nas receitas aqui: um molho de limão, por exemplo, para trazer um toque cítrico ao CALDO DE PARMESÃO (p. 109) ou aos OVOS ASSADOS COM BATATA E GOCHUJANG (p. 99). Uvas doces e frescas são adições necessárias à COUVE-DE-BRUXELAS AGRIDOCE (p. 93) para equilibrar o shoyu, assim como tiras de casca de limão estão ao lado dos FIGOS GRELHADOS (ver p. 110), depois de assados com shoyu, vinho de arroz Shaoxing e vinagre Chinkiang. Como sempre, cozinhar e combinar produtos é uma questão de equilíbrio. Ingredientes maturados são, sem dúvida, o tipo de bomba de sabor que você deseja ter estocado em sua despensa, mas, para nós, os limões estão sempre à espera em uma enorme tigela, prontos para nos emprestar seu sumo e sua casca.

VAGENS E PÊSSEGOS GRELHADOS DO CALVIN

RENDE 4 PORÇÕES
como entrada ou parte
de uma mesa

400 g de vagem, cortadas
ao meio na diagonal e
com as pontas aparadas

**3 colheres (sopa) de
azeite,** mais um pouco
para untar

**2 pêssegos maduros (mas
firmes),** sem caroço e
cortados em fatias de
0,5 cm (200 g)

5 g de folhas de hortelã,
rasgadas grosseiramente

**¾ de colher (sopa) de
sumo de limão-siciliano**

**80 g de queijo de cabra
fresco, cremoso e
sem casca,** partido
grosseiramente em
pedaços de 4 cm

**20 g de amêndoas
tostadas e salgadas,**
picadas grosseiramente

**¾ de colher (sopa) de mel
sal marinho em flocos
e pimenta-do-reino
preta**

O chef executivo do Ottolenghi, Calvin von Niebel, desenvolveu esta receita pela primeira vez em nossa cozinha de testes com pêssegos perfeitamente maduros, vagens recém-colhidas e mel vindo direto da colmeia de um telhado de Londres. Foi um momento memorável, graças à nitidez dos sabores e à qualidade dos ingredientes. É essencial que você procure, também, os melhores ingredientes que conseguir. Esta receita depende particularmente deles, já que há pouco cozimento e apenas um molho leve. Os pêssegos podem ser substituídos por nectarinas ou damascos, e pode-se utilizar diferentes variedades de vagem.

Sirva de entrada, com uma lasanha picante de cogumelos (p. 228) de prato principal, se gostar, e sorbet de limão-siciliano (p. 289) de sobremesa.

1. Misture as vagens com 2 colheres de sopa do azeite e ½ colher (chá) de sal em flocos. Coloque uma frigideira-grelha bem untada em fogo alto e ventile sua cozinha. Quando a frigideira estiver quente, grelhe as vagens por 3 a 4 minutos de cada lado, até obter marcas visíveis de grelha e as vagens estiverem quase cozidas. Transfira-as para uma tigela e cubra com um prato por 5 a 10 minutos, dependendo do quão crocante você gosta dos vegetais; o calor residual vai ajudar a amolecê-las.

2. Despeje a colher de sopa restante de azeite sobre as fatias de pêssego e grelhe-os por 1 a 2 minutos de cada lado, até obter marcas visíveis da frigideira.

3. Misture as vagens e os pêssegos com a hortelã e transfira para uma travessa (ou pratos individuais). Tempere com o sumo de limão, uma boa pitada de sal em flocos e um bom giro do moedor de pimenta. Distribua o queijo de cabra e as amêndoas em torno da travessa e regue com o mel para finalizar.

TOSTAR

ALFACE-AMERICANA COM CREME DE BERINJELA DEFUMADA

RENDE 4 PORÇÕES
como acompanhamento
ou entrada

1 **pé pequeno de alface-
-americana** (350 g),
cortado em 12 gomos

60 ml de azeite

25 g de queijo parmesão,
ralado finamente

**45 g de rabanetes
regulares ou coloridos,**
cortados em fatias finas
na mandolina, se você
tiver uma, ou à mão

2 avocados pequenos, sem
caroço, descascados e
cortados em fatias finas

5 g de ciboulette, cortadas
em tiras de 1,5 cm

**sal e pimenta-do-reino
preta**

CREME DE BERINJELA

2 berinjelas médias (600 g)

**2½ colheres (sopa) de
sumo de limão-siciliano**

1 dente de alho, picado
grosseiramente

50 g de iogurte grego

**2 colheres (chá) de
mostarda Dijon**

60 ml de azeite, mais
um pouco para untar

CROCANTES

1 colher (sopa) de azeite

60 g de amêndoas,
picadas grosseiramente

**100 g de pão de
fermentação natural,**
sem casca e quebrado
grosseiramente em
pedaços até obter 60 g

**50 g de sementes de
abóbora**

**⅓ de colher (chá) de
pimenta Urfa em flocos**
(ou outra variedade,
caso você não consiga
encontrá-la)

Esta salada tem toneladas de texturas crocantes e um molho defumado cremoso que agrupa tudo maravilhosamente. A defumação é alcançada pelo método testado e comprovado que apareceu em muitas das nossas receitas no passado: queimando a berinjela em fogo alto por um tempo substancial, até que ela desabe sobre si mesma em uma algazarra deliciosamente defumada.

Esse ainda é o nosso modo preferido, mas se você prefere evitar toda aquela fumaça na sua cozinha e detesta a visão de uma grossa camada carbonizada na sua frigideira quando tiver terminada, eis aqui outro método: preaqueça o forno de convecção a 230°C (ou o forno comum a 250°C), em seguida, corte as berinjelas ao meio no sentido do comprimento e faça cortes fundos na polpa de ambas as partes. Espalhe um pouco de azeite, coloque em uma assadeira forrada com papel-manteiga com a polpa para cima e asse por 40 a 45 minutos, até ficarem macias e bastante douradas. Transfira para uma tigela grande, cubra com um prato e deixe amolecer por 20 minutos. Retire a polpa da berinjela e coloque em outra tigela, descartando a pele, os talos e o líquido.

Esta salada é inspirada em um prato do Aloette, um restaurante esplêndido que fica em Toronto, no Canadá.

1. Primeiro, prepare o creme de berinjela. Coloque uma frigideira-grelha bem untada em fogo alto e ventile sua cozinha. Perfure as berinjelas sete ou oito vezes por todos os lados e, quando a frigideira estiver fumegando, grelhe-as, virando duas ou três vezes até que o exterior esteja completamente carbonizado e o interior esteja macio, de 45 a 50 minutos. Transfira para uma peneira apoiada sobre uma tigela e, quando esfriar o suficiente para ser manuseada, retire a polpa, descartando os talos e a pele carbonizada. Pese 200 g de polpa de berinjela, reservando o que sobrar para outro uso. Transfira para um processador de alimentos junto com os ingredientes restantes, ½ colher (chá) de sal e um bom giro do moedor de pimenta-do-reino preta, e processe até ficar completamente homogêneo. Reserve.

2. Enquanto isso, prepare os crocantes. Coloque o azeite em uma frigideira grande em fogo médio-alto, adicione as amêndoas e toste, mexendo regularmente, por cerca de 2 minutos. Adicione o pão, as sementes de abóbora e ¼ de colher (chá) de sal e toste por mais 5 minutos, mexendo sempre, até dourar. Adicione os flocos de pimenta e toste por mais 30 segundos. Transfira para uma travessa e deixe esfriar completamente.

3. Para montar, disponha os gomos de alface sobre uma travessa grande. Regue com 2 colheres de sopa de azeite e uma pitada de sal e pimenta. Despeje o creme de berinjela sobre elas, seguido por parmesão, rabanete e avocado. Tempere ligeiramente com sal e pimenta novamente e regue com as 2 colheres de sopa restantes de azeite. Finalize com ciboulette e com uma quantidade generosa de crocantes por cima, servindo à parte o que sobrar deles.

TOSTAR

FEIJÃO-MANTEIGA EM AZEITE DE *CASCABEL* DEFUMADA

RENDE 6 PORÇÕES
como antepasto

500 g de feijão-manteiga cozido de boa qualidade
sal marinho em flocos

AZEITE DE *CASCABEL* DEFUMADA
4 pimentas *cascabel* secas, partidas ao meio
5 dentes de alho, com casca e amassados com a lateral da faca
2 pimentas *jalapeño*, cortadas ao meio no sentido do comprimento (se quiser menos picante, retire as sementes)
1 limão: retire 5 tiras finas da casca, depois esprema para obter 1 colher (sopa) de sumo
1 limão-siciliano: retire 5 tiras finas da casca, depois esprema para obter 1 colher (sopa) de sumo
½ colher (sopa) de sementes de coentro, tostadas
1 colher (chá) de sementes de cominho, tostadas
400 ml de azeite

As pimentas *cascabel* são, na nossa modesta opinião, o melhor tipo de pimenta seca que o dinheiro pode comprar. Frutadas, com notas de castanha, doces, levemente defumadas e um pouco achocolatadas, elas cumprem todos os nossos requisitos quando queremos introduzir camadas de sabor nos vegetais. No nosso restaurante ROVI, são usadas para aromatizar mexilhões ou batatas, e para preparar esse feijão-manteiga, um antepasto servido aos clientes assim que eles se sentam, polvilhado com sementes de coentro trituradas.

Sirva o feijão-manteiga como aperitivo ou tira-gosto, com pão e maionese caseira, ou misture com ervas picadas e folhas de rúcula para fazer uma salada. Ele é também uma adição muito bem-vinda à sopa de ervas e berinjela chamuscada (p. 42) e ao ensopado de *bkeila* (p. 75). Duram até duas semanas em um pote na geladeira.

O azeite de *cascabel* defumada é uma receita maravilhosa por si só e pode durar até um mês em uma garrafa de vidro, pronto para ser despejado sobre qualquer coisa, de ovos a massas.

1. Coloque uma frigideira grande antiaderente em fogo alto e ventile bem a cozinha. Quando a panela estiver fumegando, reduza o fogo para médio-alto. Coloque as pimentas *cascabel*, o alho, as pimentas *jalapeño*, as cascas dos limões na frigideira e deixe até ficar bem preto em alguns pontos e muito perfumado. Isso vai levar cerca de 3 minutos para as cascas dos cítricos, 4 minutos para a *cascabel* e o alho, e 9 minutos para o *jalapeño*: use pinças de metal para ir retirando cada ingrediente da frigideira.

2. Coloque todos os ingredientes chamuscados em uma panela média junto com as sementes de coentro e cominho tostadas, o sumo dos limões, o azeite e 2 colheres (chá) de sal em flocos e leve ao fogo baixo. Cozinhe dessa forma por cerca de 4 minutos, ou até que o azeite comece a borbulhar um pouco, depois retire do fogo. Use uma pinça ou um espremedor de batatas para espremer ou esmagar todos os ingredientes carbonizados no azeite para liberar seus sabores. Junte o feijão-manteiga e deixe esfriar.

3. Depois de frio, se for levar à geladeira, transfira tudo para um pote grande; se for servir ainda no mesmo dia, transfira para uma tigela. Deixe em infusão por pelo menos 2 horas, ou de um dia para o outro.

TOSTAR

RENDE 4 PORÇÕES

SOPA DE ERVAS E BERINJELA CHAMUSCADA

3 berinjelas, perfuradas 7 ou 8 oito vezes de todos os lados (750 g)

3 colheres (sopa) de sumo de limão-siciliano

105 ml de azeite, mais um pouco para untar

2 cebolas, picadas finamente (300 g)

6 dentes de alho, espremidos

60 g de folhas de coentro, picadas grosseiramente, mais 2 colheres (sopa) de folhas inteiras para servir

60 g de folhas de salsinha, picadas grosseiramente, mais 2 colheres (sopa) de folhas inteiras para servir

40 g de endro, picado grosseiramente, mais 2 colheres (sopa) de ramos inteiros para servir

5 cebolinhas, fatiadas finamente (75 g)

2½ colheres (chá) de canela em pó

2½ colheres (chá) de cominho em pó

1 colher (chá) de cúrcuma em pó, mais ⅛ de colher (chá)

400 g de espinafre baby, picado finamente

500 ml de caldo de legumes ou de galinha

1 pimenta vermelha, em rodelas finas (20 g)

2 colheres (chá) de sementes de mostarda escura

sal e pimenta-do-reino preta

Esta sopa é inspirada em técnicas culinárias tanto do Oriente Médio quanto da Índia: grandes quantidades de ervas são refogadas para compor a base, as berinjelas são chamuscadas, e tudo é finalizado com um aromático azeite temperado. Fica particularmente boa com o nosso feijão-manteiga em azeite de *cascabel* defumada (ver p. 41) por cima.

Prepare a sopa com até 2 dias de antecedência, mas não misture as berinjelas com o sumo de limão e as ervas nem cubra com o azeite temperado até o momento de servir.

1. Coloque uma frigideira-grelha bem untada em fogo alto e ventile sua cozinha. Quando a panela estiver fumegando, grelhe as berinjelas, de 45 a 50 minutos, virando-as duas ou três vezes, até que o exterior esteja completamente carbonizado e o interior amolecido. Não se preocupe se queimar demais as berinjelas; quanto mais tempo elas cozinharem, melhor. Transfira-as para uma peneira apoiada sobre uma tigela e deixe escorrer por cerca de 30 minutos. Descasque as berinjelas e descarte os talos e a casca. Retire a polpa em tiras compridas e coloque-as em uma tigela média com 1 colher (sopa) do sumo de limão, ⅓ de colher (chá) de sal e um bom giro do moedor de pimenta-do-reino. Misture e reserve.

2. Enquanto as berinjelas estão grelhando, prepare a sopa. Coloque 60 ml de azeite em uma panela grande em fogo médio-alto. Adicione a cebola picada e refogue, mexendo regularmente, até amolecer e dourar bastante, por cerca de 12 minutos. Adicione o alho e refogue por mais 30 segundos, até ficar perfumado, e em seguida reduza o fogo para médio-baixo e adicione as ervas, a cebolinha e 3 colheres (sopa) de água. Cozinhe por cerca de 15 minutos, ou até ficar bem verde e perfumado, mexendo sempre para que as ervas não grudem no fundo e queimem. Aumente o fogo para médio-alto, acrescente a canela, o cominho e 1 colher (chá) de cúrcuma e cozinhe por 30 segundos, em seguida, misture o espinafre, o caldo, 400 ml de água, 1 e ¾ colher (chá) de sal e um giro generoso do moedor de pimenta-do-reino preta. Espere ferver, abaixe o fogo para médio e deixe cozinhar por cerca de 20 minutos.

3. Retire do fogo, adicione as 2 colheres restantes do sumo de limão e use um mixer para bater grosseiramente a sopa (você não quer que ela fique completamente homogênea). Como alternativa, bata metade da sopa no liquidificador e coloque de volta na panela com o resto da sopa. Mantenha aquecida até o momento de servir.

4. Para o azeite temperado, coloque a pimenta vermelha e as 3 colheres (sopa) de azeite restantes em uma frigideira pequena em fogo médio. Deixe refogar, mexendo de vez em quando, até que a pimenta fique translúcida e brilhante, por cerca de 10 a 12 minutos. Adicione as sementes de mostarda e refogue por mais 1 minuto. Misture ⅛ de colher (chá) de cúrcuma restante e despeje a mistura imediatamente em uma tigela para interromper a cocção. Reserve.

5. Sirva a sopa em quatro tigelas. Misture as folhas e os ramos inteiros das ervas com a berinjela e adicione à sopa, finalizando com um fio do azeite temperado.

TOSTAR

REPOLHO COM *NAM PRIK*

RENDE 6 PORÇÕES
como acompanhamento

Nam prik (ou *phrik*) é o nome de uma variedade de molhos de pimenta que estão no cerne da culinária tailandesa. A sua intensidade acentuada é o contraponto perfeito para qualquer preparo grelhado, assim como para arroz e pratos leves de vegetais, carne ou peixe.

Este repolho é fantasticamente aromático. Você pode servi-lo como parte de um jantar vegetariano com o udon com tofu frito (p. 202) ou o tofu com cardamomo, verduras e limão (p. 172).

O *nam prik* pode ser preparado até uma semana antes e guardado na geladeira, mas o repolho deve ser grelhado pouco antes de servir. *Foto no verso.*

2 pés de repolho, cortados em quatro no sentido do comprimento (1,6 kg)

3 colheres (sopa) de óleo de girassol

5 g de folhas de coentro, picadas finamente

1 limão, cortado em gomos, para servir

sal marinho em flocos

NAM PRIK

20 g de galanga fresca (ou gengibre, como substituto), sem casca e picada grosseiramente

1 dente de alho pequeno, sem casca

1 colher (sopa) de molho de peixe (ou shoyu light)

1½ colher (chá) de flocos de pimenta Aleppo (ou ¾ de colher (chá) de flocos de pimenta regular)

1 colher (sopa) de pasta de tamarindo industrializada, ou o dobro se você mesmo extrair a pasta da polpa (ver p. 19)

1 ¼ colher (chá) de açúcar mascavo claro

50 g de tomate-cereja

1½ colher (sopa) de sumo de limão

1 colher (chá) de óleo de girassol

1. Para fazer o *nam prik*, coloque a galanga e o alho na tigela pequena de um processador de alimentos e processe bem. Adicione todos os demais ingredientes e use a função pulsar até misturar e deixar finamente picado, mas não completamente homogêneo. Transfira para uma tigela pequena e reserve até a hora de servir.

2. Misture o repolho com o óleo e 1 colher (chá) de sal em flocos. Coloque em uma churrasqueira ou frigideira-grelha muito quente e grelhe por 4 a 5 minutos de cada lado (ou seja, 12 a 15 minutos no total), até que o repolho fique macio por fora, mas mantendo a crocância, e com marcas visíveis da grelha. Transfira para uma travessa. Adicione o coentro ao *nam prik* e espalhe a mistura uniformemente sobre os pedaços de repolho. Sirva quente ou em temperatura ambiente, com os gomos de limão ao lado.

BERINJELA NO VAPOR COM MOLHO DE PIMENTA TOSTADA

RENDE 4 PORÇÕES
como acompanhamento
ou parte de uma mesa

2 berinjelas (700 g)
1-2 cebolinhas, sem raízes
e cortadas à Julienne (tiras
finas e uniformes) (15 g)
**1½ colher (sopa) de
amêndoas tostadas
e salgadas,** picadas
grosseiramente
**1 colher (sopa) de folhas
de coentro,** picadas
grosseiramente
sal marinho em flocos

MOLHO DE PIMENTA
TOSTADA
**2 pimentas vermelhas
suaves grandes** (30 g)
**140 g de tomate-cereja
doce e maduro,** picado
finamente
**1½ colher (chá) de vinagre
de xerez,** mais ½ colher
(chá) para servir

AZEITE DE ALHO
E GENGIBRE
40 ml de azeite
**2 dentes de alho
pequenos,** picados
finíssimamente
**1 colher (chá) de gengibre
fresco,** sem casca e
picado finíssimamente

É preciso um pouco de insistência para convencer as pessoas a cozinhar berinjela no vapor, em vez de assá-las ou fritá-las. Gitai Fisher, nosso colega na cozinha de testes e fã de berinjelas com algum grau de bronzeamento, foi osso duro de roer. Ele ficou convencido depois de provar esse prato, em que as berinjelas são, de fato, pálidas, mas também com uma textura fantasticamente sedosa e uma capacidade admirável de absorver os aromas da pimenta, do alho e do gengibre como uma esponja feliz.

O molho de pimenta tostada pode ser dobrado ou triplicado e mantido em uma jarra de vidro na geladeira por até uma semana, pronto para ser colocado sobre ovos mexidos, sobre tortilhas empilhadas ou servido ao lado de um tofu ou de um peixe grelhado.

As berinjelas devem ser cozidas no vapor imediatamente antes de servir, porque tendem a descolorir se deixadas de lado. *Foto no verso.*

1. Para o molho, leve uma frigideira ao fogo alto. Quando estiver bem quente, adicione a pimenta e grelhe por cerca de 10 minutos, virando algumas vezes até ficarem bem tostadas de todos os lados. Transfira para uma tigela pequena, cubra com um pires e deixe amolecer por 10 minutos. Retire as sementes de uma das pimentas (ou de ambas, se quiser menos picante), depois pique-as finamente sem tirar a pele. Coloque em uma tigela com os tomates, o vinagre e ¼ de colher (chá) de sal em flocos, misture e reserve.

2. Para o azeite de alho e gengibre, coloque todos os ingredientes em uma panela pequena com ½ colher (chá) de sal em flocos e leve ao fogo mais baixo possível. Cozinhe muito suavemente por cerca de 8 minutos, mexendo de vez em quando, até que o alho e o gengibre se desfaçam quando amassados com as costas de uma colher. Tome cuidado para não aquecer demais o azeite, caso contrário o alho irá queimar: se o azeite começar a borbulhar, basta retirar a panela do fogo até esfriar.

3. Corte as berinjelas em bastões de 7 × 2 cm e misture-as com 2 colheres (sopa) de sal em flocos em uma tigela grande. Coloque-as em uma vaporeira (ou em uma peneira que possa ser apoiada sobre uma panela grande) e reserve.

4. Encha uma panela grande com 4 cm de água. Ferva em fogo alto e coloque a vaporeira (ou a peneira) sobre a panela. Cubra com a tampa ou feche bem com papel-alumínio, para evitar que o vapor escape. Reduza o fogo para médio e cozinhe por 20 a 25 minutos, ou até que as berinjelas estejam bem macias, mas ainda mantendo a forma. Tire a vaporeira da panela, leve para a pia e deixe escorrer por 5 minutos.

5. Coloque as berinjelas escorridas em uma travessa grande, regue com a ½ colher (chá) restante de vinagre e tempere com ¼ de colher (chá) de sal em flocos. Acrescente as cebolinhas e misture delicadamente. Espalhe o molho e em seguida regue com o azeite de alho e gengibre. Finalize com as amêndoas e o coentro e sirva.

TOSTAR

VAGENS GRELHADAS EM COCÇÃO LENTA

RENDE 4 PORÇÕES
como acompanhamento

500 g de vagem-francesa, com as pontas aparadas e cortadas ao meio

500 g de vagem--macarrão, com as pontas aparadas e cortadas em 3-4 pedaços na diagonal

12 dentes de alho, sem casca

1 pimenta verde, perfurada algumas vezes com uma faca pequena (15 g)

120 ml de azeite

2 cebolas, picadas finamente (300 g)

250 ml de caldo de legumes ou de galinha

2 limões-sicilianos: rale finamente a casca para obter 2 colheres (chá), depois esprema para obter 3 colheres (sopa) de sumo

10 g de estragão, picado grosseiramente

10 g de endro, picado grosseiramente

10 g de folhas de salsinha, picadas grosseiramente

35 g de limão-siciliano em conserva (cerca de 1-2), com a polpa descartada e a casca cortada à Julienne (tiras finas e uniformes)

sal e pimenta-do-reino preta

Embora nossa tendência seja cozinhar vagens no vapor ou branqueá-las, para garantir que permaneçam brilhantes, verdes e crocantes, elas também ficam maravilhosas quando são cozidas por mais tempo e um pouco mais devagar. Graças a esse tempo, elas absorverão o molho em que estão cozinhando, como acontece aqui, enquanto desprendem um defumado maravilhosamente sutil depois de terem sido tostadas.

Você pode cozinhar as vagens de véspera, se quiser se adiantar, mas não acrescente as raspas e o sumo de limão nem prepare o molho de ervas até que esteja na hora de servir.

1. Leve uma frigideira alta, com tampa, ao fogo alto. Quando estiver fumegando, adicione um quarto das vagens (de ambas as variedades) e grelhe por cerca de 5 minutos, mexendo de vez em quando, até tostar em alguns pontos. Transfira para um prato ou uma travessa e repita com o restante das vagens (use duas frigideiras menores se quiser acelerar o processo). Acrescente o alho e a pimenta à frigideira e grelhe da mesma forma, até ficarem completamente tostados, por cerca de 3 a 4 minutos, depois acrescente-os à travessa com as vagens. Deixe a frigideira de lado para esfriar um pouco.

2. Despeje 90 ml do azeite na frigideira e leve ao fogo médio-alto. Quando estiver quente, acrescente as cebolas e refogue por cerca de 10 minutos, mexendo de vez em quando, até ficarem macias e douradas. Acrescente as vagens, o alho e a pimenta tostados, o caldo, 1 ½ colher (chá) de sal e um bom giro do moedor de pimenta-do-reino preta. Deixe ferver, reduza o fogo para médio-baixo e cozinhe por cerca de 20 minutos, com tampa, até que as vagens estejam bem macias. Misture as raspas e o sumo de limão.

3. Coloque as ervas, o limão em conserva, as 2 colheres (sopa) de azeite restantes, ¼ de colher (chá) de sal e bastante pimenta em uma tigela pequena e misture.

4. Na hora de servir, despeje a mistura de ervas sobre as vagens e mexa o suficiente para envolver. Sirva morno ou em temperatura ambiente.

DOURAR

RENDE 4 PORÇÕES
como acompanhamento

8-10 beterrabas médias-
-grandes (cerca de
2 maços), com casca
(1,2 kg), ou 8-10
beterrabas pré-cozidas
(1 kg)
sal marinho em flocos

MANTEIGA DE LIMÃO
KAFFIR
90 g de manteiga sem sal
40 ml de azeite
5 folhas de limão *kaffir*
frescas, picadas
grosseiramente
10 g de gengibre fresco,
sem casca e picado
finamente
1 dente de alho, espremido
1 colher (sopa) de sumo
de limão, mais 2 colheres
(chá) para servir

MOLHO DE LIMÃO
KAFFIR
10 folhas de limão *kaffir*
frescas, sem os talos
e trituradas em um
moedor de café (ou
finissimamente picadas)
½ colher (chá) de gengibre
fresco, sem casca e
picado finissimamente
½ dente de alho, espremido
½ pimenta verde, picada
finissimamente (sem
as sementes, se quiser
menos picante)
1 colher (sopa) de folhas
coentro, picadas
finamente
3 colher (sopa) de azeite

CREME DE IOGURTE
80 ml de creme de leite
fresco
90 g de iogurte grego

BETERRABA *HASSELBACK* COM MANTEIGA DE LIMÃO *KAFFIR*

Preparar vegetais *hasselback* requer cortá-los em fatias finas, mas não até o fim, para que as fatias permaneçam unidas na base, como um leque. Isso lhes dá, de bônus, uma aparência incrível, mas a principal razão para executarmos essa etapa são as bordas deliciosamente crocantes que se obtém por toda a superfície.

Caso seja possível, procure comprar as beterrabas em maços e reserve os caules e as folhas. Ficam deliciosos em saladas ou, melhor ainda, para fazer o nosso tempurá de talos, folhas e ervas (p. 184), junto com pimentão tostado e polenta de milho fresco (p. 140), que fazem parte do menu do ROVI (p. 303).

As beterrabas podem ser cozidas, descascadas e fatiadas com até 3 dias de antecedência e guardadas na geladeira.

Faça o dobro ou o triplo da manteiga de limão *kaffir*, se quiser — ela pode ser guardada em um pote de vidro na geladeira por até 2 semanas, sempre pronta para dar um destaque a qualquer tipo de vegetal assado ou para se derreter sobre um peixe grelhado. *Foto no verso.*

1. Preaqueça o forno de convecção a 220°C (ou o forno comum a 240°C).

2. Coloque as beterrabas em uma assadeira grande o suficiente para que não se sobreponham. Encha a assadeira com 2 cm de água. Polvilhe com 1 colher (sopa) de sal em flocos, cubra bem com papel-alumínio e leve ao forno por 1 hora e 20 minutos, ou até que uma faca inserida na beterraba penetre com facilidade (as maiores podem precisar de mais tempo). Descarte a água e, quando estiverem frias o suficiente para serem manuseadas, retire a casca debaixo de água fria corrente (use luvas para não manchar as mãos). Corte as beterrabas maiores ao meio no sentido do comprimento. Reduza a temperatura do forno de convecção para 190°C (ou do forno comum para 210°C).

3. Enquanto as beterrabas assam, prepare a manteiga de limão *kaffir*. Coloque a manteiga, o azeite, as folhas de limão, o gengibre e o alho em uma panela pequena e leve ao fogo médio-alto. Cozinhe delicadamente por cerca de 4 minutos, até que a manteiga derreta e comece a borbulhar, depois retire do fogo e deixe em infusão por pelo menos 40 minutos. Passe pela peneira e descarte os aromáticos, e em seguida misture 1 colher (sopa) de sumo de limão e 1 colher (chá) de sal em flocos.

4. Para o molho de limão *kaffir*, misture todos os ingredientes em uma tigela pequena com ¼ de colher (chá) de sal em flocos e reserve.

5. Em uma tigela média, bata o creme de leite com o iogurte e uma pitada de sal em flocos por cerca de 3 minutos, até ficar leve e aerado, com picos médios. Leve à geladeira até o momento de usar.

6. Depois de descascadas, faça talhos nas beterrabas com intervalos de 4 mm, parando a cerca de 1 cm da base, para que as fatias se mantenham unidas. Coloque as beterrabas em uma assadeira pequena forrada com papel-manteiga e abra as fatias o máximo possível, como um leque. Espalhe a mistura de manteiga derretida uniformemente sobre e ao redor das beterrabas e, principalmente, entre as fatias. Asse por 1 hora e 15 minutos, abrindo as fatias e regando muito bem com a manteiga na assadeira a cada 20 minutos ou mais, até que as bordas fiquem crocantes e caramelizadas. Reserve e deixe esfriar por 15 minutos.

7. Para servir, espalhe o creme de iogurte em uma travessa e, em seguida, arrume as beterrabas sobre ele, espalhando a manteiga da assadeira por cima e ao redor delas. Regue com o molho de limão *kaffir*, finalize com as 2 colheres (chá) restantes de sumo de limão e sirva imediatamente.

DOURAR

AIPO-RÁBANO ASSADO INTEIRO, TRÊS VERSÕES

1 aipo-rábano grande,
com as pontas das raízes
removidas (não é preciso
descascar) e esfregado
até ficar limpo (900 g)
60 ml de azeite
sal marinho em flocos

Esse jeito simples de assar lentamente o aipo-rábano inteiro, com nada além de azeite e sal, é um método que já exploramos no passado, servindo-o simplesmente com umas gotas de limão ou uma colherada de *crème fraîche*. Você pode fazer isso com esse aipo-rábano, sem dúvida. Aqui, porém, esse processo, no qual os amidos são convertidos em açúcares (p. 29) que escorrem na forma de um maravilhoso caramelo com sabor de aipo, é aproveitado para prepararmos três receitas muito diferentes que têm o aipo-rábano como protagonista. Se você não tiver obtido muito desse caramelo após assá-lo, basta pincelar o aipo-rábano com azeite e um pouco de xarope de Maple ou mel depois de cortá-lo.

O aipo-rábano fica melhor se for assado no próprio dia, mas você pode prepará-lo de véspera, se quiser se adiantar. É preciso dobrar a receita para preparar o bife de aipo-rábano com molho Café de Paris (p. 60).

1. Preaqueça o forno de convecção a 170°C (ou o forno comum a 190°C).

2. Perfure o aipo com um garfo cerca de 40 vezes e coloque-o em uma assadeira forrada com papel-manteiga. Misture o azeite e 1½ colher (chá) de sal em flocos e esfregue o aipo-rábano generosamente com a mistura. Asse por, no mínimo, 2 horas e 15 minutos, ou até 2 horas e 45 minutos, dependendo do tamanho do aipo-rábano, regando com a mistura da assadeira a cada 20 minutos ou mais, até que ele esteja profundamente dourado, macio por completo e vertendo um caramelo.

3. Deixe descansar por 15 minutos, depois corte-o em fatias ou bifes (dependendo da receita, ver pp. 55-61), pincelando todos os lados de cada pedaço com o azeite e o caramelo que ficaram na assadeira (pode ser necessário adicionar um pouco mais de azeite se não houver o suficiente para cobrir tudo).

DOURAR

RENDE 2 PORÇÕES
como prato principal ou
quatro porções como
acompanhamento

1 **aipo-rábano assado**
inteiro, cortado em
8 gomos (ver página
anterior)
2 **cebolinhas,** picadas
finamente na diagonal,
para servir
5 **g de folhas de**
manjericão tailandês
(ou qualquer outro tipo de
manjericão), para servir
sal marinho em flocos

PICLES DE AIPO-RÁBANO
1 **aipo-rábano médio,**
aparado, descascado e
cortado em tiras finas de
6 cm (500 g)
3 **talos de aipo,** cortados
em tiras finas de 6 cm
(120 g)
2 **dentes de alho,** com
casca e amassados com
a lateral da faca
3 **limões:** retire 6 tiras finas
da casca, depois esprema
para obter 60 ml de sumo
150 **ml de vinagre de arroz**

MOLHO *SWEET CHILLI*
120 **ml de óleo de girassol**
5 **dentes de alho,** laminado
finíssimamente
3 **pimentas vermelhas,**
em rodelas finas (30 g)
2 **anises-estrelados**
1½ **colher (sopa) de**
gergelim branco ou
preto, ou uma mistura
dos dois, bem torrado
2½ **colheres (sopa) de**
xarope de Maple
1 **colher (sopa) de vinagre**
de arroz
60 **ml de shoyu**
2 **colheres (sopa) de**
ciboulette, picada
finamente

1. AIPO-RÁBANO ASSADO E EM PICLES COM MOLHO *SWEET CHILLI*

Este prato apresenta o aipo-rábano em duas formas muito diferentes — assado lentamente e em picles —, conferindo um contraste de texturas e uma complexidade de sabor que permitem que ele ocupe o centro das atenções num banquete vegetariano (ver p. 303).

Você pode preparar o molho com um dia de antecedência, mas não misture a pimenta frita e o alho até o momento de servir. A receita rende mais picles do que o necessário, mas ele pode ser mantido na geladeira por até 3 dias e fica ótimo em sanduíches, com torradas ou misturado em uma salada. Se você não quiser fazer picles de um aipo-rábano inteiro, use apenas metade e asse a outra metade. *Foto no verso.*

1. Misture todos os ingredientes do picles de aipo-rábano com 20 g de sal em flocos em uma tigela grande e deixe descansar por pelo menos 2 horas, mexendo de vez em quando, enquanto prepara o restante. Você pode fazer o picles com até 3 dias de antecedência e guardá-lo na geladeira.

2. Para o molho *sweet chilli*, aqueça o óleo de girassol em uma panela pequena em fogo médio-alto. Quando estiver bem quente, acrescente o alho, as pimentas e o anis-estrelado e refogue por 2 a 2,5 minutos, mexendo para separar as lâminas de alho, até que esteja crocante e levemente dourado (ele vai continuar a ganhar cor depois de ser retirado do óleo, então não deixe ir muito longe). Passe por uma peneira apoiada sobre uma tigela pequena resistente ao calor para colher o óleo. Reserve a pimenta e o alho fritos para servir. Retire 80 ml do óleo aromatizado e reserve para outra receita. Combine os 40 ml de óleo restantes com os demais ingredientes do molho.

3. Preaqueça o forno de convecção a 200°C (ou o forno comum a 220°C).

4. Coloque as fatias de aipo-rábano assadas em uma assadeira forrada com papel-manteiga, com o lado cortado para cima. Se elas já não tiverem sido pinceladas com o azeite e o caramelo do cozimento, pincele com um pouco de azeite e de xarope de Maple ou mel (ver página anterior). Leve ao forno por 20 minutos, ou até dourar.

5. Arrume as fatias em uma travessa grande e tempere com um pouco de sal em flocos.

6. Acrescente a pimenta e o alho fritos ao molho e espalhe-o sobre e ao redor do aipo-rábano. Cubra com 200 g da mistura de aipo em conserva, evitando o líquido do picles, o alho e a casca de limão. Decore com cebolinha e manjericão tailandês e sirva.

55

DOURAR

RENDE 16 TACOS
para quatro
a seis pessoas

16 folhas de repolho, de um pé grande com a base aparada
1 aipo-rábano assado inteiro, cortado em 16 gomos (ver p. 54)
120 g de queijo de cabra cremoso e sem casca, partido grosseiramente em pedaços de 2 cm (opcional)
2 limões, cortados em gomos, para servir
sal

MOLHO BARBECUE DE TÂMARA
90 ml de azeite
1 chalota pequena, picada finamente (30 g)
2 dentes de alho, espremidos
¼ de colher (chá) de pimenta vermelha em flocos
60 ml de vinagre balsâmico
¼ de colher (chá) de páprica defumada
½ colher (chá) de cominho em pó
100 g de tâmaras sem caroço, picadas grosseiramente
20 g de alho negro (cerca de 10 dentes)

AZEITE AROMÁTICO
90 ml de azeite
2 pimentas vermelhas, em rodelas finas
2 dentes de alho, picados finamente (não espremidos)
2 colheres (chá) de sementes de coentro, esmagadas ligeiramente
2 colheres (chá) de ciboulette, picada finamente

2. "TACOS" DE REPOLHO COM AIPO-RÁBANO E BARBECUE DE TÂMARA

Esta receita quebrou um recorde mundial ao ser o primeiro prato vegetariano selecionado para o festival de churrasco Meatopia, centrado em carne, obviamente. Foi preciso um pouco de insistência para que os organizadores concordassem com esse movimento herético, mas nosso aipo-rábano foi uma sensação entre os amantes de carne.

O repolho é um ótimo recipiente para o aipo-rábano, mas a combinação do aipo-rábano com o molho barbecue de tâmaras especial é maravilhosa por si só, se você não quiser ter o trabalho de branquear as folhas de repolho.

O molho rende mais do que o necessário, o que não é ruim. Ele dura na geladeira por até 3 semanas e pode ser usado em qualquer situação que peça um molho barbecue.

1. Para o molho barbecue, coloque 2 colheres (sopa) de azeite, a chalota e o alho em uma panela pequena em fogo médio. Refogue por cerca de 6 minutos, mexendo regularmente, até que a chalota esteja macia e dourada. Adicione todos os demais ingredientes do molho, exceto o azeite restante, junto com 130 ml de água e ½ colher (chá) de sal. Espere começar a fervilhar, em seguida, reduza o fogo para médio-baixo e deixe cozinhar por 8 minutos ou até que as tâmaras estejam completamente macias. Deixe esfriar por 10 minutos, depois transfira para um moedor de café ou para a tigela pequena de um processador de alimentos com os 60 ml restantes de azeite e bata até obter um molho homogêneo.

2. Para o azeite aromático, coloque todos os ingredientes (exceto a ciboulette) e ¼ de colher (chá) de sal em uma panela pequena em fogo médio-baixo e refogue delicadamente por 8 minutos, até o alho ficar macio e perfumado. Pode ser necessário baixar o fogo se o alho estiver dourando rápido demais. Retire do fogo e acrescente a ciboulette.

3. Leve uma panela grande com água e sal para ferver. Escalde as folhas de repolho por 30 segundos a 1 minuto, até que estejam cozidas, mas ainda crocantes, depois escorra muito bem, coloque-as sobre um pano de prato limpo e seque com cuidado — você não quer que as folhas fiquem molhadas.

4. No momento de servir, ligue o forno na temperatura máxima da função grill. Coloque as fatias de aipo-rábano espaçadas em uma assadeira bem grande forrada com papel-manteiga (certificando-se de que não haja papel em excesso que possa pegar fogo). Se elas já não tiverem sido pinceladas com o azeite e o caramelo do cozimento, pincele com um pouco de azeite e um pouco de xarope de Maple ou mel (ver p. 54). Leve à prateleira mais alta do forno por 6 minutos, até dourar. Retire do forno e pincele as fatias com 6 colheres (sopa) do molho barbecue (120 g), cobrindo cuidadosamente todos os lados.

5. Para a montagem, coloque uma fatia de aipo-rábano sobre cada folha de repolho. Cubra com o queijo de cabra e regue com um pouco do azeite aromático. Sirva quente, com os gomos de limão e molho extra à parte.

DOURAR

RENDE 4 PORÇÕES
como prato principal

2 **aipos-rábano assados**
inteiros (dobre a receita
da p. 54), cada um
cortado em bifes de
2,5 cm no sentido da
largura

sal marinho em flocos
e pimenta-do-reino
preta

MOLHO CAFÉ DE PARIS

110 g de manteiga sem
sal, cortada em cubos
de 2 cm

1 chalota pequena, picada
finamente (25 g)

1 dente de alho, espremido

3 filés de anchova em
azeite, escorridos e
picados finamente
(uso opcional, ajuste o
tempero se não for usar)

½ colher (chá) de curry
em pó

¼ de colher (chá) de
pimenta-caiena em pó

1 colher (sopa) de
mostarda em pó

1 colher (sopa) de
alcaparras miúdas

2 colheres (sopa) de
ciboulette, picada
finamente

2 colheres (sopa) de
folhas de estragão,
picadas finamente

1 colher (sopa) de folhas
de salsinha, picadas
finamente

2 colheres (sopa) de
tomilho

110 ml de creme de leite
fresco

2 colheres (chá) de sumo
de limão-siciliano

3. BIFE DE AIPO-RÁBANO COM MOLHO CAFÉ DE PARIS

Muito tempo atrás, em Paris, Ixta comeu um bife com molho Café de Paris e achou que tinha morrido e ido para o céu da manteiga. Essa única memória, gravada em sua cabeça desde a infância, formou a base em que nos apoiamos para criar este prato, além de um monte de versões conflitantes publicadas ao longo dos anos que tentaram desvendar a receita secreta. Se a nossa versão nos aproxima do original, provavelmente nunca saberemos, mas ela sem dúvida cumpre o que promete ao deixar o aipo-rábano com aparência de carne, entretanto, sem a carne, e fazendo dele uma alternativa perfeita ao assado de domingo (sirva-o com a alface-americana com creme de berinjela defumada [p. 38], e as batatas fritas de forno [p. 89]).

Não se preocupe se o molho talhar, é isso que se espera.

1. Coloque os sete primeiros ingredientes do molho e ¼ de colher (chá) de sal em flocos em uma panela pequena em fogo médio. Refogue por cerca de 6 minutos, girando a panela até que as chalotas amoleçam e a manteiga derreta, tornando-se dourada e caramelizada. Adicione as alcaparras, as ervas aromáticas e um giro generoso do moedor de pimenta e continue a refogar por mais 1 minuto, depois retire do fogo.

2. Ligue o forno na temperatura máxima da função grill. Coloque os bifes de aipo-rábano espaçados em uma assadeira grande, forrada com papel-manteiga, de tamanho suficiente para que elas não se sobreponham. Se os bifes já não tiverem sido pincelados com o azeite e o caramelo do cozimento, pincele com um pouco de azeite e um pouco de xarope de Maple ou mel (ver p. 54). Certifique-se de que não haja papel em excesso que possa pegar fogo. Leve os bifes à prateleira mais alta do forno, até ficarem dourados por cima, de 6 a 8 minutos. Desligue o forno e deixe a assadeira dentro dele, para que se mantenha quente até a hora de servir.

3. Leve o molho de volta ao fogo médio e aqueça lentamente por 1 minuto, depois adicione o creme de leite e o sumo de limão. Mexa por mais 2 minutos ou até aquecer, mas não misture demais — você quer que o molho seja talhado, não emulsionado.

4. Despeje o molho em uma travessa alta com borda e arrume os bifes de aipo por cima (ou emprate-os individualmente com um pouco de molho por cima e o restante servido à parte). Tempere os bifes com pitadas de sal em flocos e pimenta-do-reino preta e sirva.

DOURAR

BANANA-DA-TERRA COM SALADA DE COCO, MAÇÃ E GENGIBRE

RENDE 4 PORÇÕES

2 bananas-da-terra bem maduras, sem casca, cortadas em quatro (primeiro no sentido da largura, depois no sentido do comprimento) (400 g)

60 ml de azeite

2 colheres (chá) de açúcar mascavo claro

½ colher (chá) de gengibre fresco, sem casca e ralado finamente

¾ de colher (chá) de canela em pó

¾ de colher (chá) de cominho em pó

½ colher (chá) de pimenta--caiena em pó

½ colher (chá) de noz--moscada em pó

½ coco seco pequeno, cortado em fatias finas na mandolina, se você tiver uma, ou à mão (90 g)

2 limões: rale finamente a casca para obter 1 colher (chá), esprema para obter 2 colheres (sopa) de sumo, depois corte o restante em gomos para servir

1 pimenta verde, sem sementes e cortada à Julienne (tiras finas e uniformes)

1 maçã verde, com casca, sem o miolo e cortada à Julienne (tiras finas e uniformes) (140 g)

15 g de manteiga sem sal

10 g de folhas inteiras de coentro

10 g de folhas inteiras de hortelã

sal

A mãe de Ixta cresceu no Brasil e em Cuba, acompanhando com banana praticamente qualquer prato salgado, de feijoadas brasileiras a *guisos* (ensopados) cubanos. Foi uma tradição que perdurou durante a infância de Ixta, na qual as bananas apareciam em quase todas as refeições.

As bananas-da-terra são maiores, mais firmes e ligeiramente menos doces que as variedades mais comuns de banana. Para esta receita, você precisa de bananas-da-terra bem maduras: de casca intensamente amarela, macia e coberta de manchas pretas.

Esta receita pode ser servida como uma entrada especial ou ser reforçada com um pouco de tofu frito ou camarões grelhados para compor uma refeição. *Foto no verso.*

1. Coloque as bananas em uma tigela média com 3 colheres (sopa) do azeite, o açúcar, ¼ de colher (chá) de gengibre, ½ colher (chá) de canela, ½ colher (chá) de cominho e toda a pimenta-caiena e a noz-moscada. Misture para envolver e deixe marinar por pelo menos 30 minutos.

2. Enquanto isso, prepare a salada. Coloque o coco, as raspas e o sumo do limão, a pimenta, a maçã, o restante do gengibre, da canela e do cominho e a última colher de sopa de azeite em uma tigela média com uma pitada de sal. Misture bem e reserve.

3. Preaqueça o forno de convecção a 180°C (ou o forno comum a 200°C).

4. Coloque a manteiga em uma frigideira antiaderente grande que possa ir ao forno e leve ao fogo alto. Depois que a manteiga derreter e estiver quente, acrescente os pedaços de banana, espaçados (se você não tiver uma frigideira grande o suficiente, você pode preparar a banana em duas levas). Reserve o azeite e as especiarias na tigela em que marinou as bananas — você vai precisar deles mais tarde para a salada. Reduza o fogo para médio-alto e frite as bananas por 3 minutos, virando-as de vez em quando até que todos os lados estejam dourados e crocantes. Leve a frigideira ao forno e asse por mais 3 minutos.

5. Acrescente o coentro, a hortelã e a salada na tigela em que você marinou a banana. Misture, certificando-se de envolver bem com o azeite e a marinada de especiarias que sobraram na tigela.

6. Divida a banana e a salada em quatro pratos e sirva com os gomos de limão ao lado.

DOURAR

RENDE 4 PORÇÕES
como prato principal

2-3 rutabagas, sem casca
e cortadas no sentido
da largura em 8 bifes
(ao todo) de 3 cm de
espessura (1,8 kg)
120 g de *crème fraîche*
(ou iogurte de coco)
sal

MARINADA DE
FENO-GREGO
1½ colher (sopa) de
sementes de feno-grego
6 dentes de alho
pequenos, sem casca e
picados grosseiramente
(25 g)
1½ colher (chá) de
pimenta-caiena em pó
1½ colher (chá) de
cúrcuma em pó
2 colheres (chá) de açúcar
2 colheres (sopa) de sumo
de limão
75 ml de azeite

SALADA
3-4 toranjas (750 g sem
casca)
1-2 chalotas, cortadas
em fatias finas na
mandolina, se você tiver
uma, ou à mão (70 g)
2 pimentas vermelhas,
em rodelas finas
20 g de folhas inteiras
de hortelã
10 g de folhas inteiras
de coentro
2 colheres (chá) de azeite
2 limões: esprema para
obter 1 colher (sopa) de
sumo, depois corte o
restante em gomos
para servir

BIFE DE RUTABAGA COM CROSTA DE CURRY

Este prato principal vegetariano — facilmente "veganizável" por meio da substituição do *crème fraîche* pelo iogurte de coco — celebra o amargor natural da rutabaga, complementado por uma marinada doce, acentuada e picante que permeia sua polpa e a reveste de uma crosta deliciosa. Devido ao feno-grego, o sabor geral do prato lembra o de um fantástico curry indiano (inclusive, esse prato funciona perfeitamente como parte do banquete *korma*, ver p. 303). Cuidado, porém, porque o cheiro dessa semente maravilhosa vai permanecer em sua cozinha por um bom tempo (nós amamos isso, mas nem todo mundo gosta).

A marinada dura na geladeira, em um pote fechado, por até 2 semanas, se você quiser se adiantar. Prepare o dobro ou o triplo dela, se quiser, para usar como base para curries ou para marinar legumes ou carnes. *Foto no verso.*

1. Preaqueça o forno de convecção a 180°C (ou o forno comum a 200°C).

2. Para a marinada, coloque todos os ingredientes em um moedor de café ou na tigela pequena de um processador de alimentos junto com ¾ de colher (chá) de sal e bata até formar uma pasta, raspando as laterais conforme for necessário. Transfira 2 colheres (chá) da marinada para uma tigela pequena e reserve.

3. Coloque o restante da marinada em uma tigela grande com os bifes de rutabaga e misture bem para envolver todos os lados (isso fica mais fácil usando luvas). Coloque os bifes, espaçados, em uma assadeira grande forrada com papel-manteiga. Cubra bem com papel-alumínio e asse por 1 hora e 20 minutos. Retire o papel-alumínio, passe o forno para a função grill e asse por 3 a 4 minutos, até que a rutabaga esteja cozida e a marinada se transforme em uma crosta dourado-escura.

4. Quando a rutabaga estiver quase pronta, prepare a salada. Retire a casca e a parte branca das toranjas, depois solte os gomos cortando rente à membrana branca e descarte as sementes. Coloque as fatias em uma tigela grande, sem o sumo (que pode ser guardado para outro uso).

5. No momento de servir, acrescente todos os ingredientes restantes da salada à tigela com uma pitada generosa de sal e misture delicadamente.

6. Arrume os bifes e a marinada que sobrou na assadeira em uma travessa grande com a salada (ou em pratos individuais). Misture o *crème fraîche* com a marinada reservada e sirva com os bifes.

DOURAR

PURÊ DE CENOURA AO CURRY COM MANTEIGA *NOISETTE*

RENDE 4 PORÇÕES
como acompanhamento
ou 6 porções como pasta

1-2 **pimentas vermelhas,**
em rodelas finas (sem
as sementes, se quiser
menos picante)

1½ **colher (sopa) de vinagre
de vinho branco**

½ **colher (chá) de açúcar**

800 g de **cenoura** (cerca
de 8), descascadas e
picadas grosseiramente
em pedaços de 2 cm

2 **colheres (sopa) de azeite**

1 **colher (chá) de curry
em pó**

¼ de **colher (chá) de
canela em pó**

30 g de **manteiga sem sal**
(ou 2 colheres (sopa) de
azeite)

5 g de **gengibre fresco,**
sem casca e cortado
à Julienne (tiras finas
e uniformes)

½ **colher (chá) de sementes
de nigela**

½ **colher (chá) de sementes
de erva-doce**

½ **colher (chá) de sementes
de cominho**

½ **colher (sopa) de sumo
de limão**

1 **cebolinha,** sem raízes e
cortada à Julienne (tiras
finas e uniformes) (10 g)

5 g de **folhas de hortelã,**
picadas finamente

sal

Você vai se surpreender com a intensidade de sabor que se obtém de cenouras simplesmente cozidas no vapor quando combinadas com manteiga *noisette*, especiarias adocicadas e pimenta. Você pode contar com elas para introduzir um sabor profundo a uma refeição completa e servi-las com tofu grelhado, queijo halloumi, peixe ou frango, ou como parte de uma seleção de pratos vegetarianos.

O purê e o picles de pimenta podem ser preparados de véspera se você quiser se adiantar, mas a manteiga deve ser feita pouco antes do momento de servir, para que as sementes fiquem crocantes. Substitua a manteiga pelo azeite se não quiser usar laticínios.

1. Coloque as pimentas, o vinagre e o açúcar em uma tigela pequena com ¼ colher (chá) de sal, massageie e reserve por pelo menos 30 minutos para fazer um picles.

2. Coloque as cenouras em uma vaporeira ou peneira, leve ao fogo alto, tampe e cozinhe no vapor por cerca de 25 minutos, ou até que você consiga cortá-las facilmente com uma faca. Coloque as cenouras na tigela de um processador de alimentos com o azeite, o curry, a canela e 1 colher (chá) de sal e bata por cerca de 1 minuto até obter um purê quase homogêneo (ainda deve ter alguma textura e não estar completamente liso).

3. Enquanto as cenouras estiverem cozinhando, coloque a manteiga, o gengibre, a nigela, a erva-doce, o cominho e uma pitada generosa de sal, em uma panela pequena em fogo médio. Refogue delicadamente por 3 a 5 minutos, mexendo de vez em quando até que a manteiga comece a espumar e fique marrom-clara e as sementes liberem o perfume. Reserve até o momento de servir. Você pode precisar derreter a manteiga em fogo baixo novamente na hora de empratar, caso ela tenha se solidificado.

4. Coloque o purê em uma travessa grande, criando sulcos com as costas de uma colher. Regue com a manteiga com especiarias e em seguida com o sumo de limão. Escorra bem a conserva das pimentas e espalhe-as sobre o purê. Finalize com a cebolinha e a hortelã e sirva quente.

DOURAR

RENDE 4 PORÇÕES
como prato principal

4 couves-rábano pequenas (1 kg)
4 filés de anchova em azeite, escorridos e picados finamente (opcional; ajuste o tempero se não for usar)
140 ml de azeite, mais um pouco para finalizar
1 cabeça de alho grande, com o topo cortado (cerca de ⅓) para expor os dentes, mais outros 4 dentes, espremidos
300 g de tomate-cereja doce e maduro
300 g de cevada perolada
2-3 chalotas, fatiadas finamente (120 g)
2 colheres (chá) de sementes de alcaravia
2 limões-sicilianos: retire 5 tiras finas da casca de um deles, esprema-o para obter 2 colheres (sopa) de sumo, depois corte o restante em gomos, para servir
1 pimenta Scotch bonnet (opcional)
3 colheres (sopa) de extrato de tomate
150 ml de vinho branco seco
100 g de agrião
60 ml de creme de leite fresco (opcional)
sal e pimenta-do-reino preta

ENSOPADO DE CEVADA, TOMATE E AGRIÃO

Consumida principalmente crua, a couve-rábano não é o primeiro vegetal que você pensaria em assar. Nós adoraríamos que você tentasse, porque, no processo, ela se transforma em uma versão bastante dourada e maravilhosamente caramelizada de seu antigo eu. Aqui, a usamos para acompanhar um rico ensopado de cevada, proporcionando uma refeição de uma panela só que é leve o suficiente para uma noite de verão, mas também reconfortante quando a temperatura começa a cair.

Veganos, vegetarianos podem fazer este ensopado sem as anchovas (aumente a quantidade de sal se retirá-las) e/ou sem o creme de leite, e aqueles que não gostam de muito ardor podem fazer com menos ou sem pimenta. Mesmo sem eles há o suficiente nesta receita para deixar todo mundo feliz.

Este prato não é nada complicado de fazer, desde que você se sinta à vontade para executar três processos simultaneamente: assar os vegetais que vão por cima da cevada, cozinhar a cevada e preparar os aromáticos que dão sabor ao ensopado. Os três são superfáceis e simplesmente se juntam no final. *Foto no verso.*

1. Preaqueça o forno de convecção a 190°C (ou o forno comum a 210°C).

2. Apare e descasque cada couve-rábano, depois corte-as em oito gomos. As fatias devem ter cerca de 2,5 cm de largura, então, se a couve-rábano for particularmente grande, talvez seja necessário cortá-la em mais fatias. Coloque-as em uma tigela grande e misture com as anchovas (se estiver usando), 2 colheres (sopa) do azeite, metade do alho espremido, ½ colher (chá) de sal e um bom giro do moedor de pimenta. Espalhe em uma assadeira grande forrada com papel-manteiga. Regue a cabeça de alho com um pouco de azeite e tempere com um pouco de sal e pimenta. Embrulhe-a firmemente com papel-alumínio, coloque em um dos cantos da assadeira da couve-rábano e asse tudo por 25 minutos. Vire as fatias de couve-rábano, adicione os tomates ao redor delas na assadeira e leve de volta ao forno por mais 15 a 20 minutos, ou até que as fatias de couve-rábano estejam macias e com um dourado profundo, e a pele dos tomates esteja com bolhas. Mantenha aquecido (ou reaqueça na hora de servir).

3. Quando estiver frio o suficiente para ser manuseado, retire o papel-alumínio do alho e esprema os dentes em uma tigela pequena, descartando as cascas.

4. Enquanto os vegetais estão no forno, coloque a cevada em uma panela média, cubra com bastante água fria e leve ao fogo médio-alto. Cozinhe por 20 minutos, até que a cevada esteja quase cozida, mas ainda bastante al dente. Escorra e reserve.

5. Enquanto a cevada cozinha, coloque uma panela grande, com tampa, em fogo médio-alto com 50 ml de azeite, o alho assado e os outros 4 dentes espremidos, as chalotas, as sementes de cominho, as tiras de limão, a pimenta Scotch bonnet (se estiver usando) e 2½ colheres (chá) de sal. Cozinhe delicadamente por 12 minutos, mexendo sempre, até que as chalotas estejam

DOURAR

macias e douradas. Abaixe o fogo para médio se as chalotas estiverem ganhando cor rápido demais. Adicione o extrato de tomate e continue a cozinhar por 30 segundos antes de adicionar o vinho, 500 ml de água e bastante pimenta-do-reino. Deixe fervilhar suavemente em fogo médio e cozinhe por 7 minutos, acrescente a cevada cozida e cozinhe por mais 10 minutos, até que a cevada tenha inchado um pouco e absorvido o sabor do molho. Descarte a pimenta Scotch bonnet e as tiras de limão.

6. Em um moedor de café ou na tigela pequena de um processador de alimentos, triture metade do agrião com o sumo de limão, os 60 ml restantes de azeite e ¼ de colher (chá) de sal para fazer um molho homogêneo.

7. Transfira para uma tigela grande ou sirva direto da panela: despeje o molho de agrião e o creme de leite (se estiver usando) sobre a cevada e misture delicadamente. Cubra com o agrião fresco, a couve-rábano assada e os tomates assados. Sirva quente, com os gomos de limão ao lado.

DOURAR

RENDE 6 PORÇÕES
como acompanhamento
ou parte de uma mesa

4-5 chalotas, cortadas
em fatias de 3 mm na
mandolina, se você tiver
uma, ou à mão (200 g)

2 dentes de alho,
espremidos

**2 colheres (sopa)
de azeite**

**1,4 kg de batatas Yukon
Gold** (ou outra variedade
própria para assar, que
seja um meio-termo
entre farinhenta e firme),
com casca e cortadas
em rodelas de 3 mm na
mandolina, se você tiver
uma, ou à mão (cerca
de 6 batatas médias)

100 g de creme de coco,
derretido

3 limões: rale finamente
a casca para obter
1½ colher (chá), depois
esprema para obter
60 ml de suco

**200 ml de caldo de
legumes ou de galinha**

**sal, sal marinho em flocos
e pimenta-do-reino
preta**

AROMÁTICOS
CROCANTES

150 ml de azeite

2 pimentas vermelhas,
em rodelas finas

3 dentes de alho, em
lâminas finas

5 g de gengibre fresco,
sem casca e cortado
à Julienne (tiras finas
e uniformes)

4 cebolinhas, picadas
finamente na diagonal
(40 g)

BATATAS GRATINADAS COM LIMÃO E COCO

Este gratinado fez parte de uma ceia de Natal que criamos para o *Guardian*, que incluía também uma paleta de cordeiro assada à moda de Sichuan, berinjelas no vapor e uma salada de pepino. Você pode facilmente manter esse espírito, mesmo que abra mão do cordeiro, e servir essas batatas como parte de um banquete vegetariano chinês com a nossa salada de pepino à Xi'an Impression (p. 113), berinjela no vapor com molho de pimenta tostada (p. 45) e couve-de-bruxelas agridoce com castanha-portuguesa e uva (p. 93).

O ideal é cortar as batatas bem finas usando uma mandolina ou um processador de alimentos com o acessório apropriado. Não se preocupe se você não tiver nenhum dos dois — cortá-las à mão também serve; talvez seja necessário cozinhá-las por um pouco mais de tempo se ficarem com mais do que 3 mm de espessura.

Você pode assar o gratinado na véspera e reaquecê-lo em forno bem quente antes de servir, se quiser se adiantar. Finalize com os aromáticos e com as raspas de limão apenas na hora de servir, não antes.

1. Preaqueça o forno de convecção a 180°C (ou o forno comum a 200°C). Coloque as chalotas, o alho, o azeite e ¼ de colher (chá) de sal em uma frigideira de 28 cm que possa ir ao forno em fogo médio. Refogue por 8 a 10 minutos, mexendo de vez em quando, até ficar macio e bastante dourado. Transfira para uma tigela grande e reserve a frigideira para ser usada novamente (não é preciso limpá-la).

2. Adicione as batatas, o creme de coco, o sumo de limão, 2 colheres (chá) de sal e bastante pimenta-do-reino à tigela com as chalotas e misture tudo delicadamente, tomando cuidado para não quebrar as rodelas de batata.

3. Despeje um quarto dessa mistura na frigideira; dê prioridade às rodelas menores ou quebradas de batata, deixando as maiores e inteiras para o topo. Espalhe para formar uma camada uniforme. Use os três quartos restantes para criar um efeito espiral por cima dessa camada, de modo que cada rodela fique na diagonal e se sobreponha à anterior. Despeje o caldo, cubra bem com papel-alumínio e leve ao forno por 40 minutos.

4. Enquanto isso, prepare os aromáticos crocantes. Aqueça o azeite em uma frigideira média em fogo médio e, em seguida, refogue lentamente as pimentas, o alho e o gengibre por 5 minutos, mexendo de vez em quando, até que o alho fique levemente dourado. Use uma escumadeira para transferir os aromáticos para uma travessa. Acrescente as cebolinhas à frigideira e refogue por 2 minutos, mexendo para não grudar, até ficarem crocantes. Adicione-as à travessa com o alho, espalhe bem e tempere com um pouco de sal marinho em flocos. Retire o papel-alumínio das batatas e despeje 60 ml do azeite aromático (reserve o restante para usar em outra receita) uniformemente sobre o gratinado, depois leve a frigideira de volta ao forno, sem cobrir, e asse por mais 50 minutos. Aumente o fogo para 200°C (ou 220°C no forno comum) nos últimos 5 minutos, até que a parte de cima esteja dourada e crocante.

5. Deixar esfriar por 10 minutos, e então finalize com os aromáticos fritos, as raspas de limão e uma generosa pitada de sal marinho em flocos.

DOURAR

RENDE 4 PORÇÕES
como prato principal

ENSOPADO DE *BKEILA*, BATATA E FEIJÃO-MANTEIGA

80 g de coentro, mais 20 g, picado grosseiramente, para servir
30 g de salsinha
600 g de espinafre baby
120 ml de azeite, mais um pouco para servir
1 cebola, picada finamente (150 g)
5 dentes de alho, espremidos
2 pimentas verdes, picadas finamente (sem sementes se quiser menos picante)
1¼ de colher (sopa) de cominho em pó
1 colher (sopa) de sementes de coentro em pó
¾ de colher (chá) de canela em pó
1½ colher (chá) de açúcar
2 limões-sicilianos: esprema para obter 2 colheres (sopa) de sumo, depois corte o restante em gomos para servir
1 litro de caldo de legumes ou de galinha
500 g de batatas firmes, sem casca e cortadas em pedaços de 3 cm
500 g de feijão-manteiga cozido de boa qualidade
sal

Os judeus tunisianos têm um condimento chamado *pkaila*, ou *bkeila*, que é extraordinário. Ele é preparado cozinhando-se o espinafre por muitas horas em uma quantidade generosa de azeite. O espinafre — a acelga também é muito usada — perde toda a água e frita bem lentamente no azeite, dando origem a uma pequena quantidade de uma pasta gordurosa, tão preta quanto petróleo bruto, que é usada para dar sabor a todo tipo de sopas e ensopados. Nossa versão aqui é adaptada e extremamente simplificada, mesmo assim, proporciona um sabor de espinafre a este ensopado rústico, o que o torna bastante especial; o tipo de prato ao qual você sempre recorre quando precisa de algo substancial ou reconfortante.

Se você tiver tempo para preparar o feijão-manteiga em azeite de *cascabel* defumada (ver p. 41), ou se espertamente já tiver preparado um estoque, ele dá uma contribuição maravilhosa a este ensopado, no lugar do feijão-manteiga puro.

O ensopado dura na geladeira por até 3 dias ou no freezer por até um mês.

1. Coloque as ervas e o espinafre em um processador de alimentos em levas, e bata na função pulsar até tudo ficar finamente picado (ou pique finamente à mão). Reserve.

2. Coloque 75 ml de azeite em uma panela grande e pesada em fogo médio. Adicione a cebola e refogue delicadamente por 8 minutos, mexendo de vez em quando, até ficar macia e dourada. Adicione o alho, as pimentas e as especiarias e continue a refogar por mais 6 minutos, mexendo regularmente.

3. Aumente o fogo para alto e acrescente o espinafre e as ervas picados à panela, junto com as 3 colheres (sopa) de azeite restantes. Cozinhe por 10 minutos, mexendo de vez em quando, até que o espinafre adquira um tom verde-escuro, quase cinza. O objetivo é que o espinafre agarre um pouco no fundo, mas sem queimar, portanto, abaixe o fogo se necessário. Junte o açúcar, o sumo de limão, o caldo e 2 colheres (chá) de sal, raspando o fundo com uma espátula. Deixe começar a fervilhar, abaixe o fogo para médio, adicione as batatas e cozinhe lentamente, até que estejam macias, por cerca de 25 minutos. Acrescente o feijão-manteiga e cozinhe até aquecê-lo, por cerca de 5 minutos.

4. Retire do fogo e misture os 20 g restantes de coentro. Divida em quatro tigelas, regue com um pouco de azeite e sirva com os gomos de limão ao lado.

INFUNDIR

PURÊ DE FEIJÃO-BRANCO COM AÏOLI

RENDE 6 PORÇÕES
como acompanhamento ou parte de um *mezze*

350 g de feijão-branco, deixados de molho de um dia para o outro em bastante água fria com **1 colher (chá) de bicarbonato de sódio**
1 cebola, sem casca e cortada em 8 gomos (150 g)
10 dentes de alho, sem casca
2 ramos de alecrim
3 ramos de tomilho
1 pimenta verde, cortada ao meio no sentido do comprimento
200 ml de azeite
1 colher (sopa) de mostarda Dijon
2 filés de anchova em azeite, escorridos e picados grosseiramente (uso opcional, ajuste o tempero se não for usar)
90 ml de sumo de limão--siciliano (cerca de 4 limões)
10 g de endro, picado grosseiramente
½ colher (chá) de flocos de pimenta Aleppo (ou ¼ de colher (chá) de flocos de pimenta regular)
sal e pimenta-do-reino preta

O azeite em infusão de alho é usado três vezes aqui: primeiro, para dar sabor a um purê básico de feijão, depois para prepararmos um aïoli espesso para servir por cima, e, por fim, para revestir uma camada de feijão cozido inteiro que proporciona textura. O resultado é uma alegre sinfonia de feijão, alho e limão, que pode ser servida com pão e outras pastas (ver pp. 79 e 192). Ele também pode ser montado em uma travessa refratária e aquecido no forno, para fazer as vezes de acompanhamento a algum prato principal.

Comece com um dia de antecedência, deixando o feijão de molho em água fria com o bicarbonato de sódio, para garantir que ele cozinhe de maneira rápida e uniforme. Você também pode usar feijão pré-cozido, se preferir, e nesse caso, a cebola não será necessária.

Todos os elementos do prato podem ser preparados até 3 dias antes e guardados na geladeira, montando-os em temperatura ambiente na hora de servir.

1. Escorra o feijão e coloque-o em uma panela grande com a cebola. Cubra com água suficiente até ficar 4 cm acima do feijão. Leve ao fogo médio-alto, espere ferver, depois abaixe o fogo para médio e cozinhe por cerca de 50 minutos ou até que o feijão esteja completamente macio e começando a se desmanchar; pode ser necessário acrescentar mais água durante o cozimento. Escorra bem.

2. Enquanto o feijão estiver cozinhando, coloque o alho, o alecrim, o tomilho, a pimenta e o azeite em uma panela pequena com tampa. Leve ao fogo médio-baixo, tampada, e cozinhe por 25 a 30 minutos, ou até o alho amolecer e começar a ganhar cor. Sem tirar a tampa, retire do fogo e reserve por 10 minutos; o alho vai continuar a cozinhar no calor do azeite. Passe por uma peneira apoiada sobre uma tigela e reserve o azeite. Reserve também o alho, as ervas e a pimenta.

3. Para o aïoli, coloque o alho cozido em um processador de alimentos, com 100 g do feijão cozido, a mostarda, as anchovas, 2 colheres (sopa) do sumo de limão, 75 ml do azeite de alho, 1 colher (sopa) de água, ⅛ de colher (chá) de sal e um bom giro do moedor de pimenta. Processe até obter uma consistência de maionese e reserve.

4. Para o feijão temperado, misture 150 g de feijão cozido em uma tigela pequena com 1 ½ colher (sopa) do sumo de limão, 3 colheres (sopa) do azeite de alho, o endro, ¼ de colher (chá) de sal e um bom giro do moedor de pimenta. Reserve.

5. Depois que estiver frio, coloque o restante do feijão cozido e a cebola em um processador de alimentos com 2 ½ colheres (sopa) do sumo de limão, 3 colheres (sopa) do azeite de alho, ½ colher (chá) de sal e um bom giro do moedor de pimenta. Processe até obter um purê encorpado e homogêneo, depois transfira para uma tigela rasa e espalhe, formando um sulco raso no centro. Encha o sulco com o aïoli e, em seguida, espalhe o feijão. Finalize com a pimenta Aleppo, e as pimentas verdes, o alecrim e o tomilho reservados.

RENDE 600 G

RECEITA BÁSICA DE GRÃO-DE-BICO

250 g de grão-de-bico
    seco
1½ colher (chá) de
    bicarbonato de sódio
sal

Esta receita rende 600 gramas de grão-de-bico cozido, o suficiente para fazer as duas receitas de homus do livro (ver abaixo e p. 234).

1. Comece no dia anterior, deixando o grão-de-bico de molho em bastante água fria com 1 colher (chá) de bicarbonato de sódio. Escorra e lave e coloque em uma panela grande com 1,8 litro de água e com ½ colher (chá) de bicarbonato de sódio. Leve para ferver em fogo médio-alto, abaixe o fogo para médio, tampe e cozinhe por 35 minutos. Retire a tampa, adicione 1 colher (chá) de sal e continue a cozinhar por 15 minutos ou até que o grão-de-bico esteja bem macio ao ser amassado entre os dedos (cozinhe por mais tempo se necessário). Escorra bem.

RENDE 4 PORÇÕES
como parte de um *mezze*

HOMUS
**300 g de grão-de-bico
    cozido** (ver receita básica
    de grão-de-bico acima),
    ou use grão-de-bico pré-
    -cozido de boa qualidade
10 g de gengibre fresco,
    sem casca e ralado
    finamente
1 colher (sopa) de azeite
1 colher (sopa) de tahine
1 dente de alho pequeno,
    espremido
2 limões-sicilianos: rale
    finamente a casca para
    obter 1 colher (sopa),
    depois esprema para
    obter 3 colheres (sopa)
    de sumo
**2 colheres (sopa) de água
    muito gelada**
sal marinho em flocos

AROMÁTICOS FRITOS
90 ml de azeite
3 pimentas vermelhas,
    sem sementes e em
    rodelas finas
3 dentes de alho grandes,
    em lâminas finas
15 g de gengibre fresco,
    sem casca e cortado à
    Julienne (tiras finas e
    uniformes)
2 paus de canela
15 g de talos de coentro,
    cortados em tiras de
    4 cm, mais 2 colheres
    (sopa) de folhas inteiras,
    para servir (opcional)

HOMUS COM LIMÃO, ALHO FRITO E PIMENTA

Esta receita fica ótima como parte de um *mezze*. Também é ótima quente, com grão-de-bico cozido inteiro por cima, ou um pouco de frango desfiado ou de cordeiro picado refogados.

O homus pode ser feito de véspera e mantido na geladeira se você quiser se adiantar. Os aromáticos devem ser fritos no dia de servir, para garantir que fiquem crocantes.

1. Para o homus, coloque todos os ingredientes e ¾ de colher (chá) de sal em flocos em um processador de alimentos e bata até ficar homogêneo, raspando as laterais durante o processo, se necessário.

2. Para os aromáticos fritos, aqueça o azeite em uma frigideira grande em fogo médio. Quando estiver quente, frite as pimentas, o alho, o gengibre e a canela por 4 a 5 minutos, mexendo de vez em quando para separar as lâminas de alho, até que o alho comece a dourar. Acrescente os talos de coentro e frite por mais 1 minuto, até que o alho esteja levemente dourado e as pimentas estejam aromáticas. Usando uma escumadeira, transfira os aromáticos para uma travessa (reserve o azeite) e tempere-os generosamente com sal em flocos.

3. Coloque o homus em um prato grande, criando um sulco raso no centro com as costas da colher.

4. Despeje o azeite aromático no sulco. Cubra com os aromáticos fritos e o coentro fresco (se estiver usando) e sirva com pão para absorver o azeite.

INFUNDIR

RENDE 4 PORÇÕES
como entrada ou 6 porções
como parte de uma mesa

SALADA DE MELÃO E MELANCIA COM MOZARELA DE BÚFALA, *KASHA* E FOLHAS DE CURRY

1 chalota grande, cortada em rodelas finas

2 limões-sicilianos: rale finamente a casca para obter ½ colher (chá), depois esprema para obter 3 colheres (sopa) de suco

60 ml de azeite

30 folhas de curry frescas (caso não consiga encontrá-las, use 20 folhas de manjericão, bem secas)

1 colher (chá) de sementes de mostarda escura

1 melancia pequena, com ou sem casca, cortada ao meio no sentido do comprimento, depois cortada em gomos de 2 cm de espessura (700 g com casca)

⅔ de melão-cantalupo, com ou sem casca, sem sementes e cortado em 8 gomos (600 g com casca)

2-4 bolas de mozarela de búfala, partidas grosseiramente em 10 pedaços (400 g)

1 colher (sopa) de *kasha* (grãos de trigo-sarraceno tostado), esmagados grosseiramente (opcional)

sal marinho em flocos

Esta não é a primeira vez, e definitivamente não será a última, que combinamos melão e melancia frescos com queijos brancos jovens, e cada vez o resultado é ligeiramente diferente. Aqui, não é o sabor salgado do feta ou o suave almiscarado do queijo de cabra ou do pecorino que dão às frutas um toque saboroso, mas a rica mozarela, que proporciona uma cremosidade maravilhosa. Os sabores são concentrados em uma piscina de azeite infundido com folhas de curry e sementes de mostarda. Um começo sensacional para um banquete de verão (ver p. 304).

A salada fica ótima quando os sabores têm tempo de se integrar, então tempere o melão e a melancia com o azeite aromático, a cebolinha e o sumo de limão cerca de 1 hora antes, se quiser se adiantar, mas deixe as raspas de limão, as sementes de mostarda, a *kasha* e as folhas crocantes de curry para momentos antes de servir.

Adoramos a aparência do melão e da melancia com a casca, mas você pode, é claro, retirá-la, se preferir.

Esta é uma variação de uma salada de tomate de Peter Gordon. Agradecemos a ele pela inspiração.

1. Em uma tigela pequena, misture as chalotas com o sumo de limão e uma boa pitada de sal em flocos.

2. Coloque o azeite em uma panela pequena em fogo médio-alto. Quando estiver quente, frite as folhas de curry (ou de manjericão) e as sementes de mostarda escura por 30 segundos a 1 minuto, mexendo a panela, até ficarem crocantes e perfumadas. Passe por uma peneira apoiada sobre uma tigela pequena, reservando separadamente o azeite e os aromáticos.

3. Arrume a melancia, o melão e a mozarela em uma travessa grande e tempere com ½ colher (chá) de sal em flocos. Regue com o azeite aromático e, em seguida, espalhe as chalotas e o sumo de limão por cima. Deixe descansar por 10 minutos, ou por até 1 hora, para que os sabores se integrem. Finalize com as raspas de limão, as sementes de mostarda fritas, a *kasha* (se estiver usando) e as folhas crocantes de curry (ou de manjericão) e sirva.

INFUNDIR

RENDE 4 PORÇÕES

SOPA FRIA DE AVOCADO COM AZEITE DE ALHO CROCANTE

60 ml de azeite
½ colher (chá) de
sementes de cominho,
esmagadas ligeiramente
½ colher (chá) de
sementes de coentro,
esmagadas ligeiramente
2 dentes de alho, picados
finamente
180 g de ervilhas
congeladas,
descongeladas
2 avocados grandes bem
maduros, sem caroço
e descascados (260 g)
½ pepino, sem casca,
cortados grosseiramente
(120 g) e em cubinhos
(40 g)
1 limão-siciliano: rale
finamente a casca para
obter 1½ colher (chá),
depois esprema para
obter 1½ colher (sopa)
de sumo
1 pimenta verde pequena,
sem sementes, picada
finamente
80 g de *sour cream*
(opcional)
1 colher (sopa) de ramos
de endro, picados
finamente
sal

Esta sopa é ao mesmo tempo cremosa, devido ao avocado, e refrescante, graças ao pepino, por isso, é uma ótima forma de começar uma refeição de verão. Dura 2 dias na geladeira sem perder a cor verde brilhante. O azeite de alho também pode ser feito com antecedência e dura até 2 dias em um pote hermético.

Prepare uma maior quantidade do azeite aromático, se quiser. Fica delicioso com torradas, saladas ou massas.

1. Coloque 2 colheres (sopa) de azeite em uma panela pequena, junto com as sementes de cominho e de coentro, o alho e uma boa pitada de sal. Leve ao fogo baixo e refogue por 8 minutos, mexendo regularmente, até que o alho amoleça quando amassado com as costas de uma colher. Tome cuidado para não aquecer demais o azeite, senão o alho irá queimar: se começar a borbulhar, basta retirar a panela do fogo. Reserve para esfriar.

2. Coloque as ervilhas no liquidificador e adicione o avocado, os pedaços de pepino, as raspas de limão, as 2 colheres (sopa) restantes de azeite, ¾ de colher (chá) de sal e 400 ml de água fria. Bata até obter uma sopa bem homogênea e leve à geladeira para esfriar.

3. Coloque o pepino em cubinhos em uma tigela pequena junto com o sumo de limão, a pimenta verde e uma pitada de sal.

4. Para servir, divida a sopa fria por quatro tigelas e coloque por cima uma colher de *sour cream* (se estiver usando), uma colher do molho de pepino, um fio generoso de azeite de alho e o endro.

PAPPA AL POMODORO COM LIMÃO E SEMENTE DE MOSTARDA

RENDE 4 PORÇÕES
como acompanhamento

120 ml de azeite
1-2 pimentas verdes, em rodelas finas (15 g)
1-2 pimentas vermelhas, em rodelas finas (15 g)
20 folhas de curry frescas (caso não consiga encontrá-las, pode fazer sem elas)
1½ colher (chá) de sementes de mostarda escura
1 lata de tomate pelado (400 g)
5 dentes de alho, picados finamente (não espremidos)
6-8 tomates maduros, picados grosseiramente (600 g)
2 folhas de louro
10 g de folhas de manjericão, rasgadas grosseiramente
1 colher (chá) de açúcar
100 g de pão de fermentação natural sem casca, bem torrado e cortado grosseiramente em cubos de 4 cm
1 limão: rale finamente a casca para obter ¼ de colher (chá), depois esprema para obter 1 colher (sopa) de sumo
sal e pimenta-do-reino preta

Pappa al pomodoro é um prato camponês da Toscana, normalmente preparado com tomates maduros demais para se fazer uma salada, e pão velho demais para um sanduíche. Uma deliciosa aula de reaproveitamento, este prato esteve presente em boa parte da infância de Ixta na Itália, mais precisamente a do Podere il Poggiolo, um restaurante "da horta à mesa" na estrada de sua casa, onde a proprietária, Serena, prepara uma *pappa al pomodoro* dos sonhos.

Esta versão recebeu um belo toque Ottolenghi com o acréscimo da semente de mostarda, da pimenta e do azeite com infusão de folhas de curry. É uma combinação improvável e que funciona de verdade, mas você também pode fazer sem as folhas de curry frescas se não conseguir encontrá-las; a *pappa* terá toneladas de sabor mesmo assim.

Prepare a *pappa* algumas horas antes, se quiser — os sabores só vão melhorar —, mas deixe para colocar os aromáticos crocantes, o manjericão e as raspas de limão até o momento de servir.

Ela rende uma entrada maravilhosa em uma refeição de três etapas |de inspiração italiana (ver p. 303).

1. Aqueça o azeite em uma frigideira grande em fogo médio-alto. Quando estiver quente, acrescente as pimentas e refogue delicadamente por 3 minutos. Junte as folhas de curry (se estiver usando) e frite por 45 segundos, depois coloque as sementes de mostarda nos 15 segundos finais, mexendo a panela. Passe o azeite por uma peneira apoiada sobre uma tigela resistente ao calor. Transfira as pimentas, as folhas de curry e as sementes de mostarda para uma travessa forrada com papel-toalha e tempere generosamente com sal. Deixe o azeite esfriar por 5 minutos.

2. Em uma tigela média, amasse grosseiramente os tomates pelados com um garfo até que fiquem partidos, junto com os sucos da lata.

3. Coloque 3 colheres (sopa) do azeite reservado de volta na mesma frigideira e leve ao fogo médio com o alho e ¼ de colher (chá) de sal. Refogue delicadamente por 4 minutos, mexendo, até que fique macio e perfumado (o alho não deve dourar, portanto, abaixe o fogo se necessário). Adicione os tomates pelados, 400 g dos tomates frescos, as folhas de louro, ⅔ do manjericão, o açúcar, ½ colher (chá) de sal e um giro generoso do moedor de pimenta, depois aumente o fogo para médio-alto e cozinhe por 8 minutos. Retire do fogo, acrescente o pão e os tomates restantes e deixe que absorvam o molho por 5 minutos. Descarte as folhas de louro.

4. Transfira para uma travessa grande e regue com o sumo de limão e 3 colheres (sopa) do azeite aromático restante (reserve o que sobrar para outro uso). Deixe descansar por pelo menos 25 minutos, ou até por algumas horas, para que os sabores se integrem. Finalize com as raspas de limão, os aromáticos fritos e o restante do manjericão e sirva à temperatura ambiente.

INFUNDIR

RENDE 4 PORÇÕES
como acompanhamento

2 chalotas, picadas finamente (120 g)

2 dentes de alho, espremidos

4 folhas de limão *kaffir* **frescas**

1 pimenta *ancho,* quebrada ao meio

350 g de feijão-preto, deixados de molho de um dia para o outro em bastante água fria com **1 colher (chá) de bicarbonato de sódio** (ou 800 g, se estiver usando feijão já cozido)

3 colheres (sopa) de sumo de limão

½ coco seco pequeno, cortado em fatias finas na mandolina, se você tiver uma, ou ralado grosseiramente (50 g)

sal

AROMÁTICOS FRITOS

90 ml de azeite

2 dentes de alho, em lâminas finas

2 pimentas vermelhas, em rodelas finas

10 folhas de limão *kaffir* **frescas**

2 colheres (chá) de sementes de mostarda escura

FEIJÃO-PRETO COM COCO, PIMENTA E LIMÃO

Limão, pimenta e alho são os sabores predominantes aqui, oriundos tanto do azeite infundido como dos crocantes salpicados ao final, tornando estes feijões particularmente deliciosos.

Sugerimos começar pelo feijão seco, que precisará ficar de molho com um dia de antecedência, mas você também pode optar pelo feijão pré-cozido: basta pular a etapa em que eles são cozidos e adicioná-los às chalotas refogadas, junto com cerca de 60 ml de água, e levar ao fogo até aquecer.

1. Comece pelos aromáticos fritos. Aqueça o azeite em uma panela pequena em fogo médio-alto. Quando estiver quente, reduza o fogo para médio, acrescente o alho, a pimenta e as folhas de limão e refogue por 2 minutos, mexendo para separar as lâminas de alho, ou até que ele comece a dourar. Adicione as sementes de mostarda e refogue por 30 segundos ou mais, até que o alho comece a ficar com um tom de dourado um pouco mais escuro. Passe os aromáticos por uma peneira apoiada sobre uma tigela para coar o azeite. Reserve os aromáticos e o azeite separadamente.

2. Para o feijão, coloque 3 colheres (sopa) do azeite aromático reservado em uma panela média em fogo médio-alto, acrescente as chalotas, o alho, as folhas de limão, a pimenta *ancho* e 1 ¼ colher (chá) de sal. Reduza o fogo para médio e refogue por 6 minutos, mexendo sempre, até que as chalotas estejam macias e douradas. Escorra bem o feijão e acrescente-os à panela com 700 ml de água. Deixe ferver, abaixe o fogo para médio e cozinhe por 40 minutos, mexendo de vez em quando, até que o feijão esteja cozido, mas sem se desmanchar. Retire do fogo, tampe e deixe descansar por 10 minutos.

3. Para servir, transfira os grãos para uma travessa ou tigela grande e rasa. Descarte as folhas de limão e a pimenta *ancho*. Tempere com o sumo de limão e o restante do azeite aromático reservado. Espalhe o coco e os aromáticos fritos por cima e sirva.

INFUNDIR

BATATA FRITA DE FORNO COM MAIONESE DE FOLHA DE CURRY

RENDE 4 PORÇÕES
como acompanhamento

1 kg de batata Maris Piper
(ou outra variedade que
seja farinhenta, como
a Asterix), com casca
e cortadas em palitos
de 1 cm
45 ml de óleo de girassol
sal e sal marinho em flocos

MAIONESE DE FOLHA
DE CURRY
14 bagas de cardamomo,
apenas as sementes,
trituradas em um
moedor de café (ou
esmagadas em um pilão)
30 folhas de curry
frescas, 20 trituradas
em um moedor de café
(ou picadas finamente)
e as restantes inteiras
120 ml de óleo de girassol
1 gema
½ dente de alho pequeno,
espremido
4 limões: rale finamente
a casca para obter
1½ colher (sopa), depois
esprema para obter
20 ml de sumo,
e o restante cortado
em gomos para servir

Você não vai se arrepender de dedicar um pouco mais de esforço aos temperos da sua batata frita, nós prometemos! Seguindo a sugestão da Bélgica e da Holanda, que há muito perceberam que nada supera a maionese como molho para a batata frita, injetamos em nossa maionese o sabor das folhas de curry e do cardamomo. As batatas em si são temperadas também com sal de limão, de modo que você acaba com uma experiência que é ao mesmo tempo rica, quente, pungente e cremosa.

Prepare o dobro da receita de maionese, se quiser. Ela dura até 2 semanas na geladeira e faz uma transformação no seu repertório de sanduíches, hambúrgueres e *wraps*. Ou você pode fazer como nós no restaurante ROVI e servi-la com camarões frescos grelhados. As batatas fritas combinam excepcionalmente bem com os bifes de aipo-rábano com molho Café de Paris (p. 60) ou os *schnitzels* de pimentão vermelho (p. 146).

1. Para a maionese, coloque o cardamomo e as folhas de curry processados em uma panela pequena em fogo alto por 1 minuto, até liberar o perfume. Acrescente o óleo e aqueça por 30 segundos, ou até borbulhar suavemente, antes de adicionar as folhas de curry inteiras e fritá-las delicadamente até ficarem crocantes, por cerca de 30 segundos. Tire a panela do fogo, retire todas as folhas de curry com uma escumadeira e reserve, para finalizar. Deixe o óleo em infusão com o resto dos aromáticos por meia hora, ou até esfriar completamente. Para servir, separe ½ colher (sopa) do óleo (com alguns dos aromáticos). Peneire o restante do óleo em uma jarra medidora e descarte os aromáticos que sobrarem.

2. Coloque a gema, o alho, 1 colher (sopa) de sumo de limão e ⅛ de colher (chá) de sal na tigela pequena de um processador de alimentos e bata para misturar. Com o processador ligado, comece a adicionar bem devagar o óleo infundido já frio, em um fio bem fino, até engrossar no ponto de maionese. Transfira para uma tigela pequena e adicione 1 colher (chá) restante de sumo de limão para diluir um pouco a maionese. Se estiver grossa demais, acrescente 1 colher (chá) de água e misture com um batedor até emulsionar.

3. Preaqueça o forno de convecção a 200°C (ou o forno comum a 220°C).

4. Espalhe as batatas em uma assadeira grande forrada com papel-manteiga. Adicione o óleo e ¾ de colher (chá) de sal e misture delicadamente para envolver as batatas. Leve imediatamente para o forno e asse por 20 minutos, depois vire as batatas e asse por mais 25 minutos, virando-as de novo na metade do tempo, até ficarem crocantes e douradas.

5. Misture as raspas de limão com ½ colher (sopa) de sal marinho em flocos, esmagando-os delicadamente durante o processo. Tempere as batatas fritas com o sal de limão, misture e transfira-as para uma travessa grande. Espalhe a maionese, o óleo infundido reservado e finalize com as folhas de curry crocantes. Sirva imediatamente, com os gomos de limão ao lado.

PANQUECAS DE GRÃO-DE-BICO COM IOGURTE DE PICLES DE MANGA

RENDE 8 PANQUECAS
para servir 4 pessoas

40 ml de azeite
12 folhas de curry frescas (caso não consiga encontrá-las, use folhas de hortelã, bem secas)
2 colheres (chá) de gengibre fresco, sem casca e ralado finamente
2 dentes de alho pequenos, espremidos
1 pimenta verde, picada finamente
2 cebolinhas, picadas finamente
60 ml de óleo de girassol, para fritar
sal

PANQUECA
250 g de farinha de grão-de-bico
50 g de amido de milho
1 colher (chá) de fermento químico
300 ml de água com gás
60 ml de vinagre de maçã
1 colher (chá) de cominho em pó
1½ colher (chá) de *garam masala*

IOGURTE DE PICLES DE MANGA
150 g de iogurte grego
½ manga, sem casca e picada finamente (60 g)
2 colheres (sopa) de picles de manga picante, picado grosseiramente
1 limão: rale finamente a casca para obter 1 colher (chá), depois corte o restante em gomos para servir

Essas panquecas veganas, aromatizadas com gengibre, alho e pimenta, são encorpadas, leves e macias ao mesmo tempo — como uma versão salgada das típicas panquecas americanas. Ovos cozidos com gema mole são um acréscimo bem-vindo, mas sinta-se à vontade para deixar o ovo de fora e usar uma alternativa ao iogurte se quiser manter as coisas veganas.

Elas ficam ótimas com uma salada rápida de cebolinha, hortelã, coentro e pimenta verde, temperada com sumo de limão. Ou, para uma refeição mais substancial, sirva as panquecas com berinjelas assadas (ver p. 251), com o nosso ratatouille berbere (ver p. 209) ou com ambos! As panquecas tendem a murchar à medida que o tempo passa, então coma-as assim que saírem da frigideira.

1. Aqueça o azeite em uma panela pequena em fogo médio-alto. Quando estiver bem quente, acrescente as folhas de curry (ou de hortelã) e frite até ficarem crocantes e brilhantes, por 30 segundos a 1 minuto. Use uma escumadeira para transferir as folhas para uma travessa forrada com papel-toalha, deixando o azeite na panela. Retire a panela do fogo para que o óleo esfrie por alguns minutos e, em seguida, retorne com ela ao fogo médio-baixo com o gengibre, o alho, a pimenta e a cebolinha. Refogue delicadamente por 6 minutos, mexendo regularmente, até que tudo esteja macio e perfumado. Reserve para esfriar.

2. Enquanto o refogado de cebolinha e gengibre esfria, misture todos os ingredientes da massa e mais 1 colher (chá) de sal em uma tigela grande até ficar homogêneo. Junte a mistura de cebolinha já fria e deixe descansar por 15 minutos, para que os sabores se integrem.

3. Coloque todos os ingredientes do iogurte em uma tigela pequena com uma boa pitada de sal, misture ligeiramente e reserve.

4. Coloque ½ colher (sopa) de óleo de girassol em uma frigideira grande antiaderente em fogo médio-alto e mexa para cobrir todo o fundo. Quando estiver quente, despeje cerca de 80 g (5 a 6 colheres (sopa) da massa de panqueca; não deixe escorrer demais — o objetivo é que as panquecas tenham cerca de 12 cm de diâmetro. Frite por 1 a 1 minuto e meio de cada lado, até ficarem infladas e douradas. Mantenha as panquecas aquecidas enquanto repete o processo com o restante da massa, acrescentando mais óleo conforme necessário.

5. Divida as panquecas em quatro pratos, coloque o iogurte ao lado e cubra com as folhas crocantes de curry (ou de hortelã). Sirva imediatamente com a salada e os ovos cozidos, se os tiver feito, e os gomos de limão.

MATURAR

RENDE 4 PORÇÕES
como acompanhamento

12 **chalotas pequenas**
(240 g), sem casca
e inteiras (220 g)

5 **dentes de alho,** sem
casca e amassados
com a lateral da faca

250 g **de castanha-**
-portuguesa cozida
e sem casca

4 **folhas de louro**

1 **colher (sopa) de xarope**
de Maple

130 ml **de azeite**

90 ml **de vinho de arroz**
Shaoxing (ou vinagre
de xerez branco seco)

60 ml **de shoyu**

180 g **de uva vermelha**

800 g **de couve-de-**
-bruxelas, com a base
aparada e cortadas ao
meio

2 **pimentas verdes,**
em rodelas finas

2 **colheres (sopa) de**
vinagre de arroz

1 **colher (chá) de açúcar**

3 **colheres (sopa) de folhas**
inteiras de salsinha

sal

COUVE-DE-BRUXELAS AGRIDOCE COM CASTANHA-PORTUGUESA E UVA

Algo mágico acontece com a couve-de-bruxelas, as castanhas-portuguesas e as uvas quando elas são deixadas de molho juntas em um banho de vinho de arroz Shaoxing, shoyu e seus próprios sucos naturais. Uma doçura sutil e pungente, com leves notas amargas, emerge gradualmente, dando à receita uma verdadeira cara de festa. É o vinho de arroz Shaoxing que provoca o maior impacto (ver p. 20), com sua doçura e profundidade complexas. Esse vinho chinês, feito de arroz fermentado, pode ser encontrado na maioria das mercearias asiáticas, mas se você não conseguir encontrá-lo, use vinagre de xerez branco seco.

A couve-de-bruxelas e as castanhas-portuguesas fazem deste prato um candidato óbvio a uma ceia de Natal. Por sorte, você pode facilmente se adiantar cozinhando as chalotas, o alho, as castanhas e as uvas de véspera, deixando-os descansar nos líquidos de um dia para o outro (na geladeira). A couve-de-bruxelas deve ser assada e adicionada à mistura no dia. Deixe para acrescentar as pimentas em conserva e a salsinha até a hora de servir.

1. Preaqueça o forno de convecção a 160°C (ou o forno comum a 180°C).

2. Coloque a chalota, o alho, a castanha portuguesa, o louro e o xarope em uma assadeira grande de 34 × 26 cm com 100 ml do azeite, 75 ml do vinho de arroz Shaoxing e 2 colheres (sopa) do shoyu. Cubra bem com papel-alumínio e leve ao forno por 35 minutos, até que as chalotas estejam macias, mas sem perder a forma. Junte as uvas, cubra novamente com papel-alumínio e asse por mais 10 minutos. Retire a assadeira do forno, retire o papel-alumínio e reserve enquanto prepara a couve-de-bruxelas. Aumente a temperatura do forno de convecção para 220°C (ou do forno comum para 240°C).

3. Misture a couve-de-bruxelas com as 2 colheres (sopa) restantes de azeite e ¼ de colher (chá) de sal, depois espalhe em duas assadeiras forradas com papel-manteiga. Asse por 16 minutos, trocando as bandejas de posição na metade do tempo, até que as couves estejam douradas. Acrescente as couves à assadeira com as uvas e as castanhas, misture tudo delicadamente e deixe descansar descoberto, à temperatura ambiente, durante 1 hora, se possível, ou por pelo menos 30 minutos, para que os sabores se desenvolvam.

4. Enquanto isso, em uma tigela pequena, misture as pimentas com o vinagre de arroz, o açúcar e ⅛ de colher (chá) de sal e deixe descansar por pelo menos 30 minutos para fazer um picles.

5. Após as couves-de-bruxelas terem descansado por algum tempo, misture a colher de sopa restante de vinho de arroz Shaoxing e as 2 colheres (sopa) restantes de shoyu. Acrescente a salsinha e transfira para uma tigela de serviço grande e rasa. Espalhe as pimentas e o líquido do picles por cima e sirva.

MATURAR

RENDE 4 PORÇÕES
como prato principal

1-2 batatas Maris Piper
(ou outra variedade que
seja farinhenta, como
a Asterix), com casca
(400 g)
2-3 rutabagas pequenas,
sem casca e cortadas
grosseiramente em
cubos de 2 cm (600 g)
70 ml de azeite
1 gema
**150 g de farinha de trigo
tipo 00**
**500 ml de caldo de
legumes ou de galinha**
200 g de espinafre chinês
(ou espinafre comum),
picado grosseiramente
em tiras de 8 cm
**1 colher (sopa) de missô
branco**
1 limão: rale finamente a
casca para obter 1 colher
(chá), depois esprema
para obter 2 colheres
(chá) de sumo
5 g de gengibre fresco,
sem casca e finamente
ralado
**50 g de manteiga sem
sal,** cortada em cubos
de 1,5 cm
2 cebolinhas, picadas
finamente (30 g)
1 colher (chá) de gergelim,
torrado
sal

NHOQUE DE RUTABAGA COM MANTEIGA DE MISSÔ

Se você quiser usar nhoque de batata pronto em vez de preparar o seu próprio, é mais que bem-vindo — a manteiga de missô vai transformá-lo. Se, no entanto, você optar por fazer nosso nhoque de rutabaga e batata, que tem um sedutor toque agridoce, podemos facilitar um pouco a sua vida. Em vez de enrolar e cortar o nhoque, o que pode fazer uma sujeira, colocamos a mistura em um saco de confeitar (você pode usar um saco plástico com fecho hermético, tipo Ziploc), cortamos a ponta e o esprememos direto na água fervente. É um ótimo truque que também deixa o nhoque mais leve, porque você não precisa da farinha extra para enrolá-lo.

O espinafre chinês é uma verdura originária da Ásia; seus talos ocos fazem com que ele seja um veículo perfeito para o molho. Costuma ser vendido na maioria das mercearias asiáticas, mas, se você não conseguir encontrá-lo, o espinafre normal funciona muito bem.

A mistura de nhoque pode ser preparada na véspera e guardada em um saco de confeitar na geladeira até o momento de cozinhá-la. Você também pode cozinhar os nhoques na véspera e mantê-los na geladeira, prontos para serem fritos no dia seguinte. *Foto no verso.*

1. Preaqueça o forno de convecção a 220°C (ou o forno comum a 240°C).

2. Embrulhe as batatas individualmente em papel-alumínio e leve ao forno por 1 hora ou até estarem cozidas. Descasque-as ainda quentes, descarte a pele e amasse-as em uma tigela usando um espremedor ou um amassador de batatas para obter cerca de 230 g de purê liso.

3. Assim que as batatas estiverem no forno, coloque a rutabaga em uma assadeira forrada com papel-manteiga. Misture com ½ colher (sopa) de azeite, cubra com papel-alumínio e leve ao forno por 30 minutos, ou até estarem cozidas (você pode assar a rutabaga ao mesmo tempo que as batatas). Transfira para um processador de alimentos com 2 colheres (sopa) de azeite e bata até ficar homogêneo, sem grumos — pode ser necessário parar e raspar as laterais algumas vezes. Você deve obter cerca de 320 g de rutabaga. Adicione ao purê de batata a gema e ¼ de colher (chá) de sal e misture bem, e em seguida incorpore a farinha até ficar homogênea e sem grumos. Transfira a massa para um saco de confeitar e leve à geladeira por uma hora ou até esfriar bem.

4. Corte a ponta do saco de confeitar para fazer uma abertura de cerca de 2 cm. Encha uma panela média com 1,5 litro de água, adicione 2 colheres (chá) de sal e deixe ferver, depois abaixe o fogo para médio-alto, para que a água esteja fervilhando suavemente. Cozinhe o nhoque (caseiro ou comprado — veja a introdução) em cerca de cinco levas, para não sobrecarregar a panela. Coloque pedaços de 3 cm de nhoque na água, usando uma faca pequena e afiada para cortá-los. Cozinhe por 2 a 3 minutos, ou até que o nhoque flutue. Retire os nhoques cozidos com uma escumadeira e coloque-os em uma travessa forrada com papel-manteiga, espaçados entre si. Quando todos os nhoques estiverem cozidos, regue-os com 2 colheres (chá) de azeite e leve à geladeira por 20 minutos para esfriar um pouco — isso faz com que eles se firmem e mantenham a forma na hora de fritar.

5. Despeje o caldo em uma panela grande em fogo médio-alto e cozinhe por 12 a 14 minutos, ou até reduzi-lo para 200 ml. Adicione o espinafre chinês (ou comum) e cozinhe por 2 minutos até ficar macio, depois retire da panela e reserve, deixando a maior parte do líquido na panela. Abaixe o fogo para médio e acrescente o missô, o sumo de limão, o gengibre e a manteiga e cozinhe por 3 minutos, mexendo até que a manteiga derreta e o molho fique homogêneo e ligeiramente espesso. Tome cuidado para não deixar ferver, caso contrário, irá talhar. Retire a panela do fogo e reserve.

6. Aqueça a 1 ½ colher (sopa) restante do azeite em uma frigideira grande em fogo médio-alto. Quando estiver bem quente, adicione metade do nhoque e frite por 1-2 minutos de cada lado ou até dourar bem. Transfira para uma travessa e faça o mesmo com a outra metade. Adicione o nhoque cozido e o espinafre chinês (ou comum) à panela do molho, leve-a ao fogo médio-alto e aqueça delicadamente por 1 ou 2 minutos.

7. Divida em quatro pratos, finalize com as raspas de limão, a cebolinha e o gergelim e sirva imediatamente.

MATURAR

RENDE 4 PORÇÕES
como café da manhã
ou ceia leve

2-3 batatas de assar grandes, sem casca e cortadas em palitos de 4 × 0,5 cm (380 g)

1 couve-rábano pequena, sem casca e cortada em palitos de 4 × 0,5 cm (160 g)

1 colher (sopa) de pasta de pimenta *gochujang* (ajustar de acordo com a marca que estiver usando; ver p. 19)

2 colheres (chá) de missô branco

2 dentes de alho pequenos, espremidos

3 colheres (sopa) de azeite, mais um pouco para untar

8 ovos

1 limão, cortado em gomos, para servir

sal

MOLHO

1 colher (sopa) de sumo de limão

1 colher (chá) de pasta de pimenta *gochujang* (ajustar de acordo com a marca que estiver usando; ver p. 19)

2 colheres (sopa) de azeite

2 colheres (chá) de ciboulette, picada finamente

2 colheres (chá) de gergelim branco ou preto, ou uma mistura dos dois, bem torrado

OVOS ASSADOS COM BATATA E *GOCHUJANG*

Nesta receita, os ovos são cozidos e aninhados em uma rösti gigante com um fundo crocante, um pouco como um café da manhã americano com ovos e *hash brown*, tudo em uma mesma panela. Se você não é fã de couve-rábano, sinta-se à vontade para usar apenas a batata, embora gostemos da complexidade que a couve-rábano traz. Procure cortar palitos de 0,5 cm para os vegetais em vez de ralá-los, caso contrário, não vai obter a crocância desejada. É possível fazer isso usando uma faca afiada ou, mais convenientemente, uma mandolina ou um processador de alimentos com o acessório apropriado. Corte os vegetais imediatamente antes de cozinhá-los, para que não fiquem murchos.

Tente comprar *gochujang*, uma pasta coreana de pimenta fermentada (p. 19), de boa qualidade. Isso faz toda a diferença.

1. Unte ligeiramente uma frigideira antiaderente grande de 28 cm com tampa, ou uma assadeira refratária redonda de tamanho semelhante, e leve ao forno para aquecer por 5 minutos.

2. Em uma tigela grande, misture os seis primeiros ingredientes e ¼ de colher (chá) de sal até ficarem bem envolvidos (é mais fácil usar as mãos com luvas). Retire a frigideira do forno, despeje a mistura de batata e espalhe-a uniformemente. Asse por 25 minutos, sem tampa, girando a frigideira na metade do tempo, até ficar dourado e crocante por cima.

3. Faça oito buracos usando as costas de uma colher. Quebre um ovo em cada buraco, tampe a frigideira e leve-a de volta ao forno por 8 a 10 minutos, ou até que as claras estejam cozidas e as gemas ainda moles. Use uma colher pequena para tirar cuidadosamente a película branca que se formou sobre os ovos, se quiser, para revelar as gemas por baixo delas. Tempere com um pouco de sal.

4. Misture todos os ingredientes do molho em uma tigela pequena, espalhe por cima dos ovos e sirva direto na frigideira, com os gomos de limão espremidos por cima.

MATURAR

**RENDE 6
A 8 PORÇÕES**

RAGU DE FORNO DEFINITIVO

3 cenouras, sem casca
e cortadas em pedaços
grandes (250 g)

2 cebolas, sem casca e
cortadas em pedaços
grandes (300 g)

300 g de shimeji, picados
grosseiramente

**60 g de funghi
porcini,** processado
grosseiramente

4 dentes de alho,
espremidos

3-4 tomates, cortados em
pedaços grandes (350 g)

120 ml de azeite

70 g de missô branco

40 g de *harissa* de rosas
(ajustar de acordo com
a marca que estiver
usando; ver p. 18)

**4 colheres (sopa) de
extrato de tomate**

90 ml de shoyu

**2 colheres (chá) de
sementes de cominho,**
esmagadas

**180 g de lentilhas secas
verdes ou marrons**

100 g de cevada perolada

**1 litro de caldo de legumes
ou de galinha**

160 g de creme de coco

100 ml de vinho tinto

**sal e pimenta-do-reino
preta**

Em nossa missão de criar o melhor ragu sem carne (durante a qual Ixta quase perdeu a vontade de viver, mas isso já aconteceu uma ou duas vezes antes), foram inventadas versões suficientes para afundar um grande navio. Não há como negar que a lista de ingredientes é extensa, mas todos eles estão lá para dar ao ragu seu fantástico toque de umami. O método, no entanto, não poderia ser mais simples. Se você tiver um processador de alimentos, parte dos ingredientes pode ser batida na função pulsar até ficarem finamente picados, poupando bastante tempo e esforço.

O ragu dura na geladeira até 3 dias, ou no freezer por um mês, pronto para ser servido com qualquer coisa, de macarrão a polenta (experimente com a polenta de milho fresco, ver p. 140, sem os pimentões e o ovo), ou usado como base para lasanha ou bolo de batata. Para estes dois últimos, cozinhe um pouco menos o ragu, pois ele vai continuar cozinhando no forno.

Obrigado a Emily Moore e Josh Renaut, que, enquanto recém-convertidos ao veganismo, levaram incansavelmente para casa cada versão deste ragu, para dar seus atenciosos feedbacks.

1. Preaqueça o forno de convecção a 190°C (ou o forno comum a 210°C).

2. Trabalhando em levas, coloque a cenoura, a cebola, o shimeji, o funghi, o alho e o tomate em um processador de alimentos e bata na função pulsar até que tudo esteja finíssimamente picado (ou pique tudo finamente à mão).

3. Coloque os ingredientes picados em uma assadeira antiaderente grande de 36 × 28 cm com o azeite, o missô, a *harissa*, o extrato de tomate, o shoyu e as sementes de cominho e misture muito bem. Asse por 40 minutos, mexendo na metade do tempo, até ficar dourado nas bordas e começar a borbulhar.

4. Reduza a temperatura do forno de convecção para 180°C (ou do forno comum para 200°C).

5. Coloque todos os ingredientes restantes na assadeira, junto com 150 ml de água, ⅓ de colher (chá) de sal e um giro bem generoso do moedor de pimenta-do-reino. Mexa muito bem, raspando as laterais e o fundo crocantes com uma espátula. Cubra bem com papel-alumínio e asse por mais 40 minutos. Retire o papel-alumínio e asse por 5 minutos. Deixe descansar por 15 minutos, para que o molho seja ligeiramente absorvido, antes de servir.

MATURAR

RENDE 4 PANQUECAS
para servir 2 pessoas
em um brunch

PANQUECAS DE ASPARGOS E *GOCHUJANG*

---

135 g de farinha de trigo
60 g de farinha de arroz
(diferente da farinha
asiática de arroz
glutinoso)
1 ovo
325 ml de água muito
gelada
1½ colher (sopa) de pasta
de pimenta *gochujang*
(ajustar de acordo com
a marca que estiver
usando; ver p. 19)
5 g de folhas de coentro,
picadas grosseiramente,
mais um pouco para
servir
½ pimenta vermelha,
sem sementes e picada
finamente (5 g)
75 ml de óleo de girassol
400 g de aspargos,
sem as extremidades
lenhosas, cortados ao
meio no sentido do
comprimento (280 g)
120 g de cebolinha
(cerca de 6-7 unidades),
cortadas ao meio no
sentido da largura,
depois novamente no
sentido do comprimento
sal

MOLHO
50 ml de shoyu light
1 colher (sopa) de mel
2 colheres (chá) de
gergelim, torrado
2 colheres (chá) de
vinagre de arroz
1 dente de alho, espremido
½ pimenta vermelha,
sem sementes e picada
finamente (5 g)

Essas panquecas são mais elásticas e menos grudentas do que as panquecas comuns, o que ajuda a preservar a textura dos aspargos. São apenas levemente picantes e ficam maravilhosas em um café da manhã de fim de semana ou como um almoço ou ceia leves.

Quando se trata de *gochujang*, pasta coreana de pimenta fermentada, você vai querer colocar as mãos no produto legítimo (ver p. 19). Se mesmo assim você tiver à mão uma *gochujang* suave, ofereça um pouco mais ao lado do molho.

Sirva com salada de avocado e alguns camarões grelhados, se quiser.

1. Para o molho, misture bem todos os ingredientes em uma tigela pequena.

2. Coloque as duas farinhas em uma tigela grande, junto com ½ colher (chá) de sal e misture bem. Em outra tigela, misture levemente o ovo, a água, a *gochujang*, o coentro e a pimenta. Faça um buraco no centro da mistura de farinha, despeje lentamente os ingredientes úmidos e misture com um batedor até ficar homogêneo; não trabalhe demais a massa.

3. Adicione pouco mais do que 1 colher (sopa) de óleo a uma frigideira antiaderente média (18 cm) em fogo médio-alto. Quando estiver quente, adicione ¼ dos aspargos e uma pequena pitada de sal, com os aspargos todos apontando na mesma direção, e cozinhe por 1 minuto e meio a 2 minutos, virando algumas vezes, ou até começar a amolecer e ganhar cor. Adicione ¼ das cebolinhas e cozinhe por mais 30 segundos. Despeje 140 g (cerca de ¼) da massa de panqueca sobre eles, espalhando até cobrir o fundo da frigideira, e cozinhe por 2 minutos e meio antes de virar e cozinhar por mais 2 minutos e meio, ou até ficarem crocantes e douradas. Transfira para uma travessa e repita para fazer quatro panquecas no total. Você vai precisar ajustar a temperatura do fogo e o tempo ao longo do processo.

4. Divida as panquecas em dois pratos, finalize com um pouco de coentro picado, e sirva com o molho ao lado ou espalhado ligeiramente por cima.

MATURAR

RENDE 4 PORÇÕES
como prato principal

400 g de bucatini
(ou outra massa
comprida; ajustar o
tempo de cozimento
conforme
a escolha)

50 g de manteiga sem sal

10 g de *zaatar*, mais
1½ colher (chá) para
servir

**2 colheres (chá) de
pimenta-do-reino
preta moída na hora**

130 g de parmesão, ralado
finissimamente

30 g de Pecorino Romano,
ralado finissimamente

**2½ colheres (sopa) de
azeite**

**2 colheres (chá) de folhas
inteiras de manjerona**
(opcional)

sal

CACIO E PEPE COM *ZAATAR*

Mexer com um clássico italiano não é algo que fazemos inconsequentemente, mas acrescentar o *zaatar* não tira nada da tão admirada simplicidade deste prato. Tudo o que ele faz é adicionar uma deliciosa camada herbal que caminha lado a lado com a pimenta e o queijo.

A técnica para acertar no seu *cacio e pepe* não é complicada, mas é essencial que você a siga à risca se quiser obter um molho rico e homogêneo, como Ixta pode confirmar depois de tê-lo testado milhares de vezes. Usar uma panela larga e pouca água para cozinhar a massa é essencial, porque garante que haja bastante amido na água, que é a chave para emulsionar o molho. Rale o parmesão e o pecorino o mais finamente possível e reserve-os, para garantir que derretam muito bem no molho. Por fim, meça tudo antes de começar a cozinhar; tudo acontece com muita rapidez depois.

1. Ferva 1,3 litro de água em uma panela larga em fogo médio-alto e acrescente ¾ de colher (chá) de sal. Despeje o bucatini e cozinhe por 9 minutos (ou conforme as instruções da embalagem) até ficar al dente, mexendo de vez em quando para que não grude no fundo da panela e para garantir que a massa esteja sempre submersa. Escorra e reserve toda a água da cozedura (deve ser em torno de 520 ml — se faltar, complete com um pouco de água quente).

2. Derreta a manteiga em uma frigideira antiaderente grande e alta em fogo alto até borbulhar, em seguida, adicione o *zaatar* e a pimenta e refogue por mais 1 minuto, mexendo, até liberar os aromas. Adicione a água reservada da cozedura, espere levantar fervura e cozinhe por 5 minutos, até ficar sedosa e reduzir um pouco. Adicione o macarrão e misture-o vigorosamente ao molho. Acrescente o parmesão em duas levas, sem parar de mexer vigorosamente, e esperando até que a primeira metade derreta antes de adicionar a segunda. Quando o parmesão estiver todo derretido, adicione o pecorino, também sem parar de mexer, até derreter e o molho ficar macio e sedoso.

3. Transfira para uma travessa untada e finalize com o azeite, a manjerona (se estiver usando), o *zaatar* restante e uma pequena pitada de sal. Sirva imediatamente.

MATURAR

RENDE 4 PORÇÕES
como entrada

ERVILHAS EM CALDO DE PARMESÃO COM MOLHO DE LIMÃO TOSTADO

CALDO

2 colheres (sopa) de azeite
½ cebola, picada finamente
2 dentes de alho,
   espremido
80 g de azeitona
   Nocellara (ou outra
   variedade de azeitona
   verde), sem caroço e
   picada finamente (50 g)
100 g de parmesão,
   cortados em 3 pedaços
   (o peso inclui a casca, que
   deve ser separada), mais
   um pouco, finamente
   ralado, para servir
1 colher (sopa) de sumo
   de limão-siciliano
5 g de talos de salsinha
5 g de talos de manjericão
100 g de ervilha-torta,
   cortada finamente na
   diagonal
100 g de ervilhas
   congeladas,
   descongeladas
400 g de ervilha baby,
   cortada ao meio no
   sentido do comprimento
   e depois na diagonal
sal

MOLHO DE LIMÃO
CHAMUSCADO

1 limão-siciliano pequeno,
   cortado em 8 rodelas de
   0,5 cm de espessura, sem
   sementes (60 g)
70 g de azeitona
   Nocellara (ou outra
   variedade de azeitona
   verde), sem caroço e
   picada finamente (40 g)
2 dentes de alho
   pequenos, picados
   finamente
10 g de folhas de salsinha,
   picadas finamente
10 g de folhas de
   manjericão, picadas
   finamente
75 ml de azeite

É possível fazer muito ou pouco com a abundância de ervilhas e as vagens que chegam com a primavera. Aqui optamos por uma abordagem maximalista, misturando-as a um caldo carregado com a intensidade do limão, da azeitona, do alho e do parmesão.

Há três ótimas lições nesta receita. Primeiro, nunca descarte as cascas de queijo. Elas duram meses na geladeira ou no freezer, prontas para dar um sabor extra a caldos, ensopados e consomês. Segundo, a base de cebola, alho e azeitona refogados contém uma força impressionante, proporcionando uma verdadeira profundidade ao caldo. Você pode dobrar ou triplicar essa parte, bater até formar uma pasta e guardar na geladeira para usar em sopas e ensopados. Terceiro, o molho de limão tostado é uma receita maravilhosa por si só. Prepare o dobro, se desejar, e guarde em um pote na geladeira por até 2 dias, pronto para ser servido com vegetais grelhados, peixe ou frango, ou para misturar a uma salada.

Se você quiser se adiantar, o caldo e o molho podem ser preparados de véspera e guardados na geladeira, mas não cozinhe as ervilhas no caldo até a hora de servir. Reaqueça o caldo até fervilhar e deixe o molho voltar à temperatura ambiente, se os tiver preparado com antecedência.

1. Para o caldo, coloque o azeite, a cebola e ¾ de colher (chá) de sal em uma panela grande em fogo médio-alto. Refogue delicadamente por 6 minutos, mexendo de vez em quando, até a cebola ficar macia e dourada. Acrescente o alho e as azeitonas e continue a refogar por 2 minutos, até ficarem macios e perfumados. Acrescente a casca e os pedaços do parmesão e refogue por 30 segundos, depois acrescente o sumo de limão, os talos das ervas, 1,8 litro de água e 1 ¼ colher (chá) de sal. Espere ferver, abaixe o fogo para médio e cozinhe por 20 minutos. Passe o caldo por uma peneira e, em seguida, volte com ele para a panela para mantê-lo aquecido. Descarte os vegetais do refogado e o parmesão.

2. Para fazer o molho de limão tostado, aqueça uma frigideira antiaderente em fogo alto e, quando estiver quente, toste quatro fatias de limão por cerca de 3 minutos cada lado, ou até ficarem bem chamuscadas, mas não completamente queimadas. Pique finamente as fatias tostadas junto com as fatias frescas e coloque tudo em uma tigela pequena. Misture todos os ingredientes restantes do molho e ¼ de colher (chá) de sal e reserve.

3. Depois de passar o caldo pela peneira, leve-o novamente ao fogo médio-alto e deixe ferver. Reduza o fogo para o mínimo, acrescente todas as ervilhas e cozinhe por 3 minutos, até que estejam cozidas, mas ainda crocantes.

4. Divida em quatro tigelas e coloque 1 colher (sopa) do molho em cada. Finalize com um pouco de parmesão ralado e sirva com o restante do molho à parte.

109

MATURAR

RENDE 4 PORÇÕES
como entrada

8 **figos roxos maduros,**
cortados ao meio (320 g)
1 **colher (sopa) de shoyu**
2½ **colheres (sopa) de**
xarope de Maple
2 **colheres (sopa) de vinho**
de arroz Shaoxing (ou
vinagre de xerez branco
seco)
2½ **colheres (chá) de**
vinagre Chinkiang (ou
metade da quantidade
de vinagre balsâmico)
60 **ml de azeite**
2 **pimentas vermelhas,**
em rodelas finas (20 g)
1 **limão-siciliano:** retire
5 tiras finas da casca
60 **g de rúcula**
140 **g de ricota**

FIGOS GRELHADOS COM MOLHO SHAOXING

No papel, pode não parecer que funciona, mas a combinação de figos, vinho chinês de arroz e ricota é verdadeiramente maravilhosa. O prato tem um ótimo equilíbrio entre doce e salgado, por isso é importante que seus figos estejam maduros e doces. Se não estiverem, aumente um pouco a quantidade de xarope de Maple.

O azeite temperado e os figos cozidos precisam de tempo para marinar, então prepare-os com um dia de antecedência, se puder. Os figos, inclusive, podem ser preparados até 3 dias antes e mantidos na geladeira (basta deixá-los voltar à temperatura ambiente antes de montar a salada). Você pode até mesmo guardá-los na geladeira por até 3 semanas, para fermentar (ou pelo menos ficarem com um cheiro um pouco inusitado); eles rendem um ótimo complemento para uma tábua de queijos.

1. Preaqueça o forno na temperatura máxima da função grill.

2. Em uma tigela média, misture os figos com o shoyu e 1 ½ colher (sopa) de xarope de Maple, em seguida arrume-os, espaçados, em uma assadeira média forrada com papel-manteiga com o lado cortado para cima. Certifique-se de que não haja papel em excesso que possa pegar fogo. Leve à prateleira mais alta do forno por 12 minutos, até que os figos estejam macios e caramelizados, mas sem perder a forma. Coloque os figos e os sucos de cozimento de volta à mesma tigela, junto com o vinho de arroz Shaoxing, o vinagre Chinkiang e a colher (sopa) restante de xarope de Maple. Misture delicadamente e deixe descansar por pelo menos 1 hora (ou de um dia para o outro) para que os sabores se integrem.

3. Enquanto isso, aqueça o azeite em uma panela pequena em fogo médio e, quando estiver quente, refogue as pimentas por 3 minutos, mexendo para separar as rodelas. Acrescente a casca do limão e refogue por mais 30 segundos, até liberar o aroma, e em seguida transfira imediatamente para uma tigela refratária e deixe em infusão por pelo menos 30 minutos (ou de um dia para o outro).

4. Distribua a rúcula em uma travessa e cubra com os figos e o molho. Espalhe colheradas de ricota, finalize com o azeite temperado, com as pimentas e as cascas de limão e sirva.

MATURAR

RENDE 4 PORÇÕES
como acompanhamento

2-3 pepinos, cortados
   ao meio no sentido
   do comprimento, com
   o miolo raspado e
   cortados em pedaços
   de 2 cm (700 g)
2 dentes de alho,
   espremidos
2 colheres (chá) de
   vinagre de arroz
3 colheres (sopa) de sumo
   de limão
3 colheres (sopa) de óleo
   vegetal
2 cebolinhas, picadas
   finamente na diagonal
½ colher (sopa) de
   gergelim preto, torrado
   ligeiramente
sal marinho em flocos

MOLHO DE TAHINE
E SHOYU
60 g de tahine
2 colheres (sopa) de shoyu
1½ colher (sopa) de saquê
   mirin
1½ colher (sopa) de
   vinagre de arroz

SALADA DE PEPINO À XI'AN IMPRESSION

Xi'an Impression e Master Wei são restaurantes irmãos em Londres que servem a comida de Xian, capital da província de Shaanxi, no centro da China. Esses restaurantes, que também inspiraram o repolho com creme de gengibre e óleo anestesiante (p. 196), são extremamente populares entre os chefs do Ottolenghi por seus sabores fortes, com base no uso descaradamente exagerado de pimenta, vinagre, shoyu e óleo. Uma salada de pepino em particular é sempre servida quando se senta à mesa, e é também uma vaga inspiração para essa salada.

O molho pode ser preparado com até uma semana de antecedência e mantido na geladeira — basta mexer um pouco para voltar à textura normal, acrescentando um pouco de água, se necessário.

Sirva com outros pratos de vegetais para compor uma refeição, como as panquecas de aspargos e *gochujang* (p. 102) e a caponata *fusion* (p. 135).

1. Coloque o pepino em uma tigela com o alho, o vinagre, o sumo de limão e 3 colheres (chá) de sal marinho em flocos. Misture bem, usando as mãos para esmagar ligeiramente os pedaços de pepino. Aqueça um pouco o óleo em uma panela pequena até estar morno, por cerca de 2 minutos, depois despeje-o sobre os pedaços de pepino. Deixe marinar de 30 minutos a 2 horas.

2. Misture todos os ingredientes do molho com 1 colher (sopa) de água até obter um resultado bem homogêneo (ele vai parecer um pouco grosso no começo, mas depois fica bem liso).

3. Despeje o molho em uma travessa grande com borda, de modo que forme naturalmente uma poça. Escorra muito bem os pepinos, descartando todo o líquido, e empilhe-os sobre o molho. Finalize com o gergelim e a cebolinha e sirva imediatamente.

113

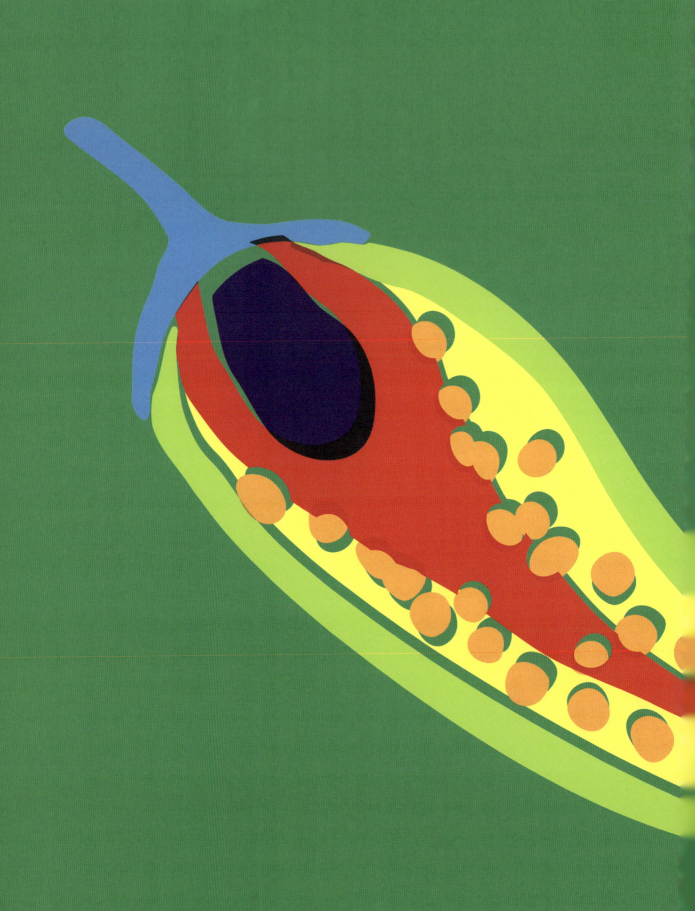

COMBINAÇÃO

O sabor, como veremos, pode ser intensificado pelas combinações inerentes a um prato. Não tem tanto a ver com o que você faz com os elementos da receita ("técnica") nem com o produto em si ("ingrediente"), mas com a interação de vários deles dentro daquilo que identificamos como as quatro "combinações" mais importantes: doçura, gordura, acidez e picância. É isso que dá origem, seja de maneira enfática ou discreta, à maioria das coisas que todos nós adoramos comer.

Pense no seu sanduíche preferido. Os sanduíches são, sem dúvida, a valorização *por excelência* do mais corriqueiro dos ingredientes — o pão — em virtude do que está junto dele. Espalhe manteiga no pão e você já marcou o primeiro gol: a gordura. Pergunte a Ixta qual é o sanduíche dos sonhos dela, e ela vai dizer que é o de *porchetta* com molho de mostarda e damasco. Essa combinação, por razões óbvias, não consta deste livro, mas ilustra bem o princípio. A *porchetta* traz a gordura para a equação e, em seguida, a mostarda com damasco — que cumpre perfeitamente todos os requisitos restantes de doçura, picância e acidez — transforma o placar numa goleada. O sanduíche preferido do Yotam seria uma mistura de vegetais e pimentas assados com azeite, empilhados sobre uma fatia de pão de fermentação natural com algumas lascas de pecorino ou pedaços de feta por cima. Mais uma vez, os quatro requisitos atendidos. Nem todos os sanduíches precisam cumprir esse quarteto para fazer sentido — pense no de manteiga de amendoim com geleia, no de abacate com pimenta, no de maionese de camarão ou em um de pernil. Há um, dois ou todos os quatro presentes. Falemos da doçura, da gordura, da acidez e da picância, um de cada vez.

DOÇURA

Quando tentamos entender como a doçura funciona em um contexto salgado, em oposição ao contexto mais óbvio das sobremesas (ver pp. 223-5), é útil voltarmos ao título deste livro por um minuto. *Sabor* — o que é isso, afinal de contas? Como ele se relaciona com o gosto? Quais são as forças que moldam essa nossa complexa experiência sensorial?

Gosto é aquilo que detectamos com as papilas gustativas em nossa boca. Existem cinco gostos. A doçura é um deles. Os outros são azedo, amargo, salgado e umami. O sabor, por outro lado, é captado pelas células olfativas em nossos narizes. Essas células reagem a compostos transportados pelo ar, muitos dos quais são liberados quando mastigamos os alimentos. Sabor é igual a gosto mais aroma. O gosto doce de um pêssego será detectado com alegria por nossas papilas gustativas quando dermos a primeira mordida. O sabor, no entanto, não pode ser percebido sem o cheiro adicional, o aroma, a *fragrância* da fruta perfeitamente madura.

Apreciar a complexidade do sabor é essencial para lançar luz sobra a forma como a doçura desempenha seu papel em um prato salgado. Assim como o sabor é composto de gosto e aroma, os diferentes gostos também não funcionam isoladamente. Em um contexto salgado, um alimento não é simplesmente doce nem simplesmente azedo, amargo ou salgado. Pelo contrário, é uma combinação

O PRAZER RESIDE NA COMBINAÇÃO, NAS CAMADAS, NO CONTRASTE DE GOSTOS

de uma, duas ou de todas essas coisas. Vejamos alguns dos nossos ingredientes doces preferidos nas receitas deste livro. O missô branco ou o saquê mirin, por exemplo, a toranja, os tomates, as laranjas, o xarope de Maple. A experiência de comê-los não é como uma fila organizada ao longo das papilas gustativas gritando "doçura". Em vez disso, é um ataque orquestrado a todos os sentidos!

Não é uma questão de ingredientes apresentarem uma junção — doce *e* salgado, doce *e* umami —, e sim sobre como todos esses gostos precisam e dependem uns dos outros para brilhar. O que seria do cacau em pó amargo, afinal, sem o seu oposto, o açúcar doce? O prazer reside na combinação, nas camadas, no contraste. Isso é particularmente válido em relação à doçura porque, sem a complexidade, você corre o risco de transformar seu prato em uma sobremesa. Seja qual for a parceria — podem ser duas camadas do mesmo gosto ou um contraste entre gostos distintos —, o *equilíbrio* é sempre fundamental. Vamos dar uma olhada em algumas das nossas receitas para ver como isso funciona na prática.

Primeiro, as camadas. É quando um elemento doce faz parceria com mais um ou dois. O efeito é trazer complexidade — uma outra dimensão — a um sabor indiscutivelmente doce. É aqui que as fatias de abóbora, por exemplo, são assadas junto com uma especiaria doce, a canela, como fazemos na FREGOLA COM ABÓBORA E MOLHO DE TOMATE ANISADO (p. 137). Ou quando 1 ou 2 colheres

COMBINAÇÃO

(sopa) de um saboroso xarope de Maple e de missô branco doce e salgado são misturadas às abóboras, como fazemos no PURÊ DE ABÓBORA RÚSTICO DA ESME (p. 136), antes de levá-las ao forno para assar.

No entanto, todas essas combinações de doçura sobre doçura precisam ser mantidas sob controle. Formar camadas para proporcionar profundidade de sabor é uma coisa, mas a doçura pode se tornar enjoativa. Quem já experimentou um prato às vezes servido no Dia de Ação de Graças, que combina batata-doce,

TODA UMA GERAÇÃO DE CRIANÇAS QUE PREFEREM CENOURAS "DOCES" A COUVES-DE-BRUXELAS "AMARGAS" NÃO ESTÁ TRAMANDO UMA GRANDE CONSPIRAÇÃO CONTRA OS PAIS

canela, marshmallow e xarope de Maple sabe do que estamos falando. Apenas assar a batata-doce mostra o quanto o cozimento longo e lento eleva a doçura desse vegetal rico em amido. Isso se deve à ação de uma enzima que ataca o amido e o decompõe em maltose, um açúcar composto de duas moléculas de glicose e que tem cerca de um terço do dulçor do açúcar de mesa. Tudo isso antes mesmo de o xarope de Maple e os marshmallows serem adicionados à equação. Além de nos dar uma pequena lição sobre a conversão do amido, esse prato em particular também é, basicamente, um experimento controlado sobre a necessidade de uma fatia de algo salgado, como presunto ou bacon, no jantar de Ação de Graças. Na ausência de ambos em SABOR, outros ingredientes cumprem esse papel.

Assar abóbora e cenoura com um tempero amadeirado, como as sementes de alcaravia, ou com uma erva resistente, como a sálvia, por exemplo, é algo que fazemos em nossa GALETTE DE ABÓBORA, LARANJA E SÁLVIA (p. 132). Isso mantém a doçura do vegetal sob controle (em vez de intensificá-la, como faria uma especiaria doce, como a canela). Raminhos de tomilho fazem isso com O PIMENTÃO TOSTADO (p. 140). Espalhar uma camada de mascarpone sobre a galette também funciona. Outras vezes, o sumo ou algumas gotas de limão ou o uso de um vinagre pungente trazem o que é preciso para equilibrar a doçura.

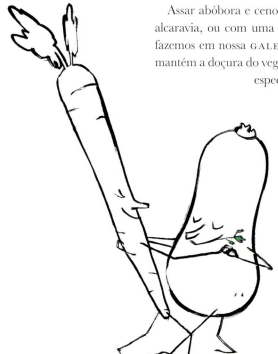

Por outro lado, pode ser que a adição de um componente ácido ou picante mantenha (ou até intensifique) a doçura almejada em um ingrediente. Pense em uma rodela de abacaxi. Dê uma mordida, e o gosto dominante é o doce. Tempere com um pouco de sal e pimenta e experimente outra vez. A adição de sal e pimenta, contraintuitivamente, serve para amplificar a doçura da fruta.

Costumamos falar sobre a "experiência" da doçura em vez de falar no gosto doce como algo absoluto. Isso

COMBINAÇÃO

se dá porque a experiência da doçura é diferente para cada pessoa. Além disso, as papilas gustativas mudam e se desenvolvem ao longo do tempo. O que experimentamos como amargo ou doce muda à medida que crescemos. Toda uma geração de crianças que preferem cenouras "doces" a couves-de-bruxelas "amargas" não está tramando uma grande conspiração contra os pais. Crianças têm cerca de 30 mil papilas gustativas, das quais apenas um terço, aproximadamente, sobrevive até a idade adulta. A sensibilidade delas para extremos de amargo ou doce é, *de fato*, maior.

Para além do que um ingrediente exibe quando combinado, existe também uma enorme variedade de doçura em relação a um mesmo ingrediente. Compare um vinagre balsâmico envelhecido com uma versão mais jovem, por exemplo, e você vai procurar por palavras muito além da simples "doçura". Idem para o xarope de Maple ou o vinho de arroz Shaoxing. Pense nos pedaços de abóbora como outro exemplo, cujas inúmeras variedades poderiam encher um livro inteiro. A abóbora é apenas uma espécie da família das cucurbitáceas. Existem, além dela, todas as variedades asiáticas e africanas: os pepinos e o maxixe, por exemplo, os melões, as melancias e as cabaças. Depois, há também as variedades norte-americanas e sul-americanas. Elas são divididas em abóboras de inverno (firmes e doces) e de verão, como as abobrinhas (macias e apenas levemente adocicadas). Um mergulho profundo para terminar, mas tudo isso é para dizer que as discussões sobre se temos quatro ou cinco gostos perdem um pouco o sentido: existem cerca de 35 diferentes tipos de "doçura" só de abóbora, para começo de conversa! E não chegamos nem mesmo às sobremesas! Deixe de lado o nome que damos às coisas, quem sabe. Em vez disso, concentre-se no gosto, nos aromas — cuja combinação dá origem ao sabor — das nossas receitas que servem de vitrine para a doçura.

GORDURA

Até agora listamos dois motivos não científicos para explicar nosso sistema de compreensão do sabor por meio das combinações. Não é que não tenhamos interesse na ciência em si; ela apenas não é a *razão* pela qual buscamos as coisas na cozinha. Quando se trata de analisar nossas experiências culinárias — como elas funcionam e o que acontece se não funcionarem —, a abordagem técnica é sempre uma opção.

O azeite e os motivos pelos quais ele funciona tão bem como veículo de cocção é um bom ponto de partida. Ele pertence a uma grande família química chamada lipídios, e os lipídios são quimicamente distintos da água. Uma de suas diferenças é que ele tem um ponto de ebulição muito mais alto, o que proporciona uma temperatura de cozimento muito mais alta, que, por sua vez, dá tempo à superfície do que está sendo cozido para secar e para que a textura fique realmente crocante. Com a extração da água, o sabor fica mais concentrado e intenso. Como vimos ao analisar o processo de dourar no primeiro capítulo (ver pp. 28-30), vegetais

COMBINAÇÃO

cozidos em água terão sempre gosto de uma versão quente de si mesmos. No entanto, troque a água por óleo — óleo sendo qualquer "gordura líquida" — e estão dadas as condições para a produção de sabores intensos de douração (a reação de Maillard). A gordura é o que torna nossos BOLINHOS DE ARROZ COM KIMCHI (p. 166) crocantes quando fritos. É o que deixa nossas fatias de berinjela levemente douradas quando assadas para o DAL DE CURRY E COCO (p. 152). Todo o sabor e a textura maravilhosos, intensos e interessantes se devem, em suma, graças ao uso — ou à parceria — da gordura com o ingrediente que está sendo preparado.

VEGETAIS COZIDOS EM ÁGUA TERÃO SEMPRE GOSTO DE UMA VERSÃO QUENTE DE SI MESMOS

No outro extremo do processo, a ciência também pode nos dizer por que a gordura é uma ótima forma de finalizar ou complementar um prato (em vez de empregada desde o princípio). Pegue uma simples salada — tomate e manjericão, por exemplo —, e é uma coisa. É refrescante, adocicada, sensacional. São três coisas, nós sabemos, mas você entendeu. No entanto, acrescente algumas fatias de mozarela, ou alguns pedaços pungentes de feta, e ela se torna algo totalmente diferente. Não é mais apenas a imagem; são as férias de verão inteiras. O sabor pungente de um feriado à beira-mar, para ser mais específico. Acrescente mais uma camada de gordura, na forma do indispensável azeite, e o prato está completo.

A razão pela qual o sabor de um bom queijo parece de fato *preencher* a boca se deve às enzimas do leite, ao coalho e aos micro-organismos. Os três decompõem a proteína e a gordura concentradas no queijo em uma ampla gama de compostos de sabor. Quanto mais diversificado o elenco de enzimas de amadurecimento, mais complexo será o resultado e mais rico o sabor. O motivo pelo qual o feta envelhecido em barris tem um sabor mais rico e complexo que o feta padrão é porque as enzimas tiveram mais tempo para amadurecer (elas precisam de seis meses para serem chamadas de "envelhecidas" em vez dos dois meses padrão), e porque são, graças aos barris de madeira em que o envelhecimento ocorre, mais diversificadas.

O que a ciência *não* nos diz, porém, é a razão instintiva pela qual nós — tanto na cozinha de testes do Ottolenghi quanto em nossas casas — nos vemos com tanta frequência pegando uma garrafa de azeite quando estamos começando ou terminando uma refeição. Nós recorremos a ele seja cortando uma cebola no começo ou finalizando um prato antes de servi-lo. Fazemos isso pela razão descaradamente não científica de que simplesmente amamos: amamos o sabor gramíneo e levemente picante do azeite, amamos seu aspecto verde e brilhante. Para nós, uma garrafa de boa qualidade é como o sol do Mediterrâneo em formato líquido.

Assim, com um ligeiro aceno para a ciência e uma piscadela um pouco mais enfática para os nossos apetites, podemos dar uma olhada rápida nas outras gorduras presentes em nossas receitas e no que elas trazem para os pratos em que aparecem.

Se o azeite está na primeira categoria das gorduras — líquidas —, então o óleo de girassol e a manteiga, uma vez derretida e clarificada, fazem parte do mesmo grupo. É preciso harmonizar a gordura da sua escolha com o prato que você está

COMBINAÇÃO

preparando. Manteiga e azeite combinam bem com a rica POLENTA italiana, por exemplo (p. 163), mas ao fritar os BOLINHOS DE ARROZ COM KIMCHI, por outro lado (p. 166), você quer todos os benefícios que a fritura proporciona (a crocância por fora, no caso) sem que o que está sendo preparado absorva o sabor do óleo. Aqui, são óleos como o de girassol (ou outra variedade de sabor suave) que funcionam melhor.

Além das "gorduras líquidas", usamos toda a gama de laticínios em nossas receitas, todos com teor de gordura bastante alto. O queijo cheddar tem 33 g de gordura por 100 g, por exemplo, seguido de perto pelo gruyère, o parmesão, o feta e a mozarela, com 17 g de gordura por 100 g. Esperamos que estabelecer uma cifra para a gordura não faça ninguém hesitar. Ela é sabor e, em nossa filosofia de trabalho, é algo bom. Ao procurar um produto "sem gordura" ou "com baixo teor de gordura", lembre-se de que, se algo foi retirado, então precisa ser compensado pela adição de outra coisa. No caso de muitos iogurtes com baixo teor de gordura, por exemplo, esse algo geralmente será açúcar. Preferimos uma colher de iogurte natural grego integral, qualquer que seja a ocasião.

Muitas foram as receitas Ottolenghi, ao longo dos anos, que vieram com a recomendação de servir "acompanhado de uma colher de iogurte". No caso da nossa SALADA DE TOMATE COM IOGURTE DE LIMÃO E CARDAMOMO (p. 164), aumente a colherada em uma concha, para que o iogurte sirva de base a um molho rico e cremoso. Transforme a concha em uma panela inteira, simplesmente, se o molho for abraçar o prato todo, servido quente com massa do tipo MAFALDA (p. 151). Aqui, o iogurte, com a sua acidez natural, tem o poder de render um molho saboroso e cremoso, sem ser enjoativo ou gorduroso demais, como pode acontecer com um molho à base de creme de leite.

PARA NÓS, UMA GARRAFA DE AZEITE DE BOA QUALIDADE É COMO O SOL DO MEDITERRÂNEO EM FORMATO LÍQUIDO

Nossa última categoria de gorduras nas receitas aqui presentes são as vegetais, como a do coco ou a do abacate. A contribuição que elas dão está relacionada tanto ao sabor quanto à textura. Preparar o dal para as nossas BERINJELAS RECHEADAS em leite de coco (p. 152) proporciona uma riqueza, uma textura sedosa e uma doçura que a água ou o caldo de legumes não são capazes de oferecer. Um abacate tem um sabor gramíneo, acastanhado, rico e amanteigado, sim, mas também empresta uma untuosidade sedosa incrível, como a manteiga, a tudo com que faz parceria. Coloque-o lado a lado com cada um dos acompanhamentos dos TAMALES DE QUEIJO (p. 158) — o picles de cebola, a *salsa roja* picante ou o óleo de pimenta —, e a ciência da harmonização das gorduras com doçura, picância e acidez fala por si só.

COMBINAÇÃO

ACIDEZ

Acidez. Por um lado, é muito simples. É uma fatia de limão, algumas gotas do sumo; é o vinagre no picles, a pungência do feta. Mas se espremermos essa certeza, no entanto, há bastante coisa por detrás dela. Por exemplo, pungência e acidez são a mesma coisa? E, enquanto o sumo de um limão é ácido, a casca não seria mais floral, ou cítrica? E amargo não seria uma palavra melhor para descrever a parte branca da fruta? Ou que tal adstringente?

Adoramos acidez. Adoramos tanto a acidez que poucas de nossas receitas não têm um elemento ácido de destaque. Se o Yotam traz os limões-sicilianos para a festa da cozinha de testes, então a Ixta entra com potes cheios de picles avinagrados debaixo dos braços. Noor Murad, nossa colega na cozinha de testes, também está lá, misturando seus queridos limões negros de Omã para dar sabor ao TOFU (p. 176), por exemplo, ou perfurando-o para adicionar às VERDURAS REFOGADAS COM IOGURTE (p. 175). Os tomates também entram na festa, com

ADORAMOS ACIDEZ

sua acidez doce e terrosa, saltitando junto com a polpa de tamarindo, com toda a acidez doce e salgada e com a complexidade que ela empresta aos preparos. Muitos dos pratos servidos nessa festa teriam adição de iogurte grego, e uma festa não é uma festa Ottolenghi, como todos sabemos, sem sumagre e xarope de romã.

Com todos os convidados reunidos, podemos nos sentar e prestar atenção nos discursos. Primeiro: o que é *de fato* acidez? Uma vez estabelecido isso, temos então como olhar para o que ela *faz*. E, aí, podemos voltar para a festa.

De acordo com a definição científica, ácidos são substâncias que liberam íons de hidrogênio (ou seja, átomos carregados) quando diluídas em água. Eles tendem a remover o oxigênio de outras substâncias e ligá-lo ao hidrogênio para formar água. Se, por um lado, o oxigênio costuma fazer com que os alimentos estraguem, os ácidos atuam como conservantes. Esse pequeno experimento controlado pode ser compreendido por alguém que já tenha preparado um pote de geleia ou um vidro de picles. Qualquer pedaço de fruta ou vegetal exposto ao ar — a camada superior da geleia, por exemplo — desenvolve mofo. Tudo mais abaixo da superfície — não exposto ao oxigênio e conservado pelo ácido acético do vinagre, que inibe o crescimento da maioria dos micro-organismos — fica perfeitamente bem.

Os ácidos são classificados como fortes ou fracos, dependendo do pH. O "p" significa "potencial" e, o "H", hidrogênio. O pH depende, portanto, da quantidade de íons de hidrogênio que uma substância é capaz de liberar. O do sumo de limão é, de modo geral, cerca de 2,1, o do vinagre de vinho cerca de 2,5. O do ketchup fica em torno de 3,9, e o do iogurte, de 4,0. O do leite é cerca de 6,7. A água destilada, que é neutra, tem pH 7. Qualquer substância acima disso é alcalina (e teria gosto de sabão se comêssemos).

Como sempre, nossas prioridades são um pouco mais pragmáticas, um pouco mais "O que podemos obter com isso e como isso deixa nossa comida mais saborosa?". Saber o que é acidez pode ser muito bom, mas o que ela *faz* por nós na cozinha?

COMBINAÇÃO

A primeira coisa que ela faz tem a ver com a cor, a segunda, com a textura, e a terceira, claro, com o sabor.

Primeiro: cor. Como conservante, misturar uma substância ácida a certos vegetais e frutas depois de descascados evita que eles percam a cor e fiquem acinzentados. Estamos falando das frutas e dos vegetais propensos à oxidação, como bananas e maçãs, por exemplo, ou alcachofras e abacates. Expostos, eles perdem a cor. Esfregue um pouco de sumo de limão neles ou mergulhe-os em água com um pouco de limão ou uma tampinha de vinagre e eles continuam com a cor que você quer que eles tenham.

Por outro lado, acrescentar um ácido cedo demais a certos vegetais fará *justamente* com que eles percam a cor e fiquem cinza. Muitas vezes, em nossas receitas, a adição do molho a uma salada é seguida pela instrução um tanto rígida "sirva imediatamente". As coisas não vão virar um desastre se você não sair correndo direto para a mesa e mandar todo mundo começar a comer AGORA, mas, ainda assim, o brilho da sua SALADA DE ASPARGOS (p. 171), por exemplo, vai começar a se perder rapidamente assim que o molho de tamarindo e limão for despejado por cima dela. Prepare o molho com antecedência, claro, mas reserve-o. Todo o resto pode ficar pronto, à espera.

O segundo grande "uso" da acidez na cozinha tem a ver com a textura. A adição de substâncias ácidas às frutas, verduras e legumes muitas vezes faz com que eles cozinhem mais lentamente e, também, que fiquem firmes. Por exemplo, o motivo pelo qual sempre deixamos o grão-de-bico seco de molho com uma colher (chá) de bicarbonato de sódio é justamente o *oposto*. Como o bicarbonato de sódio é uma substância alcalina, ele amacia o grão-de-bico e reduz o tempo de cozimento. Adicionar uma substância ácida ao preparo é perfeitamente normal (e quase sempre bem-vindo), mas precisa ser feito depois que a cebola tiver sido refogada e estiver macia, por exemplo, ou depois que o feijão estiver cozido.

Se você não cozinhou de antemão, no entanto, adicionar uma substância ácida às cebolas, como o vinagre, vai começar a romper a estrutura celular delas

COMBINAÇÃO

em vez de enrijecê-la. Além de amolecer as rodelas, por exemplo, há uma troca de sabor no sentido inverso — da cebola para o vinagre — que, por sua vez, pode reduzir a pungência do vinagre antes de ele ser acrescentado ao prato. Uma suavização mútua, podemos dizer, como visto no preparo do picles de cebola servido sobre o TOFU COM LIMÃO NEGRO DA NOOR, por exemplo (p. 176).

O terceiro — e mais emocionante — aspecto tem a ver com o sabor, e o principal papel que ele desempenha é o de equilíbrio. Pense naqueles sanduíches preferidos sobre os quais falamos no início deste capítulo. Nada daquilo faria sentido sem o elemento ácido. Juntos, eles oferecem um ótimo exemplo de como a acidez é versátil quando se trata de equilíbrio, neutralizando a *gordura* (a mostarda avinagrada no sanduíche de *porchetta* da Ixta), a *doçura* e a *picância* (a pungência do feta no sanduíche de vegetais assados e pimenta do Yotam). Isso pode ser visto em muitas das nossas receitas: o molho de sumagre e sumo de limão contrabalançando a doçura das cenouras assadas com xarope de Maple na

PROVAR OS INGREDIENTES DURANTE O PREPARO SERÁ SEMPRE SEU MELHOR TRUQUE

SALADA DE CENOURA ASSADA (p. 187), por exemplo. O limão negro ou o sumo de limão atuando para equilibrar a untuosidade do iogurte tanto nas VERDURAS REFOGADAS (p. 175) quanto nas BATATAS *CHAAT MASALA* (p. 193).

O equilíbrio é uma via de mão dupla, e o impacto da acidez de um ingrediente depende muito daquilo a que é combinado. Quanto mais xarope de Maple é adicionado à travessa na qual as cenouras serão assadas, por exemplo, mais doce será o prato. O pH do sumo de limão ou do sumagre não vai mudar — eles serão tão inerentemente ácidos quanto seriam por conta própria —, mas o impacto no prato como um todo será menor. É uma questão de equilíbrio, e você só tem como definir aonde quer chegar se souber com o que está trabalhando desde o princípio. E não é só uma questão de substituições: nem todos os tomates trarão a mesma acidez toda vez. Nem a pasta de tamarindo industrializada terá o mesmo gosto daquela que você preparou a partir da polpa (ver p. 19). É por isso que provar os ingredientes no decorrer do preparo — antes, durante e na hora de servir — será sempre seu melhor truque.

COMBINAÇÃO

PICÂNCIA

Sempre que publicamos um livro, parece que a despensa Ottolenghi precisa de uma prateleira nova. Um lugar para abrigar nossas mais recentes descobertas e obsessões. Para o *SABOR*, essa nova prateleira estaria cheia de pimentas: frescas, secas, em flocos, em pasta, com óleo, com manteiga, com misturas de especiarias, em conserva. Se tudo fosse feito do jeito da Ixta — obrigado, México! —, teríamos que arrumar um armário inteiro novo. Não arrumamos o armário, porém, então a cozinha ficou abarrotada. Ficou abarrotada porque a pergunta "O que está faltando?" em um prato era, muitas vezes, respondida com "pimenta". Se *tivéssemos* montado esse armário, no entanto, esta seria a aparência dele:

Em uma prateleira, teríamos tigelas cheias de pimentas frescas. Seriam das variedades que costumam ser vendidas nos supermercados apenas como "pimenta" comum, tanto vermelhas quanto verdes. A diferença entre as cores é o grau de maturação. Tal como acontece com os pimentões (um membro da família das pimentas, embora não seja "picante"), as pimentas verdes não são tão maduras nem tão doces quanto as vermelhas.

A escala de Scoville, criada em 1912, avalia o quão picante é uma pimenta. Ela calcula o número de vezes que os extratos de pimenta dissolvidos em álcool podem ser diluídos em água com açúcar antes que a capsaicina (o composto que as torna picantes) não seja mais perceptível ao paladar. Quanto mais unidades na escala,

A PERGUNTA "O QUE ESTÁ FALTANDO?" EM UM PRATO ERA, MUITAS VEZES, RESPONDIDA COM "PIMENTA"

mais picante a pimenta. Os pimentões marcam zero. Nossas pimentas *fresno* ou *serrade* "comuns" ficam entre 2500 e 8 mil. A gama é sempre extensa, porque a quantidade de capsaicina pode alterar drasticamente entre os frutos do mesmo tipo de pimenta. De uma variedade para a outra, a diferença é obviamente mais ampla ainda: a *jalapeño* e a caiena ficam em torno de 3 mil na escala, a pimenta tabasco em torno de 60 mil, e a *habanero* de 100 mil a 300 mil.

Como dissemos, pimentas são picantes porque contêm capsaicina, um composto insípido e inodoro encontrado em sua polpa. A capsaicina se concentra principalmente nas nervuras brancas no interior da pimenta, onde ficam as sementes (é por isso que se diz para retirá-las para moderar o ardor; ao raspar as sementes, que não são propriamente picantes, removem-se também as nervuras brancas picantes). É a capsaicina que se liga aos receptores de dor na língua e cria uma sensação de ardência. O grau de capsaicina aumenta à medida que as pimentas verdes vão amadurecendo, mas perdem ardor à medida que vão ficando mais maduras, mais vermelhas e mais doces. Se você estiver em busca das pimentas frescas mais picantes, escolha aquelas que estão no ponto de virada do verde para o vermelho.

COMBINAÇÃO

O sabor de uma pimenta fresca pode ser acentuado ao tostá-la, como fazemos no nosso RATATOUILLE BERBERE PICANTE (p. 209). O processo de tostar, como apresentado (ver pp. 25-7), faz com que o sabor seja concentrado. Ele confere complexidade, amargor e doçura. É o que proporciona a muitos molhos aquela profundidade extra de sabor, o que os leva a "outra categoria". Outra forma de realçar o sabor das pimentas frescas é preparar um picles, como fazemos no TAGLIATELLE DE AÇAFRÃO (p. 199), em que elas são acrescentadas imediatamente antes de servir, uma guarnição para estimular o paladar. Se tostar intensifica o sabor, o picles o suaviza e permite que as pimentas emprestem seu frescor, que desperta os sentidos a todos os outros elementos do prato.

Essa, portanto, é a prateleira das pimentas frescas: in natura, aquelas prestes a serem tostadas ou em frascos de picles rápidos. A prateleira seguinte (ou as três

HÁ POUQUÍSSIMAS COISAS QUE NÃO FICAM MELHORES COM A ADIÇÃO DE GORDURA E PICÂNCIA EM CONJUNTO

seguintes) seria a das pimentas secas. É aqui que teríamos que ser disciplinados quanto ao espaço dedicado e sobre quais partes do globo poderíamos explorar em nossa busca (uma fração muito pequena, ao que parece). Haveria potes cheios de pimentas secas inteiras, prontas para serem trituradas ou mergulhadas em um prato cozido lentamente. Pimentas *chipotle* defumadas estariam lá, a versão seca e mais suave da pimenta *jalapeño*. Também estariam as *cascabel*, vermelhas e arredondadas, da região central do México, que são doces, acastanhadas e amadeiradas. Seu nome significa "guizo" em espanhol, por causa do som que as sementes soltas fazem dentro da pimenta quando sacudida. As pimentas *ancho* mexicanas também fariam parte com residência permanente. Ela é a versão seca e mais larga ("largo" é o significado de *ancho* em espanhol) da pimenta *poblano*. São frutadas e doces e suaves em termos de ardor.

Teríamos também pequenos potes cheios de pimentas secas que foram transformadas em flocos. Talvez tivéssemos que classificá-los por cores, só pela diversão. Os flocos vermelhos brilhantes estariam em uma das pontas, emprestando sua cor vibrante às infusões. Ao lado deles estariam os vibrantes flocos de pimenta Aleppo. Assim como o pimentão em flocos, seu uso tem tanto a ver com a cor e o aroma doce que imprimem a um molho, como o nosso NAM JIM DE LARANJA (p. 202), quanto com o ardor, que é suave. Ao lado deles estariam os flocos de *chipotle* e, depois, de cor muito mais escura, estariam os pequenos potes carmesim — quase pretos — dos flocos de pimenta Urfa, da Turquia.

A essas prateleiras superiores é que iríamos recorrer para infundir o óleo anestesiante do nosso REPOLHO COM CREME DE GENGIBRE (p. 196), por exemplo, ou para preparar uma manteiga de pimenta para espalhar sobre a nossa COUVE--FLOR ASSADA (p. 205). Em termos de parceria, de fato, há pouquíssimas coisas que não ficam melhores com a adição de gordura (manteiga) e picância (pimenta) em conjunto. Ovos, frango, tofu, todos os vegetais, peixe, arroz: a MANTEIGA DE PIMENTA (p. 205) dura até duas semanas na geladeira, pronta para ser espalhada ou para ser derretida e virar uma marinada ou um toque final.

COMBINAÇÃO

Essas prateleiras superiores são também às quais recorreríamos para fazer nossas próprias pastas, não fosse o fato de ser tão fácil comprá-las sendo de ótima qualidade. Assim, em nosso armário imaginário, teríamos prateleiras cheias de pimenta dedicadas a todos os cantos do mundo. A *harissa* de rosas norte-africana, trazendo seu toque suave de rosas para nossa ABOBRINHA SUPERMACIA (p. 204), por exemplo, junto com a pasta coreana de pimenta fermentada *gochujang*. O chimichurri argentino, o molho judaico *chraimeh*, de Trípoli, o molho de pimenta da Louisiana, a pasta mexicana de pimenta defumada Luchito, o *nam prik* tailandês, o piri-piri africano, o sambal da Malásia, a sriracha tailandesa, o *zhoug* e a *shatta* do Oriente Médio: poucos seriam os dias e as refeições que não ficariam mais animados com uma colherada ou duas de alguma dessas.

É útil ter uma ou todas essas pimentas, pastas, óleos e pós à mão porque, quando se pensa em parceria de alimentos, elas podem atacar em praticamente qualquer direção, até mesmo sobremesas, como em nosso FLAN DE TANGERINA E PIMENTA *ANCHO* (p. 278). A grande dádiva das pimentas, em nossa opinião, é a capacidade que elas têm, de alguma forma, de agregar uma gama de sabores — ou mesmo de despertar o paladar para a existência de outros sabores —, e assim criar uma harmonia singular. Agora, só precisamos encontrar um armário grande o suficiente para guardar todas elas.

129

DOÇURA

BATATA-DOCE COM MOLHO DE TOMATE, LIMÃO E CARDAMOMO

RENDE 4 PORÇÕES
como prato principal

4-5 batatas-doces médias, com casca e cortadas em rodelas de 2,5 cm (1 kg)

2 colheres (sopa) de azeite

1½ colher (sopa) de xarope de Maple

½ colher (chá) de cardamomo em pó

½ colher (chá) de cominho em pó

sal e pimenta-do-reino preta

MOLHO DE TOMATE, LIMÃO E CARDAMOMO

75 ml de azeite

6 dentes de alho, picados finamente (não espremidos)

2 pimentas verdes, picadas finamente (sem as sementes se quiser menos picante)

2 chalotas pequenas, picadas finamente (100 g)

1 lata de tomate pelado (400 g), batidos no processador ou no liquidificador até ficar homogêneo

1 colher (sopa) de extrato de tomate

1½ colher (chá) de açúcar

1½ colher (chá) de cardamomo em pó

1 colher (chá) de cominho em pó

2 limões: rale finamente a casca para obter 1 colher (chá) e esprema para obter 1 colher (sopa) de sumo, depois corte o restante em gomos, para servir

2 colheres (chá) de endro, picado finamente, para servir

Este prato teve inúmeras encarnações. A vida dele começou como uma kafta de peixe em um molho feito com tomate, limão e cardamomo pelo qual todos nós nos apaixonamos. Em seguida, foi uma variedade de bolinhos veganos servidos no mesmo molho. No final, depois de um número constrangedor de tentativas por parte de todos os membros da equipe, descobrimos que a batata-doce assada simplesmente era o que funcionava melhor. É uma combinação brilhante, mas o molho também fica delicioso com grão-de-bico, tofu, peixe ou frango. Em qualquer dos casos, sirva acompanhado de arroz ou cuscuz marroquino.

1. Preaqueça o forno de convecção a 240°C (ou o forno comum a 260°C).

2. Em uma tigela grande, misture a batata-doce com o azeite, o xarope de Maple, o cardamomo, o cominho, ½ colher (chá) de sal e um bom giro do moedor de pimenta. Espalhe em uma assadeira grande forrada com papel-manteiga, cubra bem com papel-alumínio e asse por 25 minutos. Retire o papel-alumínio e leve de volta ao forno por 10 a 12 minutos ou até que a batata-doce esteja cozida e bem dourada (isso pode levar mais tempo se as rodelas forem particularmente grandes, ou menos, se forem menores, então fique de olho).

3. Enquanto isso, prepare o molho. Coloque o azeite, o alho, a pimenta e $\frac{1}{8}$ de colher (chá) de sal em uma panela grande que tenha tampa e leve ao fogo médio. Refogue bem delicadamente por 8 a 10 minutos, mexendo de vez em quando, até que o alho esteja macio e perfumado (você não quer que o alho doure nem fique crocante, então abaixe o fogo se necessário). Transfira metade do azeite, da pimenta e do alho para uma tigela pequena e deixe o restante na panela. Adicione as chalotas à mesma panela em fogo médio e refogue por 5 minutos, mexendo regularmente, até ficarem macias e translúcidas. Acrescente o tomate em lata batido, o extrato de tomate, o açúcar, o cardamomo, o cominho, a casca de limão ralada e 1 colher (chá) de sal e deixe cozinhar por 5 minutos, mexendo algumas vezes. Adicione 250 ml de água, espere começar a fervilhar, e em seguida cozinhe por mais 5 minutos.

4. Transfira a batata-doce, com o lado dourado para cima, para a panela do molho (nem todas caberão, mas tudo bem, vá empilhando). Abaixe o fogo, tampe e deixe cozinhar por 10 minutos.

5. Misture o endro e o sumo de limão ao azeite de pimenta e alho reservado e espalhe sobre a batata-doce. Sirva direto na panela, com os gomos de limão ao lado.

DOÇURA

RENDE 4 PORÇÕES

GALETTE DE ABÓBORA, LARANJA E SÁLVIA

Essa massa, semelhante à folhada, rica devido à manteiga e crocante graças à polenta, é a estrela aqui. Dobre a receita e guarde metade no freezer, pronta para ser usada em qualquer tipo de torta salgada.

1 abóbora-manteiga pequena, com casca, sem sementes e cortada em meias-luas de 1 cm de espessura (680 g)

2 cenouras, sem casca, cortadas em rodelas de 1 cm de espessura (180 g)

2 colheres (sopa) de azeite, mais um pouco para finalizar

2 colheres (sopa) de folhas de sálvia, picadas finamente, mais algumas folhas inteiras, para servir

2 colheres (chá) de sementes de alcaravia, torradas e esmagadas grosseiramente

1 cabeça de alho, com o topo cortado (cerca de ⅓) para expor os dentes

1 chalota grande, com casca, com o topo cortado para expor o interior (160 g)

2-3 laranjas: rale finamente a casca para obter 1½ colher (chá), depois esprema para obter 160 ml de sumo

50 ml de xarope de Maple

125 g de mascarpone

1 ovo pequeno, batido

sal, sal marinho em flocos e pimenta-do-reino preta

MASSA

100 g de farinha de trigo, mais um pouco para polvilhar

30 g de farinha de trigo integral

20 g de farinha de milho

1½ colher (chá) de açúcar

1 colher (sopa) de folhas de sálvia, picada finamente (cerca de 6 folhas)

20 ml de azeite

80 g de manteiga sem sal, recém-saída da geladeira e cortada em cubos de 1,5 cm

60 ml de água muito gelada

¾ de colher (chá) de sal marinho em flocos

¼ de colher (chá) de pimenta-do-reino preta moída na hora

1. Preaqueça o forno de convecção a 220°C (ou o forno comum a 240°C). Para a massa, misture as farinhas, o açúcar, a sálvia, o azeite, a pimenta e o sal em uma tigela grande. Acrescente a manteiga e vá incorporando à mistura, esmagando ligeiramente cada cubo entre os dedos. Não trabalhe demais a manteiga, o objetivo é que fiquem pedaços dela por toda a massa. Acrescente a água, usando as mãos para dar liga — ela vai ficar bastante pegajosa. Transfira para uma superfície bem enfarinhada e abra até formar um retângulo de 28 × 18 cm, enfarinhando o rolo, a superfície e a massa durante o processo. Dobre as pontas mais afastadas uma em direção à outra para que se encontrem no centro e passe o rolo uma vez. Dobre as outras pontas da mesma forma, passe o rolo uma vez, depois dobre a massa ao meio para formar um quadrado. Com as mãos, abra a massa até formar um círculo de 14 cm de diâmetro, embrulhe bem com plástico filme e leve à geladeira por 30 minutos.

2. Enquanto isso, misture a abóbora e a cenoura com o azeite, 1 colher (sopa) de sálvia picada, a alcaravia, 1 colher (chá) de sal em flocos e bastante pimenta-do-reino. Espalhe por duas assadeiras grandes forradas com papel-manteiga. Regue a cabeça de alho e a chalota com um pouco de azeite, embrulhe cada um separadamente em papel-alumínio e coloque na assadeira. Asse a abóbora e as cenouras por 25 minutos, ou até dourar, e retire do forno. Continue a assar o alho e a chalota por mais 15 minutos, depois reserve. Quando estiverem frios o suficiente, esprema o alho e a chalota de suas cascas e pique-os finamente. Reduza a temperatura do forno de convecção para 200°C (ou do forno comum para 220°C).

3. Tire a massa da geladeira, coloque sobre uma superfície enfarinhada e abra até formar um círculo de 30 cm de diâmetro, polvilhando o rolo com farinha durante o processo. Com cuidado, transfira a massa para uma assadeira forrada com papel-manteiga e leve à geladeira por mais 30 minutos.

4. Coloque o sumo de laranja e o xarope de Maple em uma panela pequena em fogo médio-alto e cozinhe por cerca de 10 minutos, ou até que o líquido reduza à consistência de um xarope de Maple grosso e pegajoso.

5. Coloque o mascarpone em uma tigela com o alho e a chalota picados, as raspas de laranja e o restante da sálvia picada. Tempere com uma pitada de sal e bastante pimenta e misture muito bem.

6. Retire a massa da geladeira e espalhe a mistura de mascarpone por cima, deixando uma borda de 4 cm. Cubra o mascarpone com a abóbora e a cenoura e regue uniformemente com o caramelo de laranja e xarope de Maple. Dobre as bordas da massa para dentro, até tocar a abóbora. Pincele a borda dobrada com o ovo e leve ao forno por 30 minutos, até dourar. Deixe esfriar por 20 minutos, depois espalhe as folhas de sálvia restantes por cima e sirva.

DOÇURA

RENDE 4 PORÇÕES
como prato principal ou
6 porções como entrada

2 **berinjelas médias,**
  cortadas em cubos de
  1,5 cm (550 g)
120 ml de óleo de girassol
1 **talo pequeno de aipo,**
  picado em cubos de
  0,5 cm (65 g)
20 g de pinoles, bem
  torrados
**80 g de tomate-cereja
  maduro,** picado
  grosseiramente
20 g de gengibre fresco,
  sem casca e cortado
  à Julienne (tiras finas
  e uniformes)
5-6 cebolinhas, picadas
  finamente (60 g)
**1¼ colher (sopa) de mix
  de gergelim branco
  e preto,** torrado
40 g de passas
60 ml de shoyu
**100 ml de vinho de arroz
  Shaoxing** (ou vinagre
  de xerez branco seco)
**3½ colheres (sopa) de
  vinagre de arroz**
**2½ colheres (sopa) de
  xarope de Maple**
**3 pimentas vermelhas
  grandes suaves,**
  sendo 2 inteiras e 1 sem
  sementes e cortadas em
  rodelas finas, para servir
600g de tofu macio, cada
  bloco cortado em fatias
  de 8 × 1,5 cm
**sal e sal marinho
  em flocos**

CAPONATA *FUSION* COM TOFU MACIO

O termo "fusion" é recebido com suspeita nos dias de hoje. Descrever uma cozinha como *fusion* é quase como dizer, implicitamente, que ela é confusa e carece de foco. Isso é curioso, tendo em vista que as ideias viajam pelo mundo na mesma velocidade que a atualização da tela do celular, e que muitos chefs e cozinheiros caseiros parecem perfeitamente contentes em se meter a fazer inúmeras misturas e combinações. Quando executados de forma pensada, os híbridos transculturais podem ser surpreendentes e deliciosos. Inclusive, todo clássico da cozinha provavelmente foi considerado *fusion* em algum momento. Aqui, a caponata (uma receita de berinjela agridoce da Sicília) se encontra com o *mapo* tofu (um prato de tofu picante e aromático de Sichuan) em uma união tão improvável que deu certo.

Sirva como uma elegante entrada ou como prato principal com arroz glutinoso e verduras salteadas. A caponata dura uma semana em um pote fechado na geladeira, e o sabor só melhora com o tempo. Experimente usá-la junto com o recheio no queijo quente.

1. Preaqueça o forno de convecção a 210°C (ou o forno comum a 230°C).

2. Misture as berinjelas com 75 ml de óleo de girassol e ⅓ de colher (chá) de sal e espalhe em uma assadeira grande, de 40 × 30 cm, forrada com papel-manteiga. Leve ao forno por 15 minutos, mexa bem, acrescente o aipo e asse por mais 15 minutos, até que os pedaços de berinjela estejam profundamente dourados. Deixe esfriar e transfira para uma tigela grande com os pinoles, os tomates e ¾ do gengibre, da cebolinha e do gergelim.

3. Aqueça as passas, o shoyu, o vinho de arroz Shaoxing, o vinagre e o xarope de Maple em uma panela pequena em fogo médio-alto até começar a borbulhar. Desligue o fogo e deixe descansar por 10 minutos e, em seguida, adicione tudo à tigela da berinjela.

4. Leve uma frigideira pequena ao fogo alto e, quando estiver bem quente, acrescente as pimentas inteiras e refogue por cerca de 9 minutos, virando-as algumas vezes, até ficarem bem tostadas de todos os lados. Deixe esfriar por 5 minutos, depois pique-as grosseiramente, retirando as sementes se quiser que fiquem menos picantes. Adicione-as à tigela da berinjela.

5. Aqueça as 3 colheres (sopa) restantes de óleo em uma panela pequena até começar a borbulhar e, em seguida, despeje sobre a mistura de berinjela. Acrescente 1 colher (sopa) de água, misture tudo delicadamente e deixe marinar por, pelo menos, 2 horas ou de um dia para o outro.

6. Distribua as fatias de tofu em quatro tigelas rasas para servir como prato principal, ou em seis tigelas para servir como entrada, e tempere generosamente com sal marinho em flocos. Coloque a caponata ao lado do tofu, espalhando cerca de uma colher (sopa) do líquido por todo o prato. Finalize com o restante do gengibre, da cebolinha, do gergelim e das pimentas e sirva em temperatura ambiente.

DOÇURA

RENDE 4 PORÇÕES
como acompanhamento
ou 6 porções como patê

**2 abóboras-manteiga
pequenas,** sem casca,
sem sementes e
cortadas em cubos de
3 a 4 cm (1,2 kg)
50 ml de azeite, mais
2 colheres (sopa) para
servir
**1½ colher (sopa) de xarope
de Maple**
**2 colheres (sopa) de missô
branco**
2 pimentas *jalapeño,*
cortadas ao meio no
sentido do comprimento
**½ colher (chá) de canela
em pó**
**½ colher (chá) de cominho
em pó**
4 dentes de alho, sem
casca e amassados com
a lateral da faca
2 limões: rale finamente
a casca para obter 1½
colher (chá), depois corte
em gomos
1 cebolinha, fatiada
finamente em tiras
de 4 cm
sal

PURÊ DE ABÓBORA RÚSTICO DA ESME

Esme Howarth, uma amiga, ex-colega de cozinha de testes e chef de enorme
talento, tem um jeito especial para criar pratos de uma panela só, cheios de sabor
e com o mínimo esforço. Este purê é um exemplo incrivelmente fácil e delicioso.
Pode fazer as vezes tanto de acompanhamento quente quanto de patê, servido à
temperatura ambiente com bastante pão e azeite. Outras variedades de abóbora,
como cabotiá ou moranga, funcionariam igualmente bem aqui.

O purê pode ser preparado de véspera e reaquecido em fogo baixo ou servido
em temperatura ambiente, se você quiser se adiantar.

1. Preaqueça o forno de convecção a 220°C (ou o forno comum a 240°C).

2. Coloque a abóbora, o azeite, o xarope, o missô, a pimenta, a canela, o
cominho, o alho, 2 colheres (sopa) de água e ½ colher (chá) de sal em uma
assadeira alta, de modo que tudo fique bem ajustado. Misture bem, cubra com
papel-alumínio e leve ao forno por 40 minutos, até começar a amolecer. Retire
o papel-alumínio e asse por mais 35 a 40 minutos, ou até ficar bem macio
e dourado. Retire as pimentas *jalapeño,* corte-as finamente e reserve.

3. Amasse grosseiramente a abóbora com um garfo ou com um espremedor de
batatas, depois regue com o azeite extra e esprema metade dos gomos de limão.
Finalize com as raspas de limão, a cebolinha e a pimenta *jalapeño* e sirva com os
gomos restantes de limão ao lado.

DOÇURA

RENDE 4 PORÇÕES
como prato principal

FREGOLA COM ABÓBORA E MOLHO DE TOMATE ANISADO

½ **abóbora-moranga**
(750 g), com casca,
sem sementes, cortada
em gomos de 2 cm de
espessura; se os gomos
ficarem muito grandes,
corte-os ao meio (pode
ser substituída por
abóbora-manteiga)

**3 colheres (chá) de canela
em pó**

8 dentes de alho,
espremidos

105 ml de azeite

2 cebolas grandes (360 g),
uma cortada em rodelas
de 1 cm de largura e a
outra picada finamente

**2½ colheres (chá)
de açúcar**

4 anises-estrelados

**⅓ de colher (chá) de flocos
de pimenta**

**750 g de tomate
italiano** (6-7 unidades),
sem a pele e ralado
grosseiramente (600 g)

**1 colher (sopa) de extrato
de tomate**

250 g de fregola

250 g de espinafre baby

15 g de folhas de coentro,
picadas grosseiramente

**sal e pimenta-do-reino
preta**

A moranga é uma abóbora doce e amanteigada. Sua casca dura é difícil de cortar quando crua, portanto, você vai precisar de uma faca grande e um braço forte, ou então pode usar outras variedades, como a abóbora-manteiga.

Se tiver sorte, vai obter uma camada crocante e caramelizada de fregola no fundo da panela. Isso não acontece sempre, e não deixa de ser extremamente delicioso quando não acontece.

1. Preaqueça o forno de convecção a 230°C (ou o forno comum a 250°C). Misture a abóbora com 1 colher (chá) de canela, ¼ do alho, 2 colheres (sopa) de azeite, ¾ de colher (chá) de sal e um bom giro do moedor de pimenta. Espalhe em uma assadeira forrada com papel-manteiga e leve ao forno por 30 minutos, até a abóbora ficar cozida e bem dourada.

2. Coloque as rodelas de cebola, sem separar os anéis, em uma bandeja forrada com papel-manteiga e regue com 1½ colher (chá) de azeite. Polvilhe com ½ colher (chá) de açúcar e uma pitada de sal e pimenta. Leve ao forno por 18 minutos, virando-as na metade do tempo, ou até ficarem macias e profundamente chamuscadas. Retire do forno e mantenha-as aquecidas.

3. Enquanto os vegetais estão no forno, prepare o molho. Coloque 3 colheres (sopa) de azeite em uma frigideira grande que tenha tampa e leve ao fogo médio-alto. Acrescente a cebola picada e os anises-estrelados e refogue, mexendo de vez em quando, por 8 minutos ou até a cebola ficar amolecida e dourada. Adicione o alho restante e as 2 colheres (chá) restantes de canela em pó e refogue por mais 30 segundos, ou até ficar perfumado. Acrescente a pimenta, o tomate, o extrato de tomate, as 2 colheres (chá) de açúcar restantes, 1½ colher (chá) de sal e um bom giro do moedor de pimenta preta. Deixe cozinhar por 8 minutos, mexendo regularmente, até engrossar, em seguida, acrescente 500 ml de água e espere ferver. Reduza o fogo para médio e cozinhe por 30 minutos, ou até que o molho fique espesso e apurado. Transfira 400 ml de molho para outra panela e mantenha-a aquecida, deixando os anises-estrelados na panela original.

4. Enquanto isso, adicione a fregola à panela original contendo o molho restante e misture bem. Acrescente 375 ml de água e ¼ de colher (chá) de sal e deixe ferver. Tampe, reduza o fogo para médio e cozinhe por 30 minutos, ou até que todo o líquido tenha sido absorvido e as bordas da fregola estejam crocantes.

5. Coloque 1 colher (sopa) de azeite em uma frigideira grande em fogo médio-alto. Adicione o espinafre, ⅛ de colher (chá) de sal e um bom giro do moedor de pimenta e cozinhe até que ele murche, por cerca de 2 minutos. Junte o coentro, misture e reserve.

6. Para servir, coloque o molho reservado, a abóbora e o espinafre sobre a fregola, formando camadas, e termine com as rodelas de cebola. Finalize com 1½ colher (chá) restante do azeite e sirva quente.

DOÇURA

RENDE 4 PORÇÕES
como prato principal

ORECCHIETTE À PUTTANESCA EM UMA PANELA SÓ

50 ml de azeite, mais
2 colheres (sopa) para
servir

6 dentes de alho,
espremidos

**1 lata de grão-de-bico
(400 g),** escorrido e
seco com papel-toalha
(240 g) (guarde a água
do grão-de-bico para
preparar o sorvete de
coco da p. 286)

**2 colheres (chá) de
páprica defumada
picante**

**2 colheres (chá) de
cominho em pó**

**¾ de colher (sopa) de
extrato de tomate**

**40 g de folhas de
salsinha,** picadas
grosseiramente

**2 colheres (chá) de
raspas de casca
de limão-siciliano**

**3 colheres (sopa) de
alcaparras miúdas**

**125 g de azeitona
Nocellara** (ou outra
variedade de azeitona
verde), sem caroço e
cortada grosseiramente
ao meio (80 g)

250 g de tomate-cereja

2 colheres (chá) de açúcar

**½ colher (sopa) de
sementes de alcaravia,**
torradas ligeiramente
e esmagadas

250 g de orecchiette

**500 ml de caldo de
legumes ou de galinha**

**sal e pimenta-do-reino
preta**

Esta é uma versão adocicada do *puttanesca* — o famoso molho napolitano
"à moda da prostituta" —, subtraído das anchovas e com o acréscimo do
grão-de-bico e das especiarias. É rápido e superprático de fazer, porque a massa
cozinha diretamente no molho. Experimente, e talvez você nunca mais queira
cozinhar macarrão separado novamente.

1. Coloque o azeite, o alho, o grão-de-bico, a páprica, o cominho, o extrato de
tomate e ½ colher (chá) de sal em uma panela grande que tenha tampa e leve
ao fogo médio-alto. Refogue por 12 minutos, mexendo de vez em quando, até
que o grão-de-bico esteja levemente crocante — pode ser necessário reduzir
um pouco o fogo se começar a ganhar cor rápido demais. Retire um terço
do grão-de-bico e reserve para usar na finalização.

2. Em uma tigela pequena, misture a salsinha, as raspas de limão, as
alcaparras e as azeitonas. Adicione ⅔ dessa mistura à panela, junto com os
tomates-cereja, o açúcar e a alcaravia, e refogue por mais 2 minutos em fogo
médio-alto, mexendo regularmente. Adicione a massa, o caldo, ¾ de colher
(chá) de sal e 200 ml de água e deixe ferver. Reduza o fogo para médio, tampe
e cozinhe por 12 a 14 minutos, ou até que a massa esteja al dente.

3. Junte o restante da mistura de salsinha, regue com 2 colheres (sopa) de azeite
e finalize com o grão-de-bico refogado e um bom giro do moedor de pimenta.

DOÇURA

RENDE 4 PORÇÕES
como prato principal

PIMENTÃO TOSTADO E POLENTA DE MILHO FRESCO COM GEMA CURADA EM SHOYU

70 ml de shoyu

4 gemas, de boa qualidade

12 pimentões variados (vermelho, laranja e amarelo), inteiros (1,1 kg)

1 cabeça de alho, com o topo cortado (cerca de ⅓) para expor os dentes, mais outros 2 dentes, sem casca e amassados com a lateral da faca

1 colher (sopa) de xarope de Maple

1 colher (chá) de vinagre de maçã

10 g de ramos de tomilho

1 limão-siciliano: rale finamente a casca para obter ½ colher (chá), depois retire 5 tiras da casca

60 ml de azeite, mais um pouco para servir

5 g de folhas de manjericão, picadas finamente

sal e pimenta-do-reino preta

POLENTA

4-6 espigas de milho pequenas, apenas os grãos (500 g), ou 500 g de grãos de milho congelados, descongelados

40 g de manteiga sem sal

180 g de iogurte grego

40 g de parmesão, ralado finamente, mais um pouco para servir

100 g de farinha de milho para polenta

Curar gemas em shoyu, como fazemos aqui, proporciona cremosidade, complexidade e um toque de umami à polenta. É uma técnica interessante para se ter no repertório, e o processo não poderia ser mais simples. Você pode usá-las para finalizar qualquer prato à base de grãos, como macarrão ou arroz, ou por cima de sopas grossas. Ovos de boa qualidade, de preferência orgânicos, são os mais indicados aqui, pois serão consumidos crus.

Prepare os pimentões com até três dias de antecedência, se preferir. A polenta endurece rapidamente, por isso é melhor fazer apenas na hora de servir.

1. Coloque o shoyu em uma tigela média. Separe os ovos e coloque as gemas com cuidado na tigela de shoyu. Reserve as claras para outra receita. Deixe as gemas curando por no mínimo 1 hora, e até 2 horas, virando-as muito delicadamente com uma colher na metade do tempo. Não deixe as gemas curarem por mais tempo que isso — você quer que elas permaneçam macias e gosmentas.

2. Preaqueça o forno de convecção a 220°C (ou o forno comum a 240°C).

3. Coloque os pimentões em uma assadeira grande forrada com papel-manteiga, o mais afastados possível. Tempere a cabeça de alho com um pouco de sal e pimenta e embrulhe-a firmemente em papel-alumínio. Coloque-a na bandeja com os pimentões e leve ao forno por 20 minutos, depois vire cuidadosamente os pimentões e asse tudo por mais 10 minutos, até que os pimentões estejam cozidos e com alguns pontos pretos, tostados. Gostamos da pele, mas se você preferir tirá-la, faça isso neste momento. Coloque os pimentões em uma tigela grande com o alho cru amassado, o xarope de Maple, o vinagre, o tomilho, as tiras de casca de limão, o azeite, ¼ de colher (chá) de sal e um bom giro do moedor de pimenta. Quando estiver frio o suficiente para ser manuseado, desembrulhe o alho assado e esprema os dentes na tigela dos pimentões, descartando as cascas. Misture tudo delicadamente, mantendo os talos intactos, depois cubra com um prato grande e deixe marinar por pelo menos uma hora, ou de um dia para o outro.

4. Para a polenta, coloque o milho em um processador de alimentos e bata até obter uma pasta úmida. Coloque em uma frigideira grande em fogo médio com a manteiga, o iogurte, o parmesão, 1¾ colher (chá) de sal e 600 ml de água. Cozinhe por 7 minutos, em seguida, abaixe o fogo para o mínimo e acrescente a farinha de milho aos poucos, mexendo por mais 5 minutos sem parar, para não formar grumos, até estar cozido.

5. Divida-a em quatro tigelas e, em seguida, coloque 3 pimentões sobre cada uma, espalhe um pouco da marinada por cima, evitando os aromáticos. Retire a gema do shoyu com cuidado e a coloque sobre a polenta, ao lado dos pimentões. Finalize com um bom fio de azeite junto com o manjericão, as raspas de limão, uma pitada de sal, um bom giro do moedor de pimenta e um pouco de parmesão ralado na hora.

DOÇURA

OMELETE DE COCO E CÚRCUMA

RENDE 8 OMELETES
para servir de
2 a 4 pessoas

OMELETES
90 ml de óleo de girassol
3 dentes de alho,
  espremidos
2 pimentas verdes,
  picadas finamente (sem
  as sementes, se quiser
  menos picante)
3 chalotas, picadas
  finamente
5 g de gengibre fresco,
  sem casca e picado
  finamente
**¾ de colher (chá) de
  cúrcuma em pó**
1 limão: rale finamente a
  casca para obter 1 colher
  (chá), depois corte em
  gomos, para servir
6 ovos
400 ml de leite de coco
sal

MOLHO DE TORANJA
**120 ml de sumo de
  toranja,** com gominhos
  (1-2 toranjas)
**2 colheres (sopa) de
  vinagre de arroz**
**2 colheres (sopa) de saquê
  mirin**
**1 colher (sopa) de sumo
  de limão**
2 pimentas vermelhas,
  picadas finamente (sem
  as sementes, se quiser
  menos picante)

SALADA
3 cebolinhas, cortadas
  à Julienne (tiras finas
  e uniformes) (50 g)
15 g de folhas de hortelã
15 g de folhas de coentro
70 g de broto de feijão
**70 g de rabanetes
  regulares ou coloridos,**
  cortados em rodelas finas

Estas omeletes são muito mais finas que a omelete padrão, sendo, na verdade, mais parecidas com um crepe ou uma panqueca, mas sem a farinha. Devem ser comidas como o *bánh xèo* (panquecas vietnamitas), recheadas com e mergulhadas no molho. Faz uma bagunça, mas é parte da diversão.

Se quiser se adiantar, você pode preparar a massa de véspera. As omeletes podem ser feitas até 2 horas antes de servir, e empilhadas cuidadosamente em uma assadeira forrada com papel-manteiga, prontas para serem reaquecidas por alguns minutos em forno bem quente (220°C com convecção ou 240°C comum) quando for o momento de servir.

1. Para as omeletes, coloque 2 colheres (sopa) de óleo em uma frigideira grande antiaderente que tenha tampa em fogo médio-alto. Acrescente o alho, a pimenta, as chalotas, o gengibre e ½ colher (chá) de sal e refogue delicadamente por 8 a 10 minutos, mexendo sempre, até tudo ficar macio e dourado. Deixe esfriar por 5 minutos.

2. Em uma tigela grande, misture a cúrcuma, as raspas de limão, os ovos, o leite de coco e ½ colher (chá) de sal com um *fouet* até ficar bem homogêneo, e em seguida acrescente o refogado já frio. Transfira para uma jarra medidora.

3. Misture todos os ingredientes do molho de toranja, incluindo os gominhos, com ⅛ de colher (chá) de sal.

4. Misture todos os ingredientes da salada.

5. Limpe a frigideira e leve-a novamente ao fogo alto. Quando estiver bem quente, adicione 1 ½ colher (chá) de óleo. Despeje cerca de 100 g de massa e gire a frigideira para cobrir o máximo possível do fundo. Frite por 1 minuto e meio, até que a omelete esteja dourada por baixo, depois tampe e cozinhe por mais 20 a 30 segundos, ou até que a parte de cima esteja firme. Transfira para uma assadeira forrada com papel-manteiga e mantenha aquecida em forno bem baixo. Repita o processo, adicionando óleo na frigideira, com a massa restante, até obter oito omeletes.

6. Arrume cuidadosamente as omeletes em uma travessa grande, com o lado dourado para cima. Elas são muito delicadas, então podem dobrar ou rasgar naturalmente, mas não há problema. Sirva quente, com a salada, o molho e os gomos de limão ao lado.

DOÇURA

RENDE 4 PORÇÕES
como entrada

8 pimentões vermelhos
  (850 g)
100 g de farinha de trigo
4 ovos, batidos
100 g de farinha panko
60 g de gergelim branco
  ou preto, ou uma
  mistura dos dois
16 folhas de limão *kaffir*
  frescas, sem os talos,
  picadas finamente
1 colher (sopa) de flocos
  de alga nori (ou
  processe finamente uma
  folha de nori em um
  moedor de café e use
  1 colher (sopa)
600 ml de óleo de
  girassol, para fritar
2 limões: rale finamente
  a casca para obter
  2 colheres (chá), depois
  corte em gomos, para
  servir
sal, sal marinho em flocos
  e pimenta-do-reino
  preta

MOLHO ROSÊ
(OPCIONAL)
1 cabeça de alho, com o
  topo cortado (cerca de ⅓)
  para expor os dentes
180 g de tomate-cereja
4 pimentas vermelhas
  grandes (75 g)
1 colher (sopa) de xarope
  de Maple
2 colheres (chá) de molho
  inglês
½ colher (chá) de flocos
  de *chipotle*
60 g de maionese

SCHNITZELS DE PIMENTÃO VERMELHO

Em 2016, o ministro da Agricultura da Alemanha sugeriu que alimentos à base de vegetais não usassem o nome de seus equivalentes à base de carne, alegando que termos como "schnitzel vegetariano" eram imprecisos e enganosos. Os nossos *schnitzels* não são vegetarianos, mas vegetais, o que é uma diferença semântica, porém relevante. De qualquer forma, esperamos que o nome que escolhemos não ofenda ninguém, e caso você tenha dúvidas de que eles estejam à altura do original, estamos confiantes de que elas serão dissipadas assim que você os experimentar.

O molho é uma versão turbinada do clássico rosê, com pimentas e tomates tostados e uma cabeça inteira de alho. Prepare o dobro, se quiser; fica ótimo em sanduíches e dura por até uma semana na geladeira. Os pimentões funcionam perfeitamente bem temperados com apenas um pouco de sumo de limão, caso você prefira não fazer o molho.

Transforme estes pimentões em uma refeição sensacional servindo-os com as batatas fritas (p. 89) e a salada de pepino, *zaatar* e limão picado (p. 191). *Foto no verso.*

1. Preaqueça o forno de convecção a 230°C (ou o forno comum a 250°C).

2. Comece pelo molho, se estiver fazendo. Tempere a cabeça de alho com um pouco de sal e pimenta, em seguida, embrulhe-a bem em papel-alumínio e a coloque em uma assadeira forrada com papel-manteiga junto com os tomates e as pimentas. Leve ao forno por 30 minutos, até que os tomates e as pimentas comecem a escurecer e formar bolhas. Retire do forno e, quando esfriar, esprema o alho na tigela pequena de um processador de alimentos, descartando as cascas. Acrescente as pimentas (sem as sementes, se quiser menos picante), os tomates, o xarope de Maple, o molho inglês, os flocos de *chipotle* e ¼ de colher (chá) de sal e processe até obter uma pasta grossa. Deixe esfriar completamente, misture a maionese e leve à geladeira até a hora de servir.

3. Enquanto isso, faça um corte vertical de 5 cm na base de cada pimentão e coloque-os em uma assadeira grande forrada com papel-manteiga (você pode assar os pimentões ao mesmo tempo que assa o alho e os tomates em uma assadeira separada colocada em uma prateleira mais baixa do forno). Leve ao forno por 16 minutos, virando os pimentões na metade do tempo, até estarem cozidos e começarem a escurecer um pouco. Transfira para uma peneira com o corte para baixo, para escorrer todo o líquido, tomando cuidado para manter os talos intactos. Quando estiverem frios o suficiente para serem manuseados, retire cuidadosamente o máximo de pele possível sem perfurar a polpa, depois tempere cada pimentão com uma boa pitada de sal e reserve.

4. Pegue três recipientes rasos com comprimento suficiente para caber um pimentão. Misture a farinha com 1 colher (chá) de sal em flocos e bastante pimenta-do-reino no primeiro recipiente. Coloque os ovos no segundo. No terceiro, misture a farinha panko, o gergelim, as folhas de limão, a alga nori, 2 colheres (chá) de sal em flocos e um giro generoso do moedor de pimenta.

5. Coloque uma grade de metal grande sobre uma bandeja (para colocar os pimentões recém-empanados). Forre uma assadeira com bastante papel-toalha (para colocar os pimentões depois de fritos). Mergulhe cada pimentão primeiro na farinha, depois no ovo e, por fim, na mistura de panko, retirando o excesso em cada etapa, e coloque-os sobre a grade enquanto repete o processo com o resto dos pimentões.

6. Coloque o óleo em uma frigideira grande ou wok e leve ao fogo médio-alto. Quando estiver bem quente (180°C, se você tiver um termômetro apropriado), frite os pimentões, dois de cada vez, para não sobrecarregar a frigideira. Mergulhe cada pimentão com cuidado no óleo e frite por 1 minuto e meio a 2 minutos de cada lado, até ficarem dourados e crocantes. Vá colocando os pimentões fritos na bandeja forrada com papel-toalha.

7. Sirva os pimentões imediatamente, temperados com as raspas de limão e um pouco de sal em flocos, e os gomos de limão e molho rosê (se tiver feito) ao lado.

GORDURA

RENDE 2 PORÇÕES
como prato principal

MAFALDA COM ABÓBORA ASSADA E MOLHO DE IOGURTE

1 abóbora-manteiga
(1 kg), sem casca, sem
sementes e cortada
grosseiramente em
cubos de 2,5 cm (850 g)

1 cebola, sem casca e
cortada em 6 gomos
(150 g)

90 ml de azeite

6 dentes de alho, em
lâminas finas

200 g de mafalda
(ou outra massa curta;
ajuste o tempo de
cozimento conforme
a escolha)

500 g de iogurte grego,
em temperatura
ambiente

**1¼ colher (chá) de
cominho em pó**

2 gemas

**1½ colher (chá) de amido
de milho**

5 g de folhas de salsinha,
picadas grosseiramente,
mais um pouco para
finalizar

**sal e pimenta-do-reino
preta**

MOLHO RÁPIDO
DE PIMENTA

1 tomate italiano, picado
grosseiramente (90 g)

3 pimentas vermelhas,
sem sementes e picadas
grosseiramente (45 g)

**1½ colher (sopa) de
vinagre de maçã**

2 colheres (sopa) de azeite

O iogurte, ao contrário do creme de leite, possui uma acidez natural, por isso dá origem a saborosos molhos cremosos para massas, mas sem ser enjoativo nem gorduroso. Ele está presente em todo o Oriente Médio, mas não é tão popular em outras regiões. Experimente esta versão, na qual um molho de tomate e pimenta ajuda a equilibrar ainda mais a gordura. O iogurte pode talhar quando aquecido, então frequentemente se usam gemas e amido para estabilizá-lo, como é o caso aqui. Cozinhar o molho lentamente proporciona a melhor textura, então não tente acelerar o processo aumentando o fogo.

O molho rápido de pimenta é excelente para se ter à mão. A geladeira do Yotam nunca fica sem um pote ou dois dele. Dobre ou triplique a receita, se quiser, ele dura até duas semanas na geladeira e pode ser usado como condimento em sanduíches e *wraps*, ou servido com carnes grelhadas, tofu ou peixe.

1. Preaqueça o forno de convecção a 230°C (ou o forno comum a 250°C).

2. Coloque a abóbora, a cebola, 3 colheres (sopa) de azeite, ¾ de colher (chá) de sal e um bom giro do moedor de pimenta em uma tigela média e misture bem. Transfira para uma assadeira forrada com papel-manteiga e leve ao forno por cerca de 30 minutos, mexendo uma ou duas vezes, até tudo ficar macio e tostado. Mantenha aquecido até o momento de usar.

3. Enquanto isso, coloque o alho laminado e 2 colheres (sopa) de azeite em uma frigideira pequena e leve ao fogo médio. Refogue delicadamente até que o alho fique bem dourado e crocante, mexendo de vez em quando, por cerca de 12 minutos. Use uma escumadeira para transferi-lo para um prato forrado com papel-toalha e reserve o azeite.

4. Para o molho rápido de pimenta, coloque o tomate, as pimentas e ¼ de colher (chá) de sal na tigela pequena de um processador de alimentos e bata até ficar bem picado, raspando as laterais da tigela. Adicione o vinagre e o azeite e bata usando a função pulsar por mais alguns segundos. Transfira para uma tigela pequena e reserve.

5. Cozinhe a massa em bastante água fervente com sal até ficar quase al dente, por cerca de 7 minutos. Escorra bem e reserve 200 ml da água do cozimento.

6. Coloque o iogurte, o azeite restante, o cominho, as gemas, o amido de milho e ⅓ de colher (chá) de sal no liquidificador e bata até ficar homogêneo, por cerca de 1 minuto. Despeje a mistura em uma frigideira grande em fogo médio. Cozinhe, mexendo sem parar, até engrossar e começar a borbulhar, por cerca de 15 minutos. Adicione a massa, a água do cozimento reservada, a salsinha e metade da mistura de abóbora e cozinhe por mais 4 minutos ou até reaquecer. Transfira para uma travessa grande e cubra com a mistura de abóbora restante. Regue com um terço do molho de pimenta, sirva o restante ao lado e finalize com o alho frito, a salsinha e o azeite de alho reservado.

GORDURA

RENDE 4 PORÇÕES
como prato principal

BERINJELAS RECHEADAS EM DAL DE CURRY E COCO

---

3 berinjelas grandes,
sem os talos, cada uma
cortada em 6 fatias de
0,5 cm de espessura no
sentido do comprimento
(750 g)

3 colheres (sopa) de azeite

220 g de *paneer* (ou tofu
extrafirme), ralado
grosseiramente

2 limões: rale finamente a
casca para obter 1 colher
(chá), depois esprema
para obter 2 colheres
(sopa) de sumo

**45 g de picles de manga
picante,** picado
grosseiramente, mais um
pouco para servir

5 g de folhas de coentro,
picadas grosseiramente,
mais um pouco para
servir

**100 g de folhas de
espinafre,** sem os talos
(60 g)

**sal e pimenta-do-reino
preta**

São necessários apenas dois ingredientes — limão e leite — para fazer *paneer* em casa. É um teste que vale a pena tentar (parece mesmo um experimento de química), tanto pela sensação de conquista quanto pela qualidade incomparável. O Yotam publicou uma receita no *Guardian*, mas há muitas outras disponíveis na internet também. Se você comprar o *paneer* — que é o melhor recheio para as berinjelas grelhadas aqui, pois absorve o molho de leite de coco —, procure uma variedade macia, que tenha uma textura como de ricota comprimida. Outras variedades, que são mais duras e ligeiramente borrachudas, são mais adequadas para o preparo de kebabs vegetarianos, mas também servem, se forem o que você tiver. Para uma alternativa vegana, use tofu extrafirme. Tente comprar um picles de manga indiano pedaçudo e de boa qualidade.

Tanto as fatias de berinjela quanto o molho de lentilhas podem ser preparados na véspera, se você quiser se adiantar. Inclusive, você pode preparar tudo com um dia de antecedência, até a etapa antes de levar ao forno, guardar na geladeira, e deixar voltar à temperatura ambiente antes de aquecer.

O dal de coco é uma ótima receita por si só. Prepare o dobro, se quiser, e sirva com o bife de rutabaga com crosta de curry (p. 63) e arroz. *Foto no verso.*

1. Aqueça o forno de convecção a 220°C (ou o forno comum a 240°C).

2. Em uma tigela grande, misture as berinjelas com o azeite, ¾ de colher (chá) de sal e um bom giro do moedor de pimenta-do-reino. Espalhe as fatias em duas assadeiras forradas com papel-manteiga e leve ao forno por 25 minutos, virando-as na metade do tempo, até estarem macias e levemente douradas. Reserve para esfriar.

3. Para o dal de coco, coloque 2 colheres (sopa) de azeite em uma frigideira grande em fogo médio-alto. Quando estiver quente, acrescente as chalotas e refogue por 8 minutos, até dourar. Coloque o gengibre, metade da pimenta e metade das folhas de curry (se estiver usando), refogue por mais 2 minutos, depois adicione os temperos, o extrato de tomate e as lentilhas. Mexa por 1 minuto, então acrescente o leite de coco, 600 ml de água e ¾ de colher (chá) de sal. Deixe ferver, reduza o fogo para médio e cozinhe por 20 minutos, mexendo de vez em quando, até que as lentilhas estejam macias e o molho, espesso. Despeje em uma assadeira média de cerca de 28 × 18 cm e reserve.

4. Em uma tigela pequena, misture o *paneer*, as raspas de limão, o picles de manga, 1 colher (sopa) de sumo de limão, o coentro e ⅛ de colher (chá) de sal.

DAL DE COCO

3 colheres (sopa) de azeite

5 chalotas, sem casca e picadas finamente (250 g)

45 g de gengibre fresco, sem casca e picado finamente

2 pimentas vermelhas, picadas finamente

30 folhas de curry frescas (caso não consiga encontrá-las, é possível fazer sem elas)

1 colher (chá) de sementes de mostarda escura

1 colher (chá) de cominho em pó

1 colher (chá) de sementes de coentro em pó

½ colher (chá) de cúrcuma em pó

2 colheres (chá) de curry em pó

2 colheres (chá) de extrato de tomate

100 g de lentilha vermelha seca

400 ml de leite de coco

5. Coloque uma folha de espinafre sobre cada fatia de berinjela. Ponha 1 colher (chá) cheia da mistura de *paneer* no meio e enrole a berinjela, partindo da extremidade mais fina, na parte superior, em direção à extremidade inferior, mais grossa, para que o recheio fique bem protegido. Coloque o rolinho de berinjela no molho de lentilhas, com a ponta virada para baixo, e repita o processo com as fatias de berinjela, o espinafre e o *paneer* restantes. Você deve obter cerca de 18 rolinhos, todos confortavelmente assentados no molho. Pressione os rolinhos delicadamente, mas não a ponto de deixá-los submersos, e leve ao forno por 15 a 20 minutos, até que a berinjela esteja dourada por cima e o molho esteja borbulhando. Retire do forno e deixe descansar por 5 minutos.

6. Aqueça o azeite restante em uma panela pequena em fogo médio-alto. Adicione as folhas de curry e a pimenta restante e refogue por 1 minuto, até que as folhas de curry estejam crocantes e perfumadas. Despeje sobre os rolinhos de berinjela, finalize com o sumo de limão, e sirva com o coentro espalhado por cima.

GORDURA

RENDE 4 PORÇÕES
como prato principal

90 g de farinha de rosca, de preferência de pão de fermentação natural (2-3 fatias)

4 berinjelas, cortadas grosseiramente em cubos de 2,5 cm (1 kg)

150 ml de azeite, mais um pouco para untar as mãos

100 g de ricota

75 g de parmesão, ralado finamente, mais um pouco para servir

10 g de folhas de salsinha, picadas finamente

1 ovo, mais uma gema

1½ colher (sopa) de farinha de trigo

6 dentes de alho, espremidos

15 g de folhas de manjericão, picadas grosseiramente

1½ lata de tomate pelado (600 g), batido no processador ou no liquidificador até ficar homogêneo

1½ colher (chá) de extrato de tomate

1½ colher (chá) de açúcar

¼ de colher (chá) de flocos de pimenta

¾ de colher (chá) de páprica

2 colheres (chá) de folhas de orégano fresco, picadas finamente

45 g de azeitona Kalamata sem caroço, cortadas grosseiramente ao meio

sal e pimenta-do-reino preta

BOLINHOS DE BERINJELA
ALLA PARMIGIANA

Se você gosta de *melanzane alla parmigiana*, essa receita tem o sabor do clássico italiano, mas em forma de bolinho. Os bolinhos são extremamente saborosos e cheios de queijo e, ao mesmo tempo, incrivelmente leves.

Prepare o molho com antecedência e guarde-o na geladeira por até 3 dias ou no freezer por um mês. A massa do bolinho pode ser preparada com algumas horas de antecedência e guardada na geladeira antes de ser enrolada e selada. Sirva com espaguete, arroz ou verduras refogadas.

1. Preaqueça o forno de convecção a 160°C (ou o forno comum a 180°C). Espalhe a farinha de rosca em uma assadeira e leve ao forno por 12 minutos, até secar e dourar levemente. Reserve para esfriar e aumente a temperatura do forno de convecção para 220°C (ou do forno comum para 240°C).

2. Em uma travessa grande forrada com papel-manteiga, misture as berinjelas com 75 ml de azeite, ½ colher (chá) de sal e um bom giro do moedor de pimenta-do-reino. Espalhe os pedaços o máximo possível e leve ao forno por 30 minutos, mexendo na metade do tempo, até dourar bem.

3. Pique grosseiramente as berinjelas até obter um purê grosso, em seguida transfira para uma tigela grande e leve à geladeira por 20 minutos ou até esfriar. Depois de frio, acrescente a ricota, o parmesão, a salsinha, o ovo, a gema, a farinha de trigo, a farinha de rosca, ⅓ do alho, 10 g do manjericão, ¼ de colher (chá) de sal e um bom giro do moedor de pimenta. Misture bem e, com as mãos levemente untadas com azeite, molde 16 bolinhos do tamanho de uma bola de golfe, com cerca de 55 g cada, apertando-os para que não se desfaçam.

4. Coloque 2 colheres (sopa) de azeite em uma frigideira antiaderente grande em fogo médio-alto. Frite os bolinhos em duas levas, por 3 a 4 minutos cada, virando-os para ficarem dourados de todos os lados. Ajuste o fogo se começarem a dourar rápido demais. Adicione mais 1 colher (sopa) de azeite e frite os bolinhos restantes da mesma forma. Transfira para uma travessa e reserve.

5. Preaqueça o forno de convecção a 180°C (ou o forno comum a 200°C). Coloque o restante do azeite em uma frigideira grande em fogo médio-alto. Acrescente o alho restante e refogue por 1 minuto, até ficar perfumado, em seguida, adicione o tomate pelado, o extrato de tomate, o açúcar, os flocos de pimenta, a páprica, o orégano, 1 colher (chá) de sal e um bom giro do moedor de pimenta e cozinhe por 8 minutos, ou até engrossar ligeiramente, mexendo de vez em quando. Acrescente 400 ml de água, espere ferver, abaixe o fogo para médio e cozinhe por mais 10 minutos.

6. Despeje o molho em uma assadeira média, coloque os bolinhos por cima e leve ao forno por 20 minutos, até borbulhar. Retire do forno, espalhe as azeitonas, o restante do manjericão e um pouco de parmesão ralado por cima e sirva.

GORDURA

RENDE 6 TAMALES
para servir 6 pessoas
como entrada ou
3 como prato principal

TAMALES
4-6 espigas de milho
pequenas, apenas
os grãos (500 g), ou
500 g de grãos de
milho congelados,
descongelados
15 g de manteiga sem sal
100 ml de creme de leite
fresco
2 colheres (chá) de
sementes de cominho,
torradas e finamente
esmagadas
110 g de *masa harina*
½ colher (sopa) de azeite,
mais um pouco para
untar as mãos
1 colher (chá) de fermento
químico
1 ovo, batido
60 g de cheddar
maturado, ralado
60 g de mozarela, ralada
sal

PICLES DE CEBOLA COM
HIBISCO (OPCIONAL)
120 ml de vinagre de
vinho branco
2 colheres (chá) de açúcar
2 saquetas de chá de
hibisco, ou 5 g de flor
de hibisco seca
1 limão: retire tiras finas
da casca
1 dente de alho, com
casca, grosseiramente
amassado com a lateral
da faca
1 cebola-roxa, cortada
em fatias finas na
mandolina, se você tiver
uma, ou à mão

TAMALES DE QUEIJO COM TODOS OS *TOPPINGS* (OU ALGUNS)

Esta receita é inspirada nas esquinas da Cidade do México, em cujas barraquinhas Ixta comeu algumas das melhores refeições de sua vida. O comércio de tacos é bastante estável; sem nenhuma necessidade de os vendedores anunciarem seus produtos: eles batem papo com os clientes, que se sentam em cadeiras de plástico e bebem Coca-Cola quente.

Os vendedores de tamales, por outro lado, são *extremamente* vocais, e não é raro ouvi-los gritar "TAMAAAAALES" a ruas de distância, o que é muito útil, pois você sabe em que direção ir para comprá-los.

Adoraríamos ser mais parecidos com os vendedores de tacos que com os de tamales aqui e simplesmente agir com discrição, mas não temos como fazer isso. Nossos tamales são tão bons que não podemos simplesmente ficar esperando você passar! Inclusive, estamos tão ansiosos para que você os prepare que todos os acompanhamentos deliciosos que fizemos são inteiramente opcionais. Sirva seus tamales quentes, apenas com alguns gomos de limão para acompanhar, e aproveite.

Se você optar por fazer os acompanhamentos, ou pelo menos alguns deles, não vai se arrepender. Cada um traz uma personalidade extra à refeição, com picância, acidez, riqueza e complexidade. Você também pode fazer os acompanhamentos sem os tamales e servi-los sobre tortilha para montar um nacho muito especial.

A receita da *salsa roja* rende mais que o necessário, mas ela dura 3 dias na geladeira ou um mês no freezer, se você quiser se adiantar. *Foto no verso.*

1. Para o picles de cebola com hibisco, misture todos os ingredientes em uma tigela média com ½ colher (chá) de sal e deixe descansar por pelo menos 2 horas ou de um dia para o outro.

2. Para a *salsa roja*, coloque o azeite, o alho e a cebola em uma panela grande em fogo médio e refogue delicadamente por 7 a 9 minutos, até ficarem macios. Adicione todos os ingredientes restantes, junto com 400 ml de água quente e ¾ de colher (chá) de sal e cozinhe por 25 minutos, ou até que os tomates estejam completamente desmanchados.

3. Descarte a pimenta *habanero* (se estiver usando), coloque a mistura em um liquidificador ou processador de alimentos e bata até obter um molho homogêneo. Mantenha morno.

4. Para o óleo de pimenta, toste levemente a pimenta *chipotle* e os flocos de pimentão em uma frigideira pequena em fogo médio-alto por 1 minuto, até ficar bem perfumado, depois acrescente o óleo e ¼ de colher (chá) de sal. Deixe aquecer por cerca de 30 segundos, ou até que o óleo comece a borbulhar ligeiramente, retire do fogo e reserve.

SALSA ROJA (OPCIONAL)
2 colheres (sopa) de azeite
2 dentes de alho, espremidos
½ cebola-roxa, picada finamente
1½ colher (chá) de sementes de cominho, torradas e esmagadas
3 tomates italianos, cortados em 4
½ colher (chá) de orégano seco
1 colher (sopa) de flocos de pimentão vermelho
1 pimenta *ancho* seca, sem talos e sem sementes (ou ½, se quiser menos picante)
½ pimenta *habanero* seca, sem talos e sem sementes (não use se quiser menos picante)
2 colheres (chá) de extrato de tomate
1½ colher (chá) de açúcar

ÓLEO DE PIMENTA (OPCIONAL)
2 colheres (chá) de flocos de pimenta *chipotle*
2 colheres (chá) de flocos de pimentão vermelho
60 ml de óleo de girassol

SALADA DE AVOCADO (OPCIONAL)
2 avocados, sem caroço, descascados e fatiados finamente
6 cebolinhas, picadas finamente na diagonal (90 g)
20 g de folhas de coentro
4 pimentas *jalapeño*, em rodelas finas (sem as sementes se quiser menos picante)
90 ml de sumo de limão (de 5 limões)
20 ml de azeite
sal

5. Para os tamales, bata o milho em um processador de alimentos até obter um purê úmido. Leve uma frigideira grande ao fogo médio e coloque a manteiga. Depois de derretida, adicione o milho, o creme de leite, 1 colher (chá) de cominho e 1 colher (chá) de sal. Cozinhe por 3 minutos, mexendo algumas vezes, até que o milho esteja cozido e adquira a consistência de mingau. Retire do fogo e deixe esfriar por 5 minutos, depois misture a *masa harina*, o azeite, o fermento e o ovo até ficar bem homogêneo — deve ter a consistência de massinha de modelar.

6. Corte seis retângulos de papel-manteiga de aproximadamente 25 × 16 cm cada. Com as mãos levemente untadas de azeite, pegue cerca de 110 g da massa e forme uma bola lisa. Coloque-a no meio de um dos pedaços de papel-manteiga e achate-a até formar um retângulo de 15 × 9 cm. Misture os queijos em uma tigela pequena com a colher (chá) restante de cominho e coloque 20 g dessa mistura no centro da massa. Use as mãos para dobrar a massa de modo a envolver o queijo por todos os lados, apertando e alisando com os dedos para que não haja rachaduras, até obter um retângulo de 12 × 6 cm. Dobre o papel-manteiga de todos os lados para cobrir o tamale, usando o papel para ajudar a moldá-lo, depois coloque-o com as dobras para baixo em uma bandeja enquanto prepara os cinco tamales restantes.

7. Leve uma panela grande que tenha tampa e vaporeira ao fogo alto com bastante água. Quando ferver, coloque os tamales, com as dobras para baixo, na vaporeira (você pode ter que empilhar uns sobre os outros, mas não há problema). Tampe, reduza o fogo para médio e cozinhe no vapor por 30 minutos. Deixe esfriar por alguns minutos antes de desembrulhar.

8. Enquanto isso, misture todos os ingredientes da salada e tempere com uma boa pitada de sal.

9. Sirva os tamales em uma travessa grande, com o óleo de pimenta por cima e a salada, o picles de cebola com hibisco (descartadas as saquetas de chá) e uma tigela de *salsa roja* morna ao lado.

GORDURA

RENDE 4 A
6 PORÇÕES
como brunch
ou almoço leve

**250 g de grãos de milho
frescos ou congelados,**
descongelados se
congelados

200 g de espinafre baby,
picado grosseiramente

10 g de folhas de salsinha,
picadas grosseiramente

10 g de endro, picado
grosseiramente

20 g de folhas de coentro,
picadas grosseiramente,
mais 1 colher (sopa)

4 cebolinhas, picadas
finamente (60 g), mais
2 colheres (sopa)

4 dentes de alho,
espremidos

150 g de farinha de milho,
sem ser da variedade
pré-cozida

50 g de parmesão, ralado
finamente

520 ml de leite integral

**450 ml de caldo de
legumes ou de galinha**

**40 g de manteiga sem
sal,** cortada em cubos
de 2 cm

150 g de feta, esfarelado
grosseiramente

8 ovos

**2 colheres (sopa) de
azeite**

**½ colher (chá) de flocos
de pimenta**

**sal e pimenta-do-reino
preta**

POLENTA DE MILHO FRESCO
COM OVOS ASSADOS

Para o pai do Yotam, que nasceu na Itália, só havia uma forma de fazer polenta.
Ele colocava todos os ingredientes em uma panela e depois ficava ali de pé, atento,
mexendo a polenta sem parar por uma boa hora, com muita paciência, tomando
cuidado para que ela ficasse perfeita e não grudasse no fundo da panela. Para
uma coluna do *New York Times*, em que viramos pratos clássicos de cabeça para
baixo e os preparamos em uma única panela no forno, nossa colega de cozinha de
testes Noor Murad não apenas quebrou o mito de infância do Yotam sobre a única
forma de fazer polenta como também acabou com o molho que era normalmente
servido com ela e simplesmente colocou ovos inteiros para assar dentro da polenta.
O resultado é uma polenta bem "pedaçuda", repleta de texturas e surpresas. Ainda
é maravilhosamente deliciosa, e significa que você pode ler algumas páginas
do seu livro preferido enquanto ela praticamente se prepara sozinha.

Procure usar uma farinha de milho mais grossa, em vez da variedade de
cozimento rápido, de outro modo o resultado não será o desejado. Este é um ótimo
prato para um brunch, mas funciona igualmente bem no almoço ou como um
jantar leve com uma salada verde crocante. A polenta vai endurecendo conforme
o tempo passa, então sirva assim que sair do forno.

1. Preaqueça o forno de convecção a 180°C (ou o forno comum a 200°C).

2. Coloque o milho em um processador de alimentos e bata uma ou duas
vezes usando a função pulsar, até ficar grosseiramente picado, depois transfira
para uma tigela grande. Acrescente o espinafre, as ervas, a cebolinha, o alho, a
farinha de milho, o parmesão, 1½ colher (chá) de sal e um bom giro do moedor
de pimenta e misture bem. Coloque a mistura em uma panela grande que
possa ir ao forno e, em seguida, adicione o leite, o caldo e a manteiga e mexa
bem. Asse por 20 minutos, retire do forno e dê uma boa mexida em tudo, antes
de levar de volta por mais 20 minutos ou até que a farinha esteja cozida e a
mistura tenha engrossado. Misture bem a polenta com um batedor — ela deve
ficar homogênea e não estar completamente firme — e acrescente metade do
feta. Aumente a temperatura do forno de convecção para 200°C (ou do forno
comum para 220°C).

3. Faça oito cavidades na polenta, abra um ovo em cada uma e tempere-os
ligeiramente com sal e pimenta. Espalhe o feta restante por cima e leve de volta
ao forno por 12 a 14 minutos, ou até que as claras estejam cozidas e as gemas
ainda moles.

4. Enquanto isso, misture o coentro e a cebolinha extras em uma tigela com
o azeite. Espalhe essa mistura por cima de toda a polenta na hora de servir,
seguida dos flocos de pimenta. Sirva imediatamente.

163

GORDURA

RENDE 4 PORÇÕES

SALADA DE TOMATE COM IOGURTE DE LIMÃO E CARDAMOMO

70 g de iogurte grego
50 g de queijo de cabra cremoso e sem casca
½ dente de alho pequeno, espremido
1-2 limões: rale finamente a casca para obter 1 colher (chá), depois esprema para obter 1½ colher (sopa) de sumo
15 bagas de cardamomo, apenas as sementes esmagadas finamente [¾ de colher (chá)]
1 pimenta verde grande, picada finamente (sem as sementes, se quiser menos picante)
500 g de tomate-cereja, doce e maduro, cortado ao meio (ou qualquer outra variedade doce de boa qualidade que você conseguir)
1 chalota grande, cortada em rodelas finas (60 g)
60 ml de azeite
10 g de folhas de hortelã, rasgadas grosseiramente
sal

Esta receita contém alguns atalhos úteis. O primeiro é a combinação atemporal de tomate e chalota fatiada, base para uma infinidade de saladas de verão, das quais a mais simples envolve apenas um fio de azeite e um pouco de vinagre. Depois, há o molho feito com base na mistura de iogurte, queijo de cabra e alho; fica ótimo em saladas de batata ou de pepino, por exemplo (basta acrescentar sumo de limão e um pouco de azeite). Por fim, tomate, limão e cardamomo podem não ser uma combinação familiar, mas a adoramos, seja numa salada como esta, seja quando cozidos juntos, como na batata-doce com molho de tomate, limão e cardamomo (p. 131). Insistimos para que você experimente. Sirva com pão, para absorver todos os sucos do tomate.

1. Misture o iogurte, o queijo de cabra, o alho e uma pitada de sal em uma tigela grande até ficar homogêneo. Adicione metade das raspas de limão, metade do cardamomo esmagado e metade da pimenta e misture bem.

2. Numa tigela à parte, misture os tomates, a chalota, o sumo de limão, 2 colheres (sopa) de azeite e ½ colher (chá) de sal com o restante das raspas de limão, do cardamomo e da pimenta, depois acrescente a mistura de iogurte e a hortelã. Mexa tudo delicadamente, sem deixar homogêneo: você quer ver o vermelho dos tomates e o verde da hortelã em alguns pontos. Transfira para uma travessa, regue com as 2 colheres (sopa) de azeite restantes e sirva.

GORDURA

BOLINHOS DE ARROZ COM KIMCHI E GRUYÈRE

RENDE 12 BOLINHOS

3 colheres (sopa) de azeite
½ cebola, picada
  finamente
3 dentes de alho,
  espremidos
200 ml de leite integral
250 g de arroz basmati
  integral e arroz
  selvagem cozidos
  (ou qualquer outra
  combinação de arroz)
2 ovos, claras e gemas
  separadas
500 g de kimchi clássico
  de boa qualidade
80 g de vagem-francesa,
  aparada e picada
  finamente
1½ colher (sopa) de
  coentro, picado
  finamente
80 g de gruyère, cortado
  em cubos de 1,5 cm (você
  pode usar qualquer outro
  queijo maduro
  em substituição)
2 colheres (sopa) de mix
  de gergelim branco e
  preto, torrado, mais 1½
  colher (chá) para servir
90 g de farinha de trigo
800 ml de óleo de
  girassol, para fritar
2 limões-sicilianos:
  esprema para obter
  2 colheres (sopa), depois
  corte o restante em
  gomos, para servir
sal e sal marinho
  em flocos

Estes bolinhos foram concebidos para fazer uso das sobras de arroz, de um pote aberto de kimchi e de alguns pedaços de queijo que tínhamos na geladeira da cozinha de testes. Embora o conteúdo da sua geladeira provavelmente seja diferente, temos certeza de que às vezes você vai encontrar sobras de arroz e um pouco de queijo. Para essas (e outras felizes) ocasiões, estes bolinhos são perfeitos.

Se você não tiver sobras de arroz, no entanto, pode facilmente fazer os bolinhos com arroz comprado pronto ou cozinhando o arroz do zero e deixando esfriar. (A maioria das variedades triplica em volume e peso quando cozidas, então comece com cerca de 85 g de arroz cru.) Qualquer combinação de arroz branco ou integral funciona, mas gostamos do sabor de nozes do integral e do selvagem.

O kimchi que usamos costuma ter muito líquido, que aqui transformamos em molho por meio da adição de sumo de limão. Não se preocupe se o seu kimchi não render líquido para o molho; os bolinhos são absolutamente deliciosos com umas simples gotinhas de limão ou um pouco de molho de pimenta, se você tiver algum à mão.

Eles, que são ótimos como lanche, mas também compõem uma refeição, podem ser fritos com até 3 horas de antecedência. Basta levar ao forno de convecção preaquecido a 180°C (ou forno comum a 200°C) por cerca de 5 minutos ou até que estejam aquecidos por completo. *Foto no verso.*

1. Coloque o azeite, a cebola e ¾ de colher (chá) de sal em uma panela média em fogo médio-alto e refogue delicadamente por 6 minutos, mexendo de vez em quando, até a cebola ficar macia e dourada. Adicione o alho e continue a refogar, mexendo, por 30 segundos a 1 minuto, até ficar perfumado. Acrescente o leite, abaixe o fogo para médio e cozinhe por 5 minutos, até engrossar e reduzir um pouco. Retire do fogo e deixe esfriar por 5 minutos, em seguida misture o arroz, as gemas e ⅛ de colher (chá) de sal. Leve à geladeira por 30 minutos ou até esfriar por completo.

2. Enquanto isso, reserve 160 g do kimchi para servir. Esprema o restante em uma peneira, colete 3 colheres (sopa) do líquido em uma tigela pequena (deixe de lado até mais adiante) e transfira-o escorrido para uma tábua (você deve ficar com cerca de 250 g no fim). Pique-o grosseiramente e acrescente à panela com a mistura de arroz já fria, junto com a vagem, o coentro, o gruyère, o gergelim e a farinha. Misture bem.

3. Bata as claras em neve com uma pequena pitada de sal, à mão ou com uma batedeira, até obter picos semiduros. Incorpore delicadamente as claras à mistura de arroz até ficarem bem distribuídas, tomando cuidado para não trabalhar demais a massa.

4. Aqueça o óleo de girassol em uma panela grande em fogo médio-alto até atingir cerca de 180°C. Teste se o óleo está quente o suficiente colocando um pouquinho da massa; deve chiar, mas não pode ficar dourado imediatamente. Frite os bolinhos de três em três, para evitar baixar demais a temperatura do óleo. Usando uma colher grande, coloque cuidadosamente cerca de 90 g de massa por bolinho no óleo e frite por 4 a 5 minutos, virando algumas vezes até ficarem crocantes e dourados de todos os lados. Pode ser necessário baixar o fogo se eles estiverem ficando dourados muito rapidamente. Transfira-os para uma travessa forrada com papel-toalha e repita o processo com o restante da massa.

5. Adicione o sumo de limão à tigela de líquido de kimchi. Transfira os bolinhos para outra travessa grande e espalhe o gergelim restante e um pouco de sal em flocos por cima. Sirva quente, acompanhado do molho de kimchi, dos gomos de limão e do kimchi reservado.

ACIDEZ

RENDE 4 PORÇÕES
como acompanhamento

SALADA DE ASPARGOS COM TAMARINDO E LIMÃO

400 g de aspargos
grossos, sem as
extremidades lenhosas

1½ colher (sopa) de azeite

1 colher (sopa) de sumo
de limão

15 g de folhas de hortelã,
picadas grosseiramente

30 g de pistache, torrado
bem ligeiramente e
picado grosseiramente

sal

MOLHO DE
TAMARINDO E LIMÃO

35 g de folhas de hortelã
inteiras

15 g de folhas de salsinha,
picadas grosseiramente

1 colher (sopa) de vinagre
de vinho branco

1 colher (sopa) de mel

2 colheres (chá) de
pasta de tamarindo
industrializada, ou o
dobro se você mesmo
extrair a pasta da polpa
(ver p. 19)

1 filé de anchova em
azeite, escorrido
(opcional, ajuste o
tempero se não for usar)

½ colher (chá) de
cardamomo em pó

½ colher (chá) de limão
negro em pó (opcional,
ver p. 18)

2 pimentas verdes, sem
sementes e picadas
finamente

1 dente de alho pequeno,
espremido

1 colher (chá) de mostarda
Dijon

1 colher (chá) de raspa de
casca de limão

2 colheres (sopa) de azeite

Ficamos duplamente surpresos com esta salada: primeiro, ao perceber a qualidade do sabor e da textura que os aspargos crus têm na boca quando cortados em fatias finíssimas; segundo, ao ver o quanto ele se sustenta bem e inclusive se beneficia ao ser combinado com ingredientes extremamente pungentes, como o tamarindo e o limão. Experimente essa receita da próxima vez que você colocar as mãos em um monte de aspargos superfrescos, mas que não sejam finos demais (serão difíceis de cortar).

O molho rende mais que o necessário para a receita, mas ele dura três dias em um pote hermético na geladeira, pronto para temperar saladas ou legumes assados. Ele perde um pouco da cor, mas ainda vai estar bom para consumo.

Corte os aspargos e misture a salada imediatamente antes de servir, para que as fatias fiquem o mais crocantes possível.

Sirva com tofu frito, frango assado ou com os ovos assados com batata e gochujang (ver p. 99) para um almoço ou jantar leves.

1. Bata todos os ingredientes do molho com 2 colheres (sopa) de água e ¼ de colher (chá) de sal em um processador de alimentos ou em um moedor de café (para um molho mais homogêneo) até obter uma pasta espessa. Coloque em um pote limpo e guarde na geladeira por até 3 dias.

2. Usando um descascador de legumes ou uma mandolina, se você tiver uma, corte os aspargos em tiras compridas e misture-as com metade do azeite, metade do sumo de limão, metade da hortelã, metade do pistache e ⅛ de colher (chá) de sal. Transfira para uma travessa ou uma tigela e reserve.

3. Em uma tigela pequena, misture 2 colheres (sopa) do molho com o azeite e o sumo de limão restantes e ⅛ de colher (chá) de sal. Espalhe o molho sobre os aspargos, finalize com a hortelã e o pistache restantes e sirva imediatamente.

171

ACIDEZ

RENDE 4 PORÇÕES
como prato principal

100 g de farinha de trigo
100 g de amido de milho
1½ colher (sopa) de
   cardamomo em pó
900 ml de óleo de
   girassol, para fritar, mais
   2½ colheres (sopa)
700 g de tofu macio
   firme, cortado em cubos
   de 2,5 cm
6 dentes de alho, em
   lâminas finas
2 pimentas vermelhas,
   em rodelas finas
600 g de choy sum, com
   a base aparada, folhas
   e caules separados e
   cortados em pedaços
   de 5 cm (500 g)
2 colheres (sopa) de
   sriracha
3 colheres (sopa) de shoyu
2 limões: esprema para
   obter 2 colheres (chá)
   de sumo, depois corte
   o restante em gomos,
   para servir
sal e pimenta-do-reino
   preta

TOFU COM CARDAMOMO, VERDURAS E LIMÃO

Como o nome diz, o tofu macio realmente cumpre a promessa de oferecer uma textura extremamente delicada, leve e cremosa. Ao fritá-lo, como fazemos aqui, forma-se uma casquinha crocante que ressalta ainda mais essa textura e, como toda fritura faz, o deixa irresistível. É definitivamente o que você precisa servir aos seus amigos céticos em relação ao tofu para que eles "enxerguem a luz", como disse nossa testadora de receitas, Claudine Boulstridge.

Este prato fica ótimo por conta própria para uma ceia leve, mas você também pode enriquecê-lo com um pouco de arroz e mais shoyu. Caso você não consiga encontrar o *choy sum*, o espinafre também funcionará bem como substituto.

1. Coloque a farinha de trigo, o amido de milho, o cardamomo, 2½ colheres (chá) de sal e bastante pimenta-do-reino em uma tigela média. Misture e reserve.

2. Despeje 900 ml de óleo em uma frigideira alta ou wok em fogo médio. Quando o óleo estiver quente (pouco menos de 180°C, se você tiver um termômetro apropriado), envolva o tofu na mistura de farinha. Em levas, mergulhe cuidadosamente os cubos de tofu no óleo e frite por 3 a 4 minutos, virando na metade do tempo, até estarem crocantes e dourados. Use uma escumadeira para retirar o tofu e colocá-lo em um prato forrado com papel-toalha. Mantenha-o aquecido enquanto repete com o restante. Na etapa seguinte, você pode usar a mesma frigideira, transferindo primeiro o óleo para um recipiente resistente ao calor para ser descartado (ou usar outra frigideira ou wok).

3. Se estiver usando a mesma panela, limpe-a e seque bem. Retorne-a ao fogo alto com o restante do óleo. Quando estiver quente, junte o alho e as pimentas e refogue por 1 a 2 minutos, até que o alho esteja levemente dourado. Acrescente os talos do *choy sum* e refogue por 4 minutos, depois coloque as folhas e refogue, mexendo sempre, até que estejam murchas, por cerca de 2 minutos.

4. Adicione a sriracha, o shoyu, o sumo de limão e 1 colher (sopa) de água e mexa por 1 minuto, até começar a borbulhar. Divida em quatro pratos e coloque o tofu crocante por cima. Esprema os gomos de limão para temperar e sirva imediatamente.

ACIDEZ

RENDE 4 PORÇÕES
como acompanhamento
ou parte de uma mesa

1 limão negro seco,
  perfurado algumas vezes
  com uma faca pequena
  (ver p. 18)
60 ml de azeite
1 cebola, em rodelas finas
  (150 g)
3 dentes de alho,
  espremidos
1 colher (chá) de canela
  em pó
35 g de endro, picado
  grosseiramente
35 g de folhas de coentro,
  picadas grosseiramente
35 g de folhas de
  salsinha, picadas
  grosseiramente
4 cebolinhas, picadas
  finamente (60 g)
300 g de couve-toscana,
  sem os caules lenhosos,
  com as folhas picadas
  grosseiramente (180 g)
300 g de iogurte grego
1 colher (chá) de hortelã
  seca
sal e pimenta-do-reino
  preta

VERDURAS REFOGADAS COM IOGURTE

Misturar quantidades extraordinárias de ervas picadas com limão ou limão-siciliano para criar sopas, ensopados ou refogados é uma forma tão genial de usar verduras que vai ser difícil você querer fazer outra coisa com elas. Esta receita é a base de muitos pratos populares no Irã e nos países do Golfo, e é uma que adotamos sempre que possível (ver sopa de ervas e berinjela chamuscada, p. 42). Usamos o limão negro para um toque intenso de acidez terrosa (para saber mais sobre limão negro, ver p. 18). Se não conseguir encontrá-lo, substitua por meio limão fresco (não precisa deixar de molho), sem sementes, com a polpa e a casca picadas finamente, e adicione 120 ml de água em vez do líquido do demolho.

Prepare as verduras com algumas horas de antecedência e aqueça na hora de servir, se quiser se adiantar.

Elas ficam ótimas com arroz de açafrão (ou simples, se preferir).

1. Coloque o limão em uma tigela pequena com 150 ml de água fervente e cubra com um prato menor que a boca da tigela para submergi-lo completamente. Deixe de molho por 20 minutos, para amolecer um pouco. Retire o limão, deixe-o de lado até ser necessário e reserve o líquido.

2. Coloque 3 colheres (sopa) de azeite em uma frigideira grande em fogo médio. Quando estiver quente, adicione a cebola e o limão negro demolhado e refogue, mexendo de vez em quando, até que as cebolas fiquem macias e levemente caramelizadas, por cerca de 20 minutos. Adicione o alho e a canela e refogue por mais 2 minutos, depois retire o limão e reserve. Acrescente 30 g de cada uma das ervas e toda a cebolinha e refogue por 15 minutos, mexendo sempre, até ficarem perfumadas e mais intensamente verdes (pode ser necessário reduzir o fogo se elas começarem a grudar no fundo).

3. Enquanto isso, pique finamente o limão negro e volte com ele para a panela enquanto as ervas refogam. Junte a couve-toscana, o líquido da demolha do limão, 1 colher (chá) de sal e um bom giro do moedor de pimenta-do-reino, depois aumente o fogo para médio-alto e cozinhe por mais 10 minutos, até que o líquido seja absorvido e a couve amoleça. Retire do fogo e misture as ervas restantes. Mantenha aquecido até a hora de servir.

4. Coloque o iogurte, a hortelã e ¼ de colher (chá) de sal em uma tigela e misture bem. Espalhe o iogurte no fundo de uma travessa, criando um pequeno sulco no meio. Coloque as verduras no sulco e finalize com o restante do azeite.

ACIDEZ

RENDE 4 PORÇÕES
como prato principal

1 colher (sopa) de vinagre
   de maçã
2 colheres (chá) de açúcar
1 cebola-roxa pequena,
   cortada em fatias finas
   na mandolina, se você
   tiver uma, ou à mão
   (60 g)
600 ml de óleo de
   girassol, para fritar
2 blocos de tofu
   extrafirme (560 g), bem
   secos e cortados em
   cubos de 2 cm
2 colheres (sopa) de
   amido de milho
2 cebolas (300 g), picadas
   grosseiramente
6 dentes de alho, picados
   grosseiramente
60 ml de azeite
2 colheres (chá)
   de sementes de
   cominho, esmagadas
   grosseiramente em um
   pilão
2-3 limões negros (10 g),
   processados em um
   moedor de café para
   obter 2 colheres (sopa)
   ou use um processador
   de alimentos e depois
   passe por uma peneira
   (ver p. 18)
2 colheres (sopa) de
   extrato de tomate
20 g de folhas de
   salsinha, picadas
   grosseiramente
250 g de espinafre baby
sal e pimenta-do-reino
   preta

TOFU COM LIMÃO NEGRO DA NOOR

Limões negros estão sempre presentes na despensa Ottolenghi há anos. Recentemente, porém, passamos a usá-los com ainda mais frequência graças a Noor Murad, nossa colega de cozinha de testes que cresceu no Bahrein, onde os limões secos são consumidos na veia (bem, não literalmente). Lá, existem diferentes tipos e diferentes cores. Escolha a variedade negra, se conseguir encontrar, embora os mais claros também sejam bons (para saber mais sobre limão negro, ver p. 18). Se você não encontrá-lo, substitua-o por 1 colher (sopa) de sumo e 1 colher (sopa) de raspas de casca de limão.

Gostamos de servir este prato com arroz no vapor ou pão sírio.

1. Coloque o vinagre, 1 colher (chá) de açúcar, a cebola-roxa e $\frac{1}{8}$ de colher (chá) de sal em uma tigela pequena e misture bem. Deixe descansar enquanto você prepara o restante.

2. Aqueça o óleo de girassol em uma frigideira média com borda em fogo médio-alto. Em uma tigela, misture o tofu com o amido de milho até ficar bem recoberto. Quando o óleo estiver quente, frite o tofu (em duas levas) até ficar crocante e levemente dourado, por cerca de 6 minutos cada leva, depois transfira os pedaços para um prato forrado com papel-toalha e reserve.

3. Enquanto o tofu estiver fritando, prepare o molho. Coloque as cebolas e o alho em um processador de alimentos e bata algumas vezes usando a função pulsar até ficarem bem picados, mas sem virar um purê. Coloque o azeite em uma frigideira grande em fogo médio-alto. Adicione a mistura de cebola e alho e refogue, mexendo de vez em quando, por cerca de 10 minutos, até ficar macia e levemente dourada. Acrescente o cominho, o limão negro e o extrato de tomate e refogue por mais 1 minuto. Adicione 400 ml de água, a colher (chá) de açúcar restante, 1 ¼ colher (chá) de sal e um giro generoso do moedor de pimenta. Espere ferver e deixe cozinhar por 6 minutos, mexendo ocasionalmente, até engrossar. Acrescente o tofu crocante, a salsinha e mais um giro do moedor de pimenta e misture. Adicione o espinafre aos poucos, mexendo até murchar, por cerca de 3 minutos.

4. Para servir, coloque a mistura em uma travessa rasa e finalize com o picles de cebola-roxa (ou então sirva direto na frigideira).

ACIDEZ

RENDE 4 PORÇÕES
como prato principal

BOLINHAS DE ARROZ GLUTINOSO EM *RASAM* DE TAMARINDO

RASAM DE TAMARINDO
50 g de polpa de tamarindo em bloco
30 g de gengibre fresco, com casca, em fatias finas
15 g de cúrcuma fresca, com casca, em fatias finas
1 pimenta verde grande, picada grosseiramente (20 g)
250 g de tomate-cereja
2½ colheres (sopa) de óleo de girassol
½ limão-siciliano, cortado ao meio no sentido do comprimento, depois cortado em meias-luas de 0,25 cm de espessura (sem sementes)
1½ colher (chá) de sementes de cominho, esmagadas finamente
1 colher (chá) de sementes de mostarda escura
2 pimentas vermelhas secas inteiras
20 folhas de curry frescas (caso não consiga encontrá-las, é possível fazer sem elas)
3 dentes de alho, espremidos
3-4 tomates italianos (300 g), sem a pele e ralados grosseiramente (250 g)
2 colheres (chá) de açúcar
sal

BOLINHAS DE ARROZ
200 g de arroz glutinoso tailandês, demolhado por 1 hora em bastante água fria, depois bem escorrido
2 colheres (sopa) de óleo de girassol, mais um pouco para untar as mãos
1 cebola, picada finamente (150 g)
2 dentes de alho, espremidos
15 g de gengibre fresco, sem casca e ralado finamente
10 g de folhas de coentro, picadas grosseiramente, mais algumas folhas e talos para finalizar
2 cebolinhas, picadas finamente (30 g)

Nossa versão do *rasam*, uma sopa do sul da Índia, é intensa, com complexidade e riqueza graças às especiarias e aos tomates e limões tostados. Convidamos você a experimentá-la, apesar da extensa lista de ingredientes, nem que seja para descobrir toda uma gama de novos sabores.

Use polpa de tamarindo, não pasta. A polpa, que pode ser encontrada em qualquer mercearia indiana, tem um sabor mais complexo e proporciona o toque agridoce ideal (para saber mais sobre tamarindo, ver p. 19).

É preciso deixar o arroz de molho por uma hora. As bolinhas podem ser moldadas de véspera e guardadas na geladeira, em um pote hermético. Basta deixá-las voltar à temperatura ambiente antes de acrescentar à sopa quente.

1. Para o *rasam*, coloque a polpa de tamarindo, o gengibre, a cúrcuma, a pimenta verde, 1,2 litro de água e 1 colher (chá) de sal em uma panela média em fogo médio-alto. Deixe ferver, abaixe o fogo para médio e cozinhe lentamente por 20 minutos, mexendo para dissolver a polpa. Passe por uma peneira apoiada sobre uma tigela, pressionando para extrair o máximo de sabor possível. Descarte os aromáticos.

2. Enquanto isso, em uma panela média que tenha tampa, coloque o arroz com 220 ml de água e ¾ de colher (chá) de sal. Deixe ferver em fogo médio-alto, depois abaixe para médio-baixo e tampe, mas não completamente, deixando um pequeno espaço para que o vapor escape. Cozinhe por 20 minutos, retire do fogo e deixe descansar, sem tampa, até esfriar.

3. Misture os tomates com 1½ colher (chá) de óleo. Leve uma frigideira grande ao fogo alto. Quando começar a esfumar, coloque os tomates e cozinhe, mexendo ocasionalmente, até tostar e formar bolhas, por cerca de 4 minutos. Reserve. Acrescente os limões e cozinhe até ficarem tostados, por 30 a 50 segundos de cada lado, e reserve também. Reduza o fogo para médio-alto, acrescente as 2 colheres (sopa) de óleo restantes, o cominho, a mostarda, a pimenta seca, as folhas de curry (se estiver usando) e o alho e refogue por 1 minuto e meio, até ficar perfumado. Acrescente os tomates ralados e cozinhe por 5 minutos, em seguida acrescente o açúcar, o líquido extraído do tamarindo, os tomates tostados e ½ colher (chá) de sal. Leve novamente ao fogo e cozinhe por mais 8 minutos. Reserve.

4. Para as bolinhas de arroz, coloque o óleo em uma frigideira em fogo médio-alto. Adicione a cebola e refogue por 7 minutos, até ficar macia e dourada. Acrescente o alho e o gengibre e refogue por 1 minuto e meio. Retire do fogo e transfira para uma tigela com o arroz cozido, o coentro e a cebolinha. Misture bem. Com as mãos levemente untadas com óleo, faça 12 bolinhas, de 30 a 35 g cada uma.

5. Para servir, leve a panela de *rasam* de volta ao fogo médio-alto para aquecer e, em seguida, acrescente as fatias de limão tostadas. Divida as bolinhas de arroz por quatro tigelas. Despeje o *rasam* quente sobre elas e finalize com as folhas e os talos de coentro.

ACIDEZ

RENDE 4 PORÇÕES
como acompanhamento

ACELGA COLORIDA COM TOMATE E AZEITONA VERDE

400 g de acelga colorida, com base aparada, caules e folhas separados e cortados em pedaços de 6 cm cada

125 ml de azeite

5 dentes de alho, em lâminas finas

1 cebola pequena, picada finamente (110 g)

1 limão-siciliano: retire 2 tiras finas da casca, depois esprema para obter 1 colher (sopa) de sumo

2-3 ramos de orégano (10 g)

2-3 tomates italianos maduros, cortados em cubos de 1 cm (300 g)

120 g de azeitona Nocellara (ou outra variedade de azeitona verde), sem caroço e cortada ao meio ou em quatro, se muito grande (70 g)

5 g de folhas de manjericão, rasgadas grosseiramente

sal e pimenta-do-reino preta

Este acompanhamento típico de verão tira enorme proveito do uso de tomates maduros da melhor qualidade. A acelga colorida tem uma linda aparência, mas, em termos de sabor, a acelga portuguesa faz um trabalho igualmente bom. Os talos da acelga portuguesa costumam ser mais largos, então pode ser que você tenha que cortá-los três vezes no sentido do comprimento, assim como no da largura.

Este prato é ótimo servido quente, assim que fica pronto, mas os sabores melhoram com o passar do tempo. Prepare com algumas horas de antecedência, se preferir, ou até mesmo no dia anterior, e sirva em temperatura ambiente ou levemente aquecido. Há bastante azeite aromático, então pegue um pouco de pão para mergulhar nele.

Sirva com *cacio e pepe* com *zaatar* (p. 104) para um jantar rápido no meio da semana.

1. Corte qualquer talo mais largo da acelga ao meio no sentido do comprimento (ou em três, se forem particularmente largos). Leve uma frigideira grande ao fogo médio-alto com 1 colher (chá) de azeite. Adicione os talos de acelga e refogue por 4 minutos, depois adicione as folhas e refogue por mais 3 minutos, até que estejam cozidas. Transfira para uma tigela grande, cubra com um prato e deixe amolecerem no calor residual por mais 3 minutos, depois retire o prato.

2. Limpe a panela e leve-a novamente ao fogo médio com 90 ml de azeite. Acrescente o alho, a cebola, as tiras da casca de limão e o orégano e refogue delicadamente por 12 minutos, mexendo regularmente, até a cebola ficar macia e dourada. Adicione os tomates, ½ colher (chá) de sal e um bom giro do moedor de pimenta e cozinhe até que os tomates comecem a amolecer (por cerca de 2 minutos se estiverem maduros, ou mais alguns se não estiverem). Junte a acelga cozida e as azeitonas, retire do fogo e deixe descansar por 5 minutos, para que os sabores se integrem.

3. Descarte os ramos de orégano e as tiras de casca de limão e transfira tudo para uma travessa. Tempere com o sumo de limão e as 2 colheres (sopa) de azeite restantes. Finalize com as folhas de manjericão e um bom giro do moedor de pimenta e sirva.

ACIDEZ

RENDE 6 PORÇÕES
como tira-gosto
ou entrada pequena

70 g de ramos de beterraba, os talos cortados em tiras de 8 cm, lavados e bem secos

20 g de endro, bem seco e separado em ramos de 8 cm

10 g de folhas de hortelã, bem secas

½ colher (sopa) de pimenta Sichuan, esmagadas em um pilão

sal marinho em flocos

MOLHO DE TANGERINA

50 ml de sumo de tangerina, com gominhos (1-2 tangerinas)

3 colheres (sopa) de sumo de limão

1½ colher (chá) de xarope de Maple

½ dente de alho pequeno, picado finamente

4 folhas de limão *kaffir* frescas, sem os talos, picadas finamente

½ pimenta vermelha, sem sementes, picadas finamente

MASSA

80 g de farinha de trigo com fermento

80 g de amido de milho, mais 50 g para pré-empanar

210 ml de água com gás muito gelada (pedrinhas de gelo são bem-vindas)

1½ colher (sopa) de gergelim preto

700 ml de óleo de girassol, para fritar

TEMPURÁ DE TALOS, FOLHAS E ERVAS

Quantidades enormes de beterraba são assadas nos restaurantes Ottolenghi, por isso estamos sempre em busca de formas inteligentes de aproveitar os caules e as folhas. No ROVI, em particular, onde uma imponente churrasqueira é tanto a *pièce de resistance* do restaurante quanto o lugar onde muitas raízes vão parar para receber um toque defumado, acabamos com grandes pilhas de ramos e aparas.

Este prato pode ser a "solução" para as tão populares beterrabas *hasselback* (p. 50) do ROVI, mas é completamente incrível por si só (os dois vão muito bem juntos como parte da mesa ROVI; ver p. 303), com uma casquinha supercrocante e um molho agridoce para contrabalançar a fritura. Se você não tiver talos e folhas de beterraba, não tenha medo — diferentes combinações de ervas, talos e folhas funcionam aqui. Experimente com manjericão, salsinha, sálvia ou acelga, por exemplo. Certifique-se apenas de que as folhas não estejam moles nem molhadas, mas também não estejam duras nem ressecadas. A massa é suficiente para 100 g de folhas e ervas de sua preferência.

A organização é fundamental sempre que você fizer frituras, especialmente com o tempurá. Atente para que os preparativos estejam prontos bem antes de o óleo esquentar demais, e tenha uma escumadeira e uma grade forrada com papel-toalha à mão. O tempurá não fica bom por muito tempo, então sirva-o imediatamente.

1. Em uma tigela pequena, misture todos os ingredientes do molho com ⅛ de colher (chá) de sal em flocos e reserve.

2. Coloque a farinha de trigo, os 80 g de amido de milho, a água com gás, o gergelim preto e 1 colher (chá) de sal em flocos em uma tigela grande e bata delicadamente, sem muita força, até que a mistura fique homogênea.

3. Coloque o óleo em uma frigideira média com borda e leve ao fogo alto. Quando estiver bem quente (pouco menos de 180°C, se você tiver um termômetro apropriado), reduza o fogo para médio e teste a temperatura colocando um pouco da massa; deve chiar, mas não dourar imediatamente. Em levas, misture os talos, as folhas e as ervas nos 50 g de amido de milho, bata para tirar o excesso e mergulhe-os na massa. Tire, sacuda o excesso de massa sobre a tigela e coloque no óleo quantos pedaços couberem confortavelmente sem encostar uns nos outros. Frite por 30 a 60 segundos de cada lado, até ficarem crocante e ligeiramente dourados, depois transfira para uma grade forrada com papel-toalha usando uma escumadeira. Repita com o restante, depois tempere com a pimenta Sichuan e uma quantidade generosa de sal em flocos. Transfira para uma travessa e sirva quente, com o molho ao lado.

ACIDEZ

RENDE 4 PORÇÕES
como acompanhamento

700 g de brócolis (cerca de 2 pés), cortados em floretes do tamanho de uma garfada, os talos reservados

3 colheres (sopa) de vinagre de maçã

½ pimenta vermelha, em rodelas finas (5 g)

35 ml de shoyu light

2 colheres (chá) de açúcar

500 ml de óleo de girassol, para fritar

5 g de folhas de manjericão, rasgadas grosseiramente

⅓ de colher (chá) de sementes de cominho, torradas e esmagadas grosseiramente em um pilão

sal

BRÓCOLIS EM DUAS VERSÕES COM PIMENTA E COMINHO

Ao contrário de seus primos couve-flor e repolho, o brócolis não fica muito confortável se for cozido por muito tempo. Todas as nossas tentativas prévias de sermos espertos e criar equivalentes da couve-flor gratinada, por exemplo, mas usando o brócolis de protagonista, foram completos fiascos. O molho cremoso simplesmente não resistiu à predominância do brócolis, que ficou acinzentado, empapado e com uma aparência terrível. Para manter tudo verde brilhante e o brócolis feliz, de maneira geral, recomendamos um processo de alto impacto, como fritar, que é o que fazemos aqui, grelhar (ver brócolis com ketchup de cogumelos e nori, p. 227) ou tostar.

Os floretes de brócolis fritos, misturados com o shoyu e o açúcar, podem fazer lembrar pratos chineses que você já comeu alguma vez em caixinhas de papel. Aqui, eles são combinados com os talos do brócolis, com os quais preparamos um picles rápido, de modo que a gordura seja contrabalançada com uma leve acidez. Dobre a receita para transformá-la em prato principal e sirva com arroz oriental.

Você pode se adiantar e preparar o picles com os talos de brócolis até 3 horas antes, se quiser, mas não por mais tempo, ou eles perderão a textura crocante. *Foto no verso.*

1. Apare cada talo de brócolis mais ou menos no formato de um tijolo (não precisa ficar perfeito) e depois em retângulos. Passe-os em uma mandolina para obter tiras finas ou corte-os finamente à mão, empilhando alguns pedaços de cada vez e cortando à Julienne (tiras finas e uniformes). Coloque em uma tigela com ½ colher (chá) de sal e misture bem. Deixe descansar por 1 hora e, em seguida, use as mãos para espremer suavemente um pouco do líquido salgado. Transfira para uma tigela limpa com 2 colheres (sopa) de vinagre e a pimenta e misture bem. Deixe descansar enquanto você prepara o resto ou por até 3 horas.

2. Coloque o shoyu, o açúcar e a colher (sopa) de vinagre restante em uma panela pequena em fogo médio-alto. Ferva, deixe cozinhar por 2 minutos, retire do fogo e espere esfriar. A mistura irá engrossar conforme descansa.

3. Coloque o óleo de girassol em uma panela média alta em fogo alto. Uma vez bem quente (o brócolis deve chiar e começar a ganhar cor assim que entrar no óleo), frite os floretes de brócolis, um punhado de cada vez, até ficarem macios e dourados em alguns pontos, cerca de 45 segundos cada leva (cerca de seis leva ao todo). Você quer que o óleo esteja bem quente, então espere que volte à temperatura se esfriar demais. Transfira para uma travessa forrada com papel-toalha e repita com o restante. Em uma tigela grande, misture o brócolis frito com a mistura de shoyu até ficar bem recoberto.

4. Para servir, coloque metade do picles de brócolis em um prato redondo, seguido do brócolis frito. Termine com o restante do picles de brócolis e finalize com o manjericão e o cominho esmagado.

ACIDEZ

RENDE 4 PORÇÕES
como acompanhamento

1 kg de cenoura, sem casca, cortada na diagonal em palitos de 8 × 1 cm

3 colheres (sopa) de azeite, mais 1½ colher (sopa) para servir

1½ colher (sopa) de xarope de Maple

10 g de folhas de hortelã

5 g de endro, picado grosseiramente

8 damascos secos, fatiados finamente (70 g)

30 g de amêndoas tostadas e salgadas, picadas grosseiramente

sal e pimenta-do-reino preta

CHAMOY
40 g de damasco seco

1 colher (chá) de xarope de Maple

2 colheres (chá) de sumagre

45 ml de sumo de limão, mais 2 colheres (chá) para servir

1½ colher (chá) de flocos de pimenta Aleppo (ou ¾ de colher (chá) de flocos de pimenta regular)

1 dente de alho pequeno

2 colheres (sopa) de azeite

SALADA DE CENOURA ASSADA COM *CHAMOY*

Se fosse preciso resumir Ixta em um único alimento, o *chamoy* seria a resposta. Ele é preparado com frutas em conserva (picles, "confere"), sumo de limão ("confere"), pimenta ("confere") e é originário do México (um enorme "confere"). É doce, salgado, azedo e picante — tudo ao mesmo tempo —, e tem um impacto dramático em qualquer ingrediente com o qual você o combine: carne, peixe, legumes e até frutas frescas. As versões tradicionais podem variar de líquidas a pastosas. Nossa versão (bastante) não tradicional de *chamoy* usa sumagre e pimenta Aleppo e damascos secos em vez de em conserva. É uma combinação que funciona bem, mas sinta-se à vontade para experimentar com outras pimentas secas ou frescas.

Prepare o dobro da quantidade de *chamoy*, se quiser, e guarde metade na geladeira por até uma semana, pronto para usar como marinada ou como tempero para legumes assados, frango ou porco. As cenouras podem ser assadas e temperadas de véspera, se você quiser se adiantar, e finalizadas com as ervas e mais damascos e amêndoas na hora de servir.

Essa receita fica ótima como parte de uma mesa vegetariana (ver p. 304), e acompanhando carnes gordurosas, como barriga de porco ou peito de pato. *Foto no verso.*

1. Preaqueça o forno de convecção a 240°C (ou o forno comum a 260°C).

2. Em uma tigela grande, misture as cenouras com o azeite, o xarope de Maple, 1 ¼ colher (chá) de sal e um bom giro do moedor de pimenta. Espalhe-as o máximo possível em duas assadeiras grandes, de 40 × 30 cm, forradas com papel-manteiga, e leve ao forno por 18 minutos, virando as cenouras e trocando as assadeiras de posição na metade do tempo, até que as cenouras estejam bem douradas, mas ainda levemente crocantes.

3. Enquanto as cenouras assam, processe todos os ingredientes do *chamoy* com ¼ de colher (chá) de sal em um moedor de café (ou na tigela pequena de um processador de alimentos) até obter uma pasta homogênea.

4. Assim que as cenouras estiverem cozidas, transfira-as para uma tigela grande com o *chamoy*, misture bem e deixe descansar por 20 minutos, para os sabores se integrarem.

5. Misture as cenouras com as ervas e os damascos fatiados e transfira para uma travessa. Finalize com as amêndoas, o restante do azeite e do sumo de limão e sirva.

ACIDEZ

RENDE 4 PORÇÕES
como acompanhamento

3 limões-sicilianos
4½ colheres (sopa)
   de azeite
1¼ colher (chá)
   de hortelã seca
1½ colher (chá) de *zaatar*
1 chalota, cortada ao
   meio e depois fatiada
   finamente (40 g)
1½ pimenta verde, em
   rodelas finas (sem as
   sementes, se quiser
   menos picante)
1 pepino grande, cortado
   ao meio no sentido do
   comprimento, com o
   miolo raspado e cortado
   na diagonal em fatias
   de 0,5 cm de espessura
   (450 g)
60 g de alface-da-terra
10 g de endro, picado
   grosseiramente
10 g de folhas de
   manjericão
5 g de folhas de hortelã
sal

SALADA DE PEPINO, *ZAATAR* E LIMÃO PICADO

Esta salada tem um caráter extremamente crocante e refrescante, graças a todo o limão que contém: sumo, polpa e casca. Ela vai bem com praticamente qualquer outra receita deste livro. O *zaatar* dá um toque extra, mas deixe-o de fora caso haja muita coisa acontecendo em algum outro prato que você esteja fazendo.

1. Esprema de 1 a 2 limões para obter 2½ colheres (sopa) de sumo e coloque em uma tigela grande. Corte sete fatias finas do limão restante, guardando o que sobrar para outra receita. Descarte as sementes e empilhe as fatias umas sobre as outras. Retire metade da casca e descarte, pique finamente as fatias, incluindo o que sobrou da casca, e adicione à tigela, junto com o azeite, a hortelã seca, o *zaatar*, a chalota, a pimenta verde, o pepino e 1 colher (chá) de sal. Misture bem, acrescentando a alface-da-terra às demais ervas. Sirva imediatamente.

ACIDEZ

RENDE 4 PORÇÕES
como acompanhamento
ou 6 porções como patê

2-3 batatas-doces roxas
  (ou laranjas), sem casca
  e cortadas em cubos
  de 2 cm (550 g)
40 ml de azeite
2 limões: rale finamente
  a casca para obter
  1½ colher (chá), depois
  corte em gomos, para
  servir
200 g de iogurte grego
½ dente de alho pequeno,
  espremido
1½ colher (chá) de xarope
  de romã
2 colheres (chá) de folhas
  de coentro, fatiadas
  finamente
½ pimenta vermelha
  grande, sem sementes
  e picadas finamente
1½ colher (chá) de
  gergelim, torrado
sal

PURÊ DE BATATA-DOCE COM IOGURTE E LIMÃO

Se você, ou seu paladar, estiver um pouco adormecido, este purê definitivamente vai sacudir as coisas. Há uma tensão intrínseca entre a profunda doçura e a extrema pungência, que fica incrivelmente boa na composição de um alegre *mezze*.

O purê pode ser preparado com batata-doce roxa ou laranja. As roxas são um pouco mais saborosas, com uma complexidade defumada, quase como o bacon. Elas também têm um visual mais impactante (esteja pronto para ver uma surpreendente psicodelia violeta na água do cozimento).

As batatas-doces roxas tendem a ser mais secas que suas primas laranjas, portanto, se você as estiver usando, não se esqueça de guardar a água do cozimento — talvez seja necessário usá-la para ajudar a afinar o purê.

Ele pode ser preparado de véspera e mantido na geladeira, se você quiser se adiantar, e montado na hora de servir.

Sirva como parte de uma mesa (ver p. 304) junto com pão sírio tostado.

1. Coloque a batata-doce e ¾ de colher (chá) de sal em uma panela pequena. Encha com água fervente suficiente até pouco acima das batatas, leve ao fogo médio-alto e cozinhe por 10 a 12 minutos, até estarem macias para serem amassadas. Escorra bem, mas reserve a água do cozimento, ela pode ser necessária para afinar o purê. Adicione 2 colheres (sopa) de azeite e amasse até ficar homogêneo. Deixe esfriar um pouco e, em seguida, misture metade das raspas de limão e 2 colheres (sopa) de iogurte até incorporar bem. Coloque em uma travessa e faça sulcos com as costas de uma colher.

2. Misture o iogurte restante com o alho e espalhe uniformemente sobre o purê. Despeje o xarope de romã e as 2 colheres (chá) restantes de azeite por cima, seguidas do coentro, da pimenta, do gergelim e das raspas de limão restantes. Tempere com uma pitada de sal e sirva com os gomos de limão ao lado.

ACIDEZ

RENDE 4 PORÇÕES
como acompanhamento

BATATAS _CHAAT MASALA_ COM IOGURTE E TAMARINDO

750 g de batata bolinha, cortada em rodelas de 1 cm de espessura

2 colheres (sopa) de azeite

1 colher (chá) de _chaat masala_

½ colher (chá) de cúrcuma em pó

250 g de iogurte grego

½ cebola-roxa pequena, sem casca e cortada em fatias finas na mandolina, se você tiver uma, ou à mão (45 g)

1 pimenta verde, em rodelas finas (10 g)

1½ colher (chá) de sementes de coentro, tostadas

1½ colher (chá) de sementes de nigela, tostadas

sal

CHUTNEY DE COENTRO

30 g de folhas de coentro

1 pimenta verde, sem sementes e picada grosseiramente (10 g)

1 colher (sopa) de sumo de limão

60 ml de azeite

MOLHO AGRIDOCE DE TAMARINDO

1½ colher (sopa) de pasta de tamarindo industrializada, ou o dobro se você mesmo extrair a pasta da polpa (ver p. 19)

1½ colher (chá) de açúcar

¼ de colher (chá) de _chaat masala_

Esta receita é inspirada no _aloo chaat_, uma comida de rua indiana que tem inúmeras variações regionais, nenhuma delas para os fracos de coração, porque são ao mesmo tempo doces, azedas e com bastante texturas. Esta versão é um pouco mais mansa, embora ainda bastante "barulhenta", tanto no sabor quanto na aparência. Fica absolutamente perfeita para um almoço de fim de semana, ao lado de outros vegetais, como a berinjela com ervas e alho crocante (p. 251), ou a salada de rabanete e pepino com amendoim _chipotle_ (p. 263). Você também pode servir como acompanhamento de cordeiro ou frango assados.

O _chaat masala_ é a mistura de especiarias levemente picante, que dá a este prato seu sabor distinto. A pungência se deve ao _amchoor_, manga seca em pó, amplamente utilizado na culinária indiana para dar acidez. Você vai reconhecer o sabor dele das samosas e pakoras, onde é frequentemente usado.

Tanto o chutney de coentro quanto o molho de tamarindo são ótimos condimentos para se ter à mão para alegrar sanduíches e _wraps_, servir com ovos, tofu ou peixe. Prepare o dobro ou o triplo deles, se quiser, o chutney de coentro dura até uma semana na geladeira, e o molho de tamarindo, até duas. _Foto no verso._

1. Preaqueça o forno de convecção a 220°C (ou o forno comum a 240°C).

2. Coloque as batatas e 2 colheres (chá) de sal em uma panela média e cubra com água fria até ficar 4 cm acima das batatas. Leve a fogo médio-alto, espere ferver e deixe cozinhar por 6 minutos ou até que estejam quase cozidas, mas ainda mantenham alguma textura. Escorra e seque bem, depois transfira para uma assadeira grande forrada com papel-manteiga e misture o azeite, o _chaat masala_, a cúrcuma, $^1/_3$ de colher (chá) de sal e um bom giro do moedor de pimenta. Leve ao forno, mexendo uma ou duas vezes, por 35 minutos, ou até ficarem bem douradas.

3. Enquanto isso, prepare o chutney de coentro. Coloque todos os ingredientes e ¼ de colher (chá) de sal na tigela pequena de um processador de alimentos e bata até ficar homogêneo. Reserve.

4. Para o molho de tamarindo, misture todos os ingredientes em uma tigela pequena, usando um _fouet_, com 1 ½ colher (chá) de água e reserve.

5. Espalhe o iogurte em uma travessa redonda grande. Coloque o chutney de coentro por cima, misturando sem incorporar completamente. Despeje metade do molho de tamarindo e coloque as batatas, a cebola e a pimenta. Finalize com o restante do molho, espalhe as sementes e sirva.

PICÂNCIA

RENDE 4 PORÇÕES
como acompanhamento

REPOLHO COM CREME DE GENGIBRE E ÓLEO ANESTESIANTE

50 g de gengibre fresco,
  sem casca e ralado
  finamente
220 g de cream cheese
¼ de dente de alho,
  espremido
1 colher (sopa) de sumo
  de limão
1 pé de repolho, com a
  base aparada, cortado
  ao meio no sentido do
  comprimento, as folhas
  separadas (820 g)
1½ colher (sopa) de shoyu
sal

ÓLEO ANESTESIANTE
150 ml de óleo de girassol
1 chalota, picada
  finamente (60 g)
2 dentes de alho, picados
  finamente
10 g de gengibre fresco,
  sem casca e ralado
  finamente
½ pimenta vermelha,
  picada finamente
1 anis-estrelado
1 colher (sopa) de flocos
  de pimentão vermelho
1 colher (chá) de flocos
  de pimenta
1½ colher (chá) de pimenta
  Sichuan, esmagada
  grosseiramente
1½ colher (chá) de extrato
  de tomate
1 colher (chá) de gergelim
  preto
1 colher (chá) de gergelim
  branco

Yotam e Ixta compartilham um amor pelo despretensioso (mas absolutamente brilhante) restaurante Xi'an Impression, no norte de Londres. Os destaques incluem o macarrão frio, o frango cozido frio e o pepino esmagado (que inspirou nossa salada de pepino à Xi'an Impression, ver p. 113). Todos eles são únicos, mas estão também interligados por um óleo aromático maravilhoso no qual vêm praticamente nadando. Como não conseguimos descobrir como esse óleo é preparado, criamos nossa própria versão.

Sirva o repolho com tofu frito, por exemplo (ver tofu com cardamomo, verduras e limão, p. 172), frango assado com shoyu ou peixe frito. Ou, então, acompanhado de uma série de pratos aromáticos, como a salada de "macarrão" de couve-rábano (p. 260), a salada de tomate e ameixa com nori e gergelim (p. 267) e a salada de pepino já mencionada (p. 113), junto com uma grande tigela de arroz.

A receita rende mais óleo que o necessário para este prato, mas ele pode ser guardado na geladeira por até duas semanas, pronto para ser servido com tofu frito, carne ou peixe, ou para temperar arroz ou macarrão.

1. Para o óleo anesteasiante, aqueça 2 colheres (sopa) de óleo de girassol em uma panela pequena em fogo médio-alto. Acrescente a chalota, o alho, o gengibre, a pimenta vermelha, o anis-estrelado, os flocos de pimentão, os flocos de pimenta, a pimenta Sichuan e ¼ de colher (chá) de sal. Abaixe o fogo para médio e refogue bem delicadamente por 5 minutos, mexendo regularmente, até que a chalota esteja macia. Adicione o extrato de tomate e os gergelins branco e preto e cozinhe por mais 2 minutos. Acrescente os 120 ml restantes de óleo, reduza para fogo baixo e cozinhe por 20 minutos. Se o óleo começar a borbulhar, retire-o do fogo por 1 minuto. Deixe esfriar e ficar em infusão por pelo menos uma hora.

2. Enquanto isso, passe os 50 g de gengibre ralado em uma peneira bem fina sobre uma tigela média para obter 2 colheres (sopa) de sumo de gengibre. Descarte a polpa. Acrescente o cream cheese, o alho, o sumo de limão e uma boa pitada de sal e bata até ficar homogêneo.

3. Leve ao fogo uma panela grande com água e bastante sal. Escalde as folhas de repolho por 2 minutos, até ficarem cozidas. Escorra bem as folhas em uma peneira e seque-as com papel-toalha, elas não devem ficar molhadas. Deixe esfriar.

4. Misture o shoyu com 3 colheres (sopa) de óleo anestesiante e 1 colher (sopa) dos aromáticos no fundo do óleo. Espalhe o creme de gengibre em uma travessa, arrume as folhas de repolho por cima, finalize de maneira uniforme com o óleo e com a mistura de shoyu e sirva imediatamente.

PICÂNCIA

RENDE 4 PORÇÕES

TAGLIATELLE DE AÇAFRÃO

¼ **de colher (chá) de pistilos de açafrão,** demolhados em 2½ colheres (sopa) de água fervente por, no mínimo, 20 minutos

225 **g de farinha de trigo "00",** mais um pouco para polvilhar

70 **g de semolina de trigo**

2 **ovos,** mais 2 gemas

Esta massa surgiu pela primeira vez por causa da receita de tagliatelle de açafrão com ricota e cebolinha crocante (ver página ao lado). Também fica deliciosa com o nosso ragu de forno definitivo (p. 101), com o ragu de cogumelos da lasanha picante de cogumelos (p. 228) ou apenas com um simples molho de tomate, queijo parmesão e um pouco de azeite. Você vai precisar de uma máquina de macarrão para abrir a massa. *Foto no verso.*

1. Para a massa, coloque todos os ingredientes (incluindo a água em que o açafrão ficou de molho) na tigela grande de um processador de alimentos e bata por cerca de 30 segundos usando a função pulsar, até obter uma textura como de farinha de rosca pegajosa. Coloque a massa em uma superfície levemente enfarinhada e sove vigorosamente por 7 minutos, até que fique lisa e elástica. Molde-a em círculo, embrulhe com plástico filme e deixe descansar à temperatura ambiente por meia hora.

2. Fixe a máquina de macarrão à sua superfície de trabalho. Divida a massa em quatro pedaços e mantenha-os bem cobertos. Pegando um pedaço de cada vez, modele a massa em um retângulo e, em seguida, passe-a duas vezes pela configuração mais aberta da máquina, polvilhando com um pouco de farinha durante o processo. Dobre os lados irregulares para dentro, de modo a se encontrarem no meio, depois vire a massa e passe-a mais duas vezes pela máquina, polvilhando com farinha durante o processo, até que todos os lados fiquem retos. Ajuste a máquina para uma configuração mais estreita e passe a massa duas vezes, polvilhando com farinha. Repita o processo, passando a massa duas vezes em cada configuração até chegar à quinta configuração (ou a anterior, você não quer que a massa fique fina demais).

3. Dobre a folha de massa aberta quatro vezes ao longo do comprimento, polvilhando com farinha entre as camadas, para que não grudem. Use uma faca afiada para cortar a massa em intervalos de 2 cm para fazer um tagliatelle largo. Pendure-os nas costas de uma cadeira para secar enquanto continua com o restante da massa. Organize o tagliatelle em ninhos, enfarinhando à medida que avança, e coloque-os em uma bandeja enfarinhada. Se você estiver fazendo o tagliatelle de açafrão com ricota e crocante de chalota e *chipotle*, reserve o macarrão cru agora, coberto, pronto para ser cozido quando necessário.

4. Se você não estiver fazendo a receita da página seguinte, cozinhe o tagliatelle em uma panela grande com água fervente e sal (a panela precisa ser grande para que a massa não grude). Despeje o macarrão e cozinhe por 1 minuto, mexendo com um garfo para separar. Escorra, misture com o molho de sua escolha e sirva.

PICÂNCIA

RENDE 4 PORÇÕES
como prato principal

TAGLIATELLE DE AÇAFRÃO COM RICOTA E CROCANTE DE CHALOTA E *CHIPOTLE*

---

50 ml de azeite
3 dentes de alho, espremidos
400 g de tagliatelle fresco industrializado
(ou 1 receita de tagliatelle de açafrão; ver página anterior)
¼ de colher (chá) de pistilos de açafrão, demolhados em 2½ colheres (sopa) de água fervente por no mínimo 20 minutos (o dobro, caso esteja usando a massa industrializada)
10 g de folhas de salsinha, picadas finamente, mais ½ colher (sopa) para servir
60 g de parmesão, ralado finamente
120 g de ricota
sal e pimenta-do-reino preta

CROCANTE DE CHALOTA E *CHIPOTLE*
2 colheres (sopa) de azeite
3-4 chalotas, sem casca e cortadas em fatias finas na mandolina, se você tiver uma, ou à mão, com os anéis separados (150 g)
2 colheres (sopa) de xarope de Maple
¾ de colher (chá) de sementes de coentro
¾ de colher (chá) de sementes de cominho
½ colher (chá) de flocos de *chipotle*

PICLES DE PIMENTA VERDE
2 pimentas verdes grandes, em rodelas finas (30 g)
2 colheres (sopa) de vinagre de arroz
½ colher (chá) de açúcar

Você pode usar massa fresca ou seca industrializada nesta receita, ou fazer seu próprio tagliatelle de açafrão (ver página anterior). De qualquer forma, há tanta coisa acontecendo — do molho de parmesão ao picles de pimenta e o crocante de chalota e *chipotle* — que você sem dúvida vai se surpreender e encantar seus sortudos convidados.

Se fizer a massa fresca, adiante todo o preparo antes de cozinhar o macarrão, que leva apenas 1 minuto mais ou menos para ficar pronto. *Foto no verso.*

1. Para o crocante, aqueça o azeite em uma frigideira grande antiaderente em fogo alto. Quando estiver quente, adicione as chalotas, o xarope de Maple, as sementes de coentro e de cominho, os flocos de *chipotle* e ¼ de colher (chá) de sal. Frite por 7 minutos, usando uma espátula para separar as chalotas e evitar que grudem, de modo a ficarem crocantes por igual. Reduza o fogo para médio-baixo e continue a fritar por 6 minutos, até que estejam caramelizadas e com um tom marrom-dourado profundo. Transfira para um prato forrado com papel-toalha e use dois garfos para espalhar as chalotas — elas estarão pegajosas, mas ficarão mais crocantes quando esfriarem.

2. Coloque as pimentas verdes em uma tigela pequena com o vinagre, o açúcar e ¼ de colher (chá) de sal e reserve.

3. Para o molho do macarrão, coloque os 50 ml de azeite, o alho e ¼ de colher (chá) de sal em uma frigideira grande em fogo médio-alto. Refogue delicadamente por 2 minutos e depois reserve.

4. Leve ao fogo uma panela bem grande com água e sal (a panela precisa ser grande para a massa não grudar). Se você preparou o tagliatelle de açafrão fresco, cozinhe por 1 minuto, mexendo com um garfo para separar. Se estiver usando massa industrializada, cozinhe de acordo com as instruções da embalagem, até ficar al dente. Escorra a massa, reservando 140 ml da água do cozimento.

5. Adicione a massa cozida à frigideira com o alho e volte a aquecer em fogo médio-alto. Adicione a água do cozimento da massa, o açafrão, a água da demolha, a salsinha e uma quantidade generosa de pimenta-do-reino e misture bem. Adicione o parmesão aos poucos, mexendo a massa, e continue misturando enquanto o parmesão derrete no molho; isso deve levar de 2 a 3 minutos.

6. Transfira a massa para uma travessa alta e espalhe a ricota por cima. Cubra com o crocante, o picles de pimenta e ½ colher (sopa) do líquido da conserva, a ½ colher (sopa) restante de salsinha e um bom giro do moedor de pimenta. Sirva imediatamente.

199

PICÂNCIA

RENDE 4 PORÇÕES
como prato principal

UDON COM TOFU FRITO
E *NAM JIM* DE LARANJA

600 g de macarrão udon
  pré-cozido
10 g de folhas de manjericão
  tailandês
3 cebolinhas, cortadas
  à Julienne (tiras finas
  e uniformes) (50 g)
10 g de folhas de coentro,
  picadas finamente
2 pimentas vermelhas,
  cortadas à Julienne (tiras
  finas e uniformes) (40 g)
1 colher (sopa) de gergelim
  branco ou preto, ou uma
  mistura dos dois, torrado
sal

TOFU FRITO
1 dente de alho pequeno,
  espremido
2 colheres (sopa) de shoyu
1 colher (sopa) de xarope
  de Maple
2½ colheres (sopa) de óleo
  de girassol
350 g de tofu firme,
  espremido para remover
  todo o líquido, muito
  bem seco e cortado em
  retângulos de 3 × 1,5 cm

NAM JIM DE LARANJA
SANGUÍNEA
½ colher (sopa) de arroz
  basmati
¾ de colher (sopa) de flocos
  de pimenta Aleppo
  (ou ⅓ de colher (chá) de
  flocos de pimenta regular)
4-5 laranjas sanguíneas
  (ou comuns): esprema o
  necessário para obter 160 ml
  de sumo e corte o restante
  em gomos, para servir
20 g de pasta de tamarindo
  industrializada, ou o dobro
  se você mesmo extrair a
  pasta da polpa (ver p. 19)
2½ colheres (sopa) de molho
  de peixe (ou shoyu light)
2 colheres (sopa) de xarope
  de Maple
2 colheres (sopa) de shoyu
½ chalota pequena, em
  cubinhos (40 g)
5 g de folhas de coentro,
  picadas finamente

Em nossa versão do molho tailandês *nam jim* — que agrega maravilhosamente o doce, o azedo, o picante e o salgado —, usamos laranjas sanguíneas para dar um toque agridoce singular. A temporada é curta, portanto, use laranjas comuns se precisar, com um toque de sumo de limão para dar uma acidez extra.

Para economizar tempo, usamos macarrão pré-cozido, que basta ser acrescentado à panela. Se você estiver usando macarrão seco, cozinhe-o conforme as instruções da embalagem e escorra bem antes de misturar ao molho. O macarrão fica bom quente, mas é melhor se servido à temperatura ambiente, depois de descansar e absorver o molho. O tofu é melhor quente, frito na hora.

Prepare o dobro de *nam jim*, se quiser — ele pode ser guardado em um pote na geladeira por até uma semana, e fica ótimo com qualquer coisa, desde saladas, macarrão e arroz até carnes e peixes grelhados.

1. Primeiro, deixe o tofu marinando. Misture o alho, o shoyu, o xarope de Maple, 1 colher (sopa) de óleo e ¼ de colher (chá) de sal em uma travessa grande o suficiente para caber os pedaços sem sobreposição. Coloque o tofu, misture delicadamente para cobrir todos os pedaços e deixe marinar por 30 minutos a 1 hora, virando-os na metade do tempo.

2. Enquanto isso, prepare o *nam jim*. Coloque o arroz em uma panela pequena em fogo médio-alto e toste por 2 minutos e meio, em seguida, acrescente os flocos de pimenta Aleppo e toste por mais 30 segundos, até que ambos estejam perfumados. Transfira para um moedor de café ou para um pilão e processe ou bata até obter um pó grosso. Coloque o arroz e a pimenta moídos em uma tigela média e acrescente o sumo de laranja, a pasta de tamarindo, o molho de peixe, o xarope de Maple, o shoyu, a chalota e o coentro. Misture bem, depois despeje tudo em uma panela grande em fogo médio-alto e cozinhe delicadamente por 2 minutos, até aquecer. Adicione o macarrão e cozinhe por mais 3 minutos, mexendo para separar. Retire da panela e reserve enquanto frita o tofu ou até chegar à temperatura ambiente.

3. Aqueça a 1½ colher (sopa) restante de óleo em uma panela antiaderente grande em fogo médio-alto até ficar bem quente, depois adicione metade dos pedaços de tofu, espaçados. Frite por 1,5 a 2 minutos de cada lado, até ficarem crocantes e dourados, tomando cuidado, pois pode espirrar óleo. Coloque o tofu pronto de lado enquanto frita o restante, adicionando um pouco mais de óleo, se necessário, e abaixando o fogo se o tofu estiver ganhando cor muito rápido. Acrescente qualquer resto de marinada ao macarrão.

4. Junte o manjericão, a cebolinha, as folhas de coentro e a pimenta ao macarrão e transfira para uma travessa. Finalize com o gergelim e o tofu quente e sirva com os gomos de laranja ao lado.

PICÂNCIA

RENDE 4 PORÇÕES
como acompanhamento
ou *mezze*

85 ml de azeite
6 dentes de alho, em
  lâminas finas
1 colher (sopa) de *harissa*
  de rosas (ajuste de
  acordo com a marca
  que estiver usando;
  ver p. 18)
1 pimenta vermelha,
  picada finamente
½ limão-siciliano em
  conserva, picado
  finamente, descartadas
  todas as sementes (10 g)
1½ colher (sopa) de sumo
  de limão-siciliano
1 kg de abobrinha, fatiada
  finamente
10 g de folhas de
  manjericão, rasgadas
  grosseiramente
sal

ABOBRINHA SUPERMACIA COM *HARISSA* E LIMÃO

A abobrinha não é propriamente controversa, mas tende a gerar uma reação bastante morna de muitas pessoas, incluindo, lamentavelmente, dois de nossos colegas de cozinha de testes. A razão para isso é provavelmente seu alto teor de água, o que tende a torná-las, ora... aguadas. Há muitas formas de contornar isso — fritar e grelhar são dois exemplos —, mas a verdade é que aqui usamos essa característica a nosso favor, cozinhando as abobrinhas lentamente em seus próprios sucos, tornando-as incrivelmente macias e aprimorando seu sabor ao deixá-las em infusão por bastante tempo com o alho frito. (E, nesse meio-tempo, temos o prazer de informar, conseguimos também conquistar nossos dois colegas que torciam o nariz para as abobrinhas.)

As abobrinhas ficam muito boas quentes, mas ainda melhores depois de 15 minutos ou mais, ou mesmo à temperatura ambiente, quando os sabores já tiveram tempo para interagir. Prepare com um dia de antecedência, se quiser se adiantar; mas deixe para acrescentar o manjericão somente na hora de servir. *Foto no verso.*

1. Coloque uma frigideira grande antiaderente em fogo médio-alto com o azeite e o alho. Refogue delicadamente por 4 minutos, mexendo regularmente, até ficar macio, dourado e aromático. Você não quer que o alho fique escuro nem crocante, portanto, reduza o fogo, se necessário. Retire 3 colheres do azeite, junto com metade do alho, e coloque em uma tigela pequena com a *harissa*, a pimenta, o limão em conserva e o sumo de limão. Misture e reserve.

2. Volte com a frigideira ao fogo alto e acrescente as abobrinhas e 1 ¼ colher (chá) de sal. Cozinhe por 18 minutos, mexendo sempre, até que as abobrinhas estejam bem macias, mas sem desmanchar (você não quer que elas dourem, então abaixe o fogo se necessário). Misture metade do manjericão e transfira tudo para uma travessa. Despeje a mistura de *harissa* sobre as abobrinhas. Deixe descansar por 15 minutos, depois tempere com uma pitada de sal e finalize com o restante do manjericão.

PICÂNCIA

RENDE 4 PORÇÕES

COUVE-FLOR ASSADA COM MANTEIGA DE PIMENTA

2 pés de couve-flor grandes, com as folhas (1,9 kg)

2 cebolas, sem casca e cortadas em 8 cada uma

8 pimentas vermelhas, inteiras, com um talho no sentido do comprimento

1 limão-siciliano, cortado em gomos, para servir

sal

MANTEIGA DE PIMENTA

120 g de manteiga sem sal, derretida (ou 120 ml de azeite, se quiser manter a receita vegana)

110 ml de azeite

1¼ colher (sopa) de flocos de pimentão vermelho

2½ colheres (chá) de extrato de tomate

1¼ colher (chá) de flocos de pimenta Urfa

90 g de *harissa* de rosas (ajuste de acordo com a marca que estiver usando; ver p. 18

¾ de colher (chá) de flocos de pimenta Aleppo (ou ⅓ de colher (chá) de flocos de pimenta regular)

3 dentes de alho, espremidos

1½ colher (chá) de açúcar

Normalmente, quando colocamos um vegetal no centro da mesa de jantar, da mesma forma que costuma ser feito com a carne ou o peixe, nossa tendência é não dar muita atenção a ele e deixá-lo à mercê de sua própria simplicidade. Neste livro, porém, muitas vezes fazemos o oposto e aprimoramos de verdade o sabor dos vegetais servidos inteiros (ver bife de aipo-rábano com molho Café de Paris, p. 60, e bife de rutabaga com crosta de curry, p. 63). Por meio da combinação de pimentas e cebolas grelhadas, de bastante manteiga dourada e um longo processo de cozimento, a couve-flor fica absurdamente rica em sabor, quase como uma carne.

A manteiga de pimenta pode ser preparada com até duas semanas de antecedência e guardada na geladeira, em um recipiente hermético, se você quiser se adiantar. Inclusive, recomendamos que você prepare o dobro; ela é incrivelmente especial e fica maravilhosa derretida sobre ovos, usada como marinada para legumes ou no preparo de um frango assado sem igual.

Sirva como prato principal, com um pouco de pão e algumas saladas simples, ou como parte de um banquete (ver p. 304). *Foto no verso.*

1. Apare as folhas de cada couve-flor, de modo que elas fiquem cerca de 5 cm mais baixas que a couve-flor em si. Corte cada pé em quatro no sentido do comprimento, tomando o cuidado para que as folhas permaneçam presas à base.

2. Encha uma panela grande o suficiente para caber todos os quartos de couve-flor com água e bastante sal e leve para ferver. Depois de ferver, escalde-os por 2 minutos, fazendo peso com uma tampa um pouco menor do que a panela para garantir que fiquem submersos. Escorra bem, usando uma peneira ou escorredor. Preaqueça o forno de convecção a 180°C (ou o forno comum a 200°C).

3. Misture todos os ingredientes da manteiga de pimenta em uma tigela pequena com 1 colher (chá) de sal. Coloque os pedaços de couve-flor, a cebola e as pimentas em uma assadeira bem grande forrada com papel-manteiga e despeje a manteiga de pimenta por cima. Misture cuidadosamente, para que tudo esteja muito bem recoberto (a melhor forma de fazer isso é usando as mãos, com luvas). Disponha a couve-flor de modo que os pedaços fiquem o mais espaçados possível; um dos lados cortados de cada quarto deve ficar virado para baixo, de modo que as folhas fiquem expostas. Leve ao forno por 30 minutos, regue bem com os caldos da assadeira, depois abaixe a temperatura do forno de convecção para 170°C (ou do forno comum para 190°C) e asse por mais 35 a 40 minutos, regando duas vezes, até que a couve-flor esteja bem dourada e as folhas, crocantes.

4. Transfira tudo para uma travessa, despejando por cima toda a manteiga de pimenta e os aromáticos dourados na assadeira. Sirva imediatamente, com os gomos de limão ao lado.

205

RATATOUILLE BERBERE PICANTE COM MOLHO DE COCO

RENDE 4 PORÇÕES

RATATOUILLE

4 berinjelas médias, cortadas em cubos de 2,5 cm (1,1 kg)

4 pimentões vermelhos e amarelos, sem sementes e cortados em quadrados de 3 cm (420 g)

2 couves-rábano, sem casca e cortadas em cubos de 1,5 cm (460 g)

2 colheres (sopa) de mix de temperos berbere

200 ml de azeite

10 g de gengibre fresco, sem casca e picado finamente

3 dentes de alho pequenos, espremidos

3 colheres (sopa) de shoyu

2½ colheres (sopa) de xarope de Maple

300 g de tomate-cereja, doce e maduro, picado grosseiramente

2 colheres (chá) de sementes de nigela

3 pimentas suaves ou médias, vermelhas, verdes ou ambas

sal

MOLHO DE COCO E PEPINO

1 pepino, ralado grosseiramente (300 g)

15 g de folhas de coentro, picadas finamente

25 g de gengibre fresco, sem casca e picado finamente

200 g de creme de coco

2 colheres (sopa) de sumo de limão

Se você conseguir encontrar injera (um pão achatado fermentado usado na Etiópia e na Eritreia para pegar comida), sirva-o com este ratatouille. Se não, sirva-o com qualquer outro pão sírio, comprado ou caseiro, como o nosso pão sírio de azeite com manteiga de três alhos (p. 246), ou então com arroz ou cuscuz.

O ratatouille pode ser preparado com alguns dias de antecedência e mantido na geladeira; os sabores vão melhorar com o tempo. O molho, que ajuda bastante a contrabalançar o picante do prato, deve ser feito poucas horas antes de servir, pois tende a talhar se deixado descansar por muito tempo.

O creme de coco usado deve ser grosso, não líquido. Você pode testar a consistência agitando a lata ou a caixa; se for espesso o suficiente, não vai fazer barulho como estivesse chapinhando.

1. Preaqueça o forno de convecção a 210°C (ou o forno comum a 230°C).

2. Misture a berinjela, os pimentões, a couve-rábano, o tempero berbere, o azeite e ¾ de colher (chá) de sal em uma tigela grande, depois espalhe sobre duas assadeiras grandes de 40 × 30 cm forradas com papel-manteiga. Leve ao forno por 40 minutos, mexendo e invertendo a posição das assadeiras na metade do tempo, até que os vegetais estejam cozidos e dourados. Coloque tudo em uma tigela grande com o gengibre, o alho, o shoyu, o xarope de Maple, os tomates-cereja e as sementes de nigela.

3. Enquanto os vegetais assam, coloque uma frigideira em fogo alto e, quando estiver bem quente, cozinhe as pimentas por 12 minutos, virando-as algumas vezes, até ficarem bem tostadas. Pique-as finamente (retire as sementes, se quiser menos picante) e acrescente à tigela com os vegetais. Deixe descansar por meia hora, para os sabores se integrarem. Isso pode ser feito com até três dias de antecedência, e levemente reaquecido antes de servir.

4. Para o molho, coloque o pepino em um pano de prato limpo e esprema para extrair o máximo de água possível. Você deve ficar com 180 g de pepino escorrido. Coloque em uma tigela grande e misture todos os ingredientes restantes e ⅓ de colher (chá) de sal. Mantenha na geladeira até a hora de servir.

5. Sirva o ratatouille com o molho de coco, acompanhado de pão quente ou arroz.

PICÂNCIA

RENDE 4 PORÇÕES
como prato principal

BIFES DE PORTOBELLO
COM PURÊ DE FEIJÃO-BRANCO

BIFES DE PORTOBELLO
**8 cogumelos portobello
médios a grandes,** sem
os talos (cerca de 650 g)
10 dentes de alho, sem
casca
1 cebola, sem casca e
cortada em seis gomos
**1½ colher (sopa) de flocos
de pimenta** *chipotle*
1 pimenta vermelha (15 g)
**4 colheres (chá)
de sementes de
cominho,** esmagadas
grosseiramente em
um pilão
**1 colher (sopa) de
sementes de
coentro,** esmagadas
grosseiramente em
um pilão
**2 colheres (sopa) de
extrato de tomate**
400 ml de azeite

PURÊ DE
FEIJÃO-BRANCO
**500 g de feijão-branco
cozido de boa
qualidade**
**1½ colher (sopa) de sumo
de limão-siciliano**
1 colher (sopa) de azeite
sal marinho em flocos

Não somos fãs de chamar vegetais de "bife", "hambúrguer" ou *schnitzel* porque parece que você está tentando fazê-los passar por outra coisa, algo superior. Vegetais são ótimos simplesmente como são. São melhores, de fato!
Às vezes, porém, usar o nome de um preparo com carne ajuda a ilustrar o que está acontecendo e o quão delicioso é. Nossos portobellos não pretendem ser um bife, mas são tão bons quanto qualquer bife (se não forem melhores), da mesma forma que os nossos *schnitzels* de pimentão vermelho (p. 146) são tão deliciosos quanto qualquer outro *schnitzel*. O que dá aos cogumelos toda a sua vitalidade são as pimentas e especiarias e todo o azeite aromatizado que os reveste. A receita rende mais azeite que o necessário aqui; guarde-o na geladeira, em um recipiente hermético, e espalhe sobre vegetais grelhados, macarrão, carne ou peixe. Sirva com verduras refogadas, se quiser.

1. Preaqueça o forno de convecção a 150°C (ou o forno comum a 170°C).

2. Coloque todos os ingredientes dos bifes e 1 colher (sopa) de sal em flocos em uma panela grande que possa ir ao forno e que tenha tampa. Disponha os cogumelos de modo que fiquem com o lado arredondado para cima e, em seguida, cubra com um pedaço de papel-manteiga, apertando-o de modo que cubra todos os ingredientes. Coloque a tampa e leve ao forno por 1 hora. Vire os cogumelos, recoloque o papel-manteiga e a tampa, e leve ao forno novamente por mais 20 minutos ou até que os cogumelos estejam bem macios, mas sem desmanchar. Use uma pinça para transferir os cogumelos para uma tábua, corte-os ao meio e reserve.

3. Com uma colher, retire a cebola, o alho e a pimenta (descarte o talo); não se preocupe se apanhar um pouco das especiarias e do azeite. Coloque na tigela pequena de um processador de alimentos e bata até ficar homogêneo. Volte com essa mistura processada para a panela, junto com os cogumelos cortados, e leve ao fogo médio-alto. Cozinhe por cerca de 5 minutos, para todos os sabores se integrarem.

4. Enquanto os cogumelos cozinham, prepare o purê colocando o feijão em um processador de alimentos junto com o sumo de limão, o azeite, ½ colher (chá) de sal em flocos e 2 colheres (sopa) de água. Bata até ficar completamente homogêneo. Transfira para uma panela média e cozinhe em fogo médio-alto por cerca de 3 minutos, mexendo até aquecer uniformemente.

5. Para servir, divida o purê de feijão-branco entre quatro pratos. Coloque quatro metades de cogumelos por prato e tempere com uma quantidade generosa de azeite e seus aromáticos.

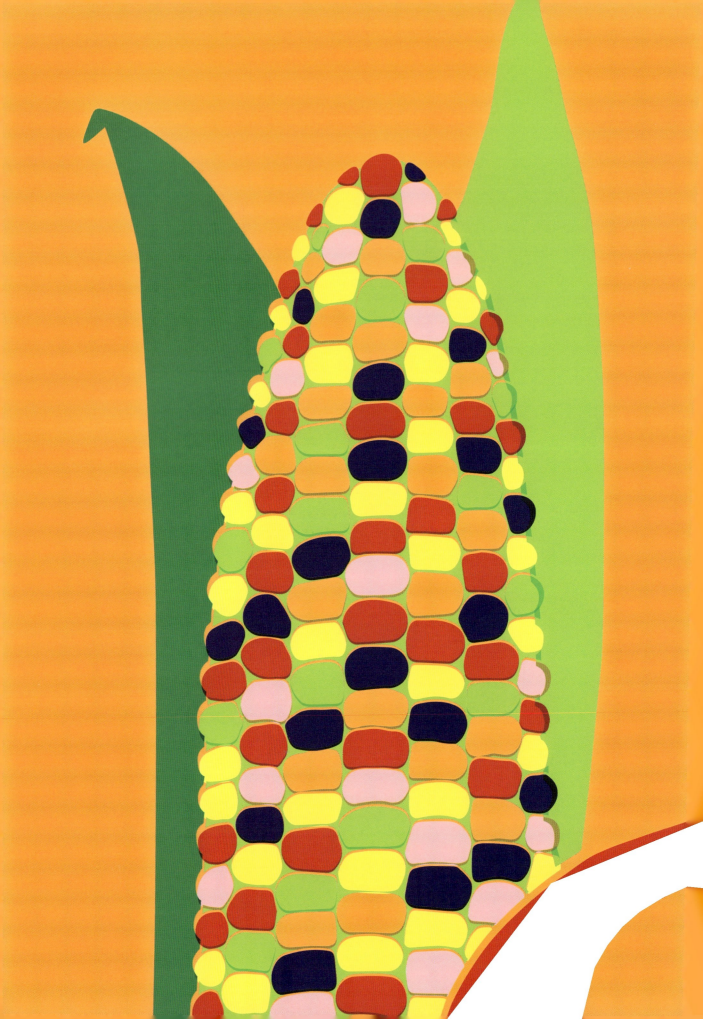

INGREDIENTE

O modo como você prepara um vegetal e o que combina com ele são duas das possíveis formas de amplificar seu sabor. Em alguns casos, porém, há tanta coisa acontecendo no ingrediente em *si* que ele é capaz de fazer todo o trabalho sozinho. Claro, ele pode ainda precisar ser assado, tostado ou frito para que o seu potencial seja libertado, mas é mais provável que seja para despertar algo inerente a ele, em vez de depender da combinação com algum outro ou de transformar de certo modo sua essência por meio desse processo.

Há diversos tipos de ingredientes que fazem isso: aqueles que têm a capacidade de sustentar um prato graças ao seu puro "hummm" e à sua profundidade de sabor ou ao interessante contraste de textura que eles proporcionam. São, na maioria das vezes, alimentos extremamente saborosos, ricos no quinto gosto, o umami. Para além do doce, do azedo, do salgado e do amargo, o umami pode ser traduzido do japonês aproximadamente como "delicioso" ou "saboroso". Ele é o resultado de compostos chamados glutamatos. Ao contrário do glutamato monossódico (que tem má reputação por ser quimicamente sintetizado e adicionado em grandes doses a muitos pratos para torná-los genericamente "bons"), existem muitas fontes naturais de glutamatos. O parmesão ou as anchovas, por exemplo, o tomate ou os picles fermentados, o shoyu, algas, o extrato de levedura, o ketchup. E os cogumelos, o primeiro dos quatro ingredientes que celebramos aqui.

INGREDIENTE

COGUMELOS

Brinque de "associação de palavras" com cogumelos, e provavelmente as primeiras que vão aparecer serão algo como "terroso" ou "amadeirado". Há uma boa razão para isso. Ao contrário das plantas, que crescem acima do solo, aproveitando assim a energia do sol, todo o crescimento dos cogumelos — que são fungos — acontece no subsolo. Como os cogumelos não têm clorofila para conseguir energia a partir do sol, eles vão em busca de alimento em outro lugar. Diferentes cogumelos fazem isso de variadas formas. Alguns se alimentam de plantas, outros de restos de plantas e matéria decomposta. Não enxergamos a rede de fibras que se aprofunda pelo solo em busca dos nutrientes de que eles precisam para crescer, tampouco essa é a parte que colhemos, cozinhamos ou comemos. No entanto, essa rede é a razão pela qual os cogumelos têm um sabor tão terroso.

Ela é também o motivo pelo qual o sabor de um cogumelo pode diferir de forma tão extrema e sensacional do de outro. A fonte de alimento afeta o sabor. Cogumelos que crescem sob as castanheiras terão gosto de castanha e terra. Cogumelos que crescem sob pinheiros terão sabor de pinheiro e terra. O Yotam jamais vai se esquecer de como era ir coletar cogumelos em Jerusalém com a avó quando era criança. Eles os encontravam sob os pinheiros das colinas que cercam a cidade. Era início de outono, depois das primeiras chuvas, e o Yotam achava aquilo um pouco mágico, encher sacos com cogumelos que apareciam de um dia (sem nada!) para o outro (por toda parte!). O que ele não sabia na época, é claro, era quanto do trabalho estava sendo feito fora de vista, já que a rede de fibras do cogumelo se estendia pelo subsolo, coletando energia e se abastecendo de água. De volta em casa, no entanto, era sempre um choque testemunhar quanto o espólio encolhia depois de cozido. A recompensa, por outro lado, era uma essência concentrada de pinho e solo, outono e aconchego.

Do mesmo modo que a localização, o sabor, a textura e a cor, o tempo em que ele permanece em determinado solo também afeta suas características. Pegue um cogumelo ainda jovem e ele vai estar bem limpo e relativamente sem graça. Esses são os pequenos cogumelos Paris brancos, que chegam ao seu prato, contentes, em muitos refogados e omeletes rápidas. Deixe esse mesmo cogumelo no solo por mais alguns dias ou semanas, e eles ficarão maiores, marrons, com um sabor

O YOTAM JAMAIS VAI SE ESQUECER DE COMO ERA IR COLETAR COGUMELOS COM A AVÓ

mais complexo e "terroso". São esses que mais gostamos de usar na nossa cozinha: grelhados e marinados, repousando sobre uma tigela de HOMUS quente, por exemplo (p. 234), ou dando profundidade e corpo à verdadeira festa de cogumelos que é a nossa LASANHA PICANTE DE COGUMELOS (p. 228). Aqui, eles ocupam todos os papéis imagináveis: anfitrião e convidado, DJ e dançarino. Deixe-os onde estão por mais alguns dias e eles se tornam ainda mais marrons, terrosos e robustos,

215

à medida que se abrem para exibir suas lamelas escuras. Esses são os portobello, eternamente felizes em serem postos em uma assadeira, com as lamelas para cima, cobertos de queijo, que será gratinado, para depois serem colocados em um brioche. Um perfeito hambúrguer vegetariano, desde os mais remotos tempos.

Cogumelos brancos aguados, marrom-acastanhados, portobellos de aba larga: todos eles são comuns, também conhecidos como "agáricos". Esse grupo pode ser identificado olhando debaixo de seus chapéus: se eles possuem finas lamelas irradiando a partir do caule, você está no campo certo. São as lamelas que geram boa parte do aroma dos cogumelos comuns frescos. Aqueles com chapéus imaturos e fechados — os champignons brancos, por exemplo — não terão tanto sabor quanto os portobellos de chapéu aberto, que tiveram mais tempo

COGUMELOS FRESCOS ADORAM SER JOGADOS EM UMA PANELA COM UM POUCO DE AZEITE, ALHO E ERVAS, ABSORVENDO SOFREGAMENTE OS SABORES PARCEIROS

para se desenvolver e amadurecer. Os cogumelos agáricos se alimentam de restos de plantas e matéria decomposta (em vez de precisar de uma árvore viva para crescer), o que permite que sejam amplamente cultivados. A razão pela qual temos tantos cogumelos brancos nas prateleiras dos nossos supermercados é que eles são muito fáceis de serem produzidos.

Outra categoria de cogumelos — os "boletos" — precisam do solo junto a uma árvore como casa. Entre eles estão os porcini e os alaranjados cantarelos, por exemplo, e os shimejis brancos. Em vez de ter um caule firme e um chapéu destacado com lamelas por baixo, são como uma massa esponjosa de lamelas. Os boletos formam uma simbiose com as árvores vivas, na qual ambos os parceiros se beneficiam: os cogumelos coletam minerais do solo e os compartilham com as raízes das árvores, que por sua vez dividem os açúcares das árvores com os cogumelos. É por isso — o fato de eles precisarem de árvores vivas, de a produção intensiva exigir uma floresta, e de ainda serem amplamente coletados na natureza — que esses tipos ainda são relativamente raros e caros. É por isso, também, que seu sabor é tão maravilhosamente envolvente, rico e terroso.

Aqui em *SABOR*, mantivemos as coisas relativamente simples, usando apenas seis tipos diferentes de cogumelos: três frescos e três secos. Dado que o teor de água dos cogumelos é alto — cerca de 80% a 90% —, a diferença de potencial entre os frescos e secos para absorver sabores será bastante grande. Claro, os cogumelos frescos adoram ser jogados em uma panela com um pouco de azeite, alho e ervas, absorvendo sofregamente os sabores parceiros, mas primeiro eles terão que liberar boa parte do seu próprio líquido. Por sorte, essa transferência é muito rápida, porque os cogumelos, com sua camada externa fina, podem liberar líquidos tão rapidamente quanto os deixam entrar. Tome cuidado apenas para não sobrecarregar a frigideira — eles precisam de espaço para que o líquido liberado possa evaporar em vez formar uma poça —, e assim você estará a cinco minutos de concluir uma refeição simples e saborosa.

INGREDIENTE

Opte pelos cogumelos desidratados, porém, e você terá uma verdadeira esponja em suas mãos quando eles forem mergulhados em um líquido. Aprimore o sabor desse líquido com shoyu, açúcar e vinagre de maçã, e o céu será o limite no que diz respeito aos seus sonhos de bombas de sabor. Ao reidratar cogumelos, guarde sempre o líquido em que ficaram de molho depois de escorridos. Assim como eles adquiriram todos os sabores do líquido, o líquido terá absorvido o sabor terroso dos cogumelos. Combinar os dois no preparo do nosso KETCHUP DE COGUMELOS (P. 227), por exemplo, vai fazer com que você passe a enxergar o ketchup como o "condimento mais rico em umami" de uma forma inédita.

E existe toda uma outra abordagem aos cogumelos secos: em vez de reidratá-los e trabalhar com eles a partir daí, eles podem ser triturados ainda secos para obter um pó de cogumelo. É armado com um pote disso, pronto para ser polvilhado sobre a nossa CANJA DE ARROZ INTEGRAL E SHIITAKE (p. 237), por exemplo, que pode ser feita a contestação do glutamato monossódico industrializado. Com um pote de cogumelos shiitake secos, processados e transformados em pó, à disposição para emprestar sua profundidade umami por toda a canja, você não vai precisar de mais nenhum aditivo de sabor. Um pó de cogumelos mágicos, de verdade.

ALIÁCEAS

Por trás de inúmeros pratos deliciosos há, muitas vezes, uma ou duas cebolas em ação. Picada e colocada na frigideira com um pouco de azeite, o cheiro de uma cebola refogada — ou seus parentes, como a chalota e o alho-poró — é de expectativa e promessa: uma refeição está a caminho! Se tudo isso parece um pouco exagerado, não seria a primeira vez que somos acusados de uma hipérbole acebolada. Yotam escreveu uma vez no *Guardian*: "Toda vez que cortamos uma cebola e refogamos em azeite, ela muda de algo que nos faz chorar para algo que nos faz sorrir de alegria". Um leitor respondeu. "Toda vez?", escreveu Brian Smith, de Berlim. "Você está maluco!" Não tivemos como não rir. O Brian claramente tinha razão — é pressão demais para uma simples cebola —, mas *defendemos* a força do nosso sentimento. A transformação da cebola de crua em cozida, de pungente e sulfurosa para macia e doce, se desmanchando, nos parece uma espécie de alquimia.

INGREDIENTE

Dê uma olhada por detrás das cortinas de veludo do espetáculo de mágica, no entanto, e há uma boa dose de base científica e processo prático em ação. Ao contrário de outros vegetais, a família da cebola acumula reservas de energia não em forma de amido, mas em cadeias de frutose, que o cozimento longo e lento decompõe, dando origem a uma doçura marcante. Quanto mais demorado e delicado for o seu cozimento, seja no forno ou numa frigideira, mais doces e caramelizados ficam esses açúcares. Isso dá origem ao ácido glutâmico. E é esse ácido que dá origem ao marcante e apetitoso umami que tantas vezes procuramos em *SABOR*.

Boa parte dessa atividade — o fornecimento da base doce e caramelizada de muitos pratos — é o que acontece quando as cebolas estão nos bastidores, desempenhando

POR TRÁS DE INÚMEROS PRATOS DELICIOSOS HÁ, MUITAS VEZES, UMA OU DUAS CEBOLAS EM AÇÃO

um papel coadjuvante. Elas estão sempre lá, seja no *sofrito* ou no *mirepoix*: os cubinhos de cebola, aipo e cenoura ou pimentão que muitas vezes são refogados como o primeiro passo de um ensopado ou uma sopa. Mas essa aplicação cotidiana das cebolas não é o motivo pelo qual elas têm uma seção só para elas aqui. O que nos deixa empolgados são todos os casos em que a presença da cebola se torna a razão de existir de um prato. É o que acontece nos ANÉIS DE CEBOLA COM LEITELHO E CÚRCUMA (p. 255), por exemplo, ou nas cebolas-roxas da variedade Tropea, que são mais suaves, quando tostadas e dão corpo a um GAZPACHO VERDE de verão (p. 242). Também nas PÉTALAS DE CEBOLA AGRIDOCE (p. 245), que roubam a cena não importa o que esteja ao lado delas, ou nas cebolas amarelas, simplesmente descascadas e cortadas ao meio, assadas com MANTEIGA DE MISSÔ até desmanchar (p. 258). Para falar a verdade, achamos que é preciso um pouco *mais* de hipérbole, Brian — não menos! — para fazer justiça à cebola.

O mesmo acontece com o alho. Uma torta de alho caramelizado do livro *PLENTY* foi provavelmente o nosso primeiro prato a abordar esse ingrediente de modo claro e sem rodeios. Outros se seguiram a ele, muitas vezes usando uma ou duas cabeças em um único prato, preparadas de diferentes formas. Nosso uso deliberado de quantidades tão generosas depende essencialmente de uma transformação de sabor de tirar o fôlego que acontece na cozinha: de algo pujante, quase metálico, a algo inteiramente doce e suave. Um dente de alho cru esmagado pode ser suficiente para fazer um molho de salada se destacar; *três cabeças de alho inteiras*, com os dentes separados e descascados, entraram na citada torta, fazendo dela a mais doce de todas as tortas salgadas.

Assim como acontece com as cebolas, é o impacto do cozimento longo e lento nas cadeias da frutose do alho que pode ser visto aqui. As notas rascantes — aquelas que às vezes permanecem no hálito quando o alho é ingerido cru — são resultado de

INGREDIENTE

compostos sulfurosos. Quanto mais um dente de alho cru é esmagado e picado, mais as membranas celulares são quebradas e mais esses compostos são ativados e liberados. É por isso que um dente de alho cru, picado finamente ou espremido, faz um trabalho potente em um molho. Amasse levemente o mesmo dente, porém, com a lateral de uma faca grande, ou asse-o inteiro, e essa ativação não ocorre. Qualquer pessoa que necessite de mais argumentos sobre os benefícios de grandes quantidades de alho precisa experimentar a MANTEIGA DE TRÊS ALHOS (p. 246), em que 100 gramas de manteiga lidam com uma cabeça inteira de alho assado, um pequeno dente de alho cru e quatro dentes de alho negro amassados. Confira primeiro o sabor, depois o hálito, e aí então profira o seu voto.

O alho negro nessa manteiga é algo que qualquer um em busca de umami profundo vai adorar. Em vez de ter que fazer você mesmo a transformação na cozinha, por meio da aplicação de calor, o alho negro é um ingrediente no qual o trabalho já foi feito por você. Começando como dentes brancos comuns, o tempo, o tratamento térmico e a fermentação agem em conjunto para transformá-los em dentes pretos como alcaçuz, macios, pegajosos, sedosos. Em lâminas finas, podem ser adicionados a todo tipo de prato de arroz — qualquer risoto, por exemplo, ou ao nosso ARROZ SUJO (p. 252) —, e gostamos de usá-los também processados em molhos à base de iogurte.

Não são apenas os dentes de alho negro que podem ser cortados em fatias finas com grande impacto. Vários dos outros pratos deste capítulo — como o ALHO-PORÓ em cozimento lento (p. 257), ou a travessa de "carnudos" pedaços de BERINJELA assada (p. 251) — mostram como uma lâmina de alho frito levemente dourada pode trazer um crocante bem-vindo e um toque não picante que adiciona uma nova camada de sabor. Seja fatiado finamente ou de maneira que não seja picado ou espremido, o processo de ativação dos compostos sulfurosos é relativamente contido. Dessa forma, o alho pode ficar crocante e dourado — graças aos seus açúcares naturais — sem ser afetado pela enzima ácida. São esses mesmos

ASSOBIAR, USAR ÓCULOS DE NATAÇÃO: OPÇÕES NÃO FALTAM. E NÓS? NÓS APENAS PENSAMOS NA ALEGRIA ENQUANTO CORTAMOS

açúcares que podem, ao mesmo tempo, fazer com que as fatias de alho passem de quentes e doces para queimadas e amargas em questão de segundos, então fique de olho neles enquanto estiverem na frigideira e transfira-os para um prato forrado com papel-toalha alguns segundos antes de você achar que eles estão prontos. Como sempre acontece com as aliáceas, é necessário atingir um bom grau de equilíbrio para extrair toda a doçura desses bulbos. É preciso alguma atenção, bom senso e manter os olhos abertos — pequenos esforços para liberar esses sabores mágicos.

O oposto da alegria que as aliáceas são capazes de proporcionar — sejam picadas ou laminadas —, claro, são as lágrimas que elas podem produzir. Essas lágrimas são o resultado de compostos voláteis dentro da cebola ou do alho, que só são liberados quando cortados. A melhor forma de minimizar a liberação desses compostos é começar com uma faca bem afiada. Isso vai proporcionar uma quebra na parede celular o mais "limpa" e "adequada" possível, reduzindo assim o nível de ativação dos compostos voláteis. Há muitas outras recomendações também. Alguns juram que funciona colocar as cebolas no freezer por 10 minutos antes de cortar e/ou enfiar um pedaço de pão entre os dentes durante o corte. Assobiar, usar óculos de natação: opções não faltam. E nós? Nós apenas pensamos na alegria enquanto cortamos — a expectativa! a promessa! — e sorrimos, igual bobos.

CASTANHAS E SEMENTES

Se cogumelo, cebola e alho estão relacionados a corpo e profundidade, castanhas e sementes podem facilmente ser associadas a finalização, luz e superfície. E, com sua textura crocante e seu aroma, é justamente esse o caso. Como acontece em nossas outras categorias de ingredientes, no entanto, castanhas e sementes também podem proporcionar corpo e profundidade. Elas desempenham ambos os papéis — substância e superfície — fantasticamente bem.

Comecemos, porém, por algumas questões técnicas. Estritamente falando, castanhas — ao lado dos grãos (trigo, cevada, arroz etc.) e das leguminosas (feijão e ervilha) — se enquadram na categoria genérica das "sementes". Essa definição ampla, no entanto, não ilustra a forma como usamos as palavras "castanhas" e "sementes" enquanto ingredientes na cozinha. Para os cozinheiros, a definição depende de alguns fatores. Uma é que, quando secas, elas podem ser consumidas

NOSSA LISTA DAS FORMAS PELAS QUAIS O TAHINE PODE SER ADICIONADO A UM PRATO É BEM EXTENSA

imediatamente: ao contrário de uma leguminosa seca, por exemplo, você pode petiscar uma castanha sem deixá-la de molho, cozinhá-la nem submetê-la a qualquer outro processo. Torrar aprimora o sabor delas, sem dúvida, mas não é uma etapa essencial para torná-las comestíveis ou digeríveis. Elas têm gosto, bem, acastanhado, e são repletas de óleos ricos e gordurosos. Isso as torna não apenas comestíveis, mas também muito saborosas e capazes de saciar a fome.

É válido explicar o que faz uma castanha ser uma castanha porque são esses fatores — seu "estar pronta para consumo imediato", sua nota "acastanhada" e sua "gordura" — que, precisamente, as tornam tão boas em dar corpo e profundidade a um prato. Pastas de castanhas, das quais o tahine é o nosso predileto, são uma espetacular manifestação desses três fatores. Afirmando algo que pode parecer óbvio, essas pastas são simplesmente feitas de castanhas ou sementes processadas. Não há mais nada no tahine além de sementes de gergelim! Todo o sabor acastanhado, o

INGREDIENTE

óleo rico e a cremosidade gordurosa estão bem ali nas sementes, esperando para serem liberados quando elas forem processadas. Nossa lista das formas pelas quais o tahine pode ser adicionado a um prato para trazer substância é bem extensa. Do óbvio HOMUS (p. 234), em uma das pontas, passando pelas BATATAS ASSADAS (p. 276) até chegar à menos óbvia SALADA DE PEPINO (p. 113) na outra, uma gota, fio ou colherada de tahine pode transformar vegetais discretos, como o grão-de-bico, as batatas e o pepino, em pratos ricos e encorpados.

O tahine também tem a capacidade de ser leve e acastanhado. Isso é o que nós mais amamos em relação a ele. Ele fica feliz em ser diluído o quanto for preciso para um prato. Isso permite que o molho vá bem com vegetais sem que o sabor deles seja encoberto. Essa diluição pode acontecer com qualquer tipo de coisa — sempre de acordo com o que o prato pede. Sumo de limão e água funcionam muito bem, por exemplo, assim como o tamarindo ou o shoyu, ou shoyu misturado com mel.

Se a diluição é uma estratégia para reduzir o sabor acastanhado, misturar uma pasta de castanhas com outra gordura é uma abordagem bem diferente. Um pesto italiano é um exemplo familiar, no qual pinoles, azeite e parmesão são triturados até formar uma pasta (junto com folhas de manjericão e alho). O sabor dos pinoles é decomposto e, ao mesmo tempo, complementado por outros sabores ricos e gordurosos, proporcionando uma experiência maravilhosamente complexa. Essa mesma dinâmica pode ser observada em nossa pasta de semente de abóbora e manteiga, por exemplo, com a qual são servidas nossas COSTELINHAS DE MILHO (p. 264). A manteiga ao mesmo tempo equilibra o sabor da semente de abóbora e o enriquece. Além disso, derrete de forma sensacional por entre os grãos do milho, recobrindo-os por completo.

Em ambos os exemplos — o pesto e a manteiga de semente de abóbora — misturamos castanhas ou sementes trituradas com laticínios. Adoramos fazer isso — todo mundo sai ganhando! —, mas o elemento lácteo nem sempre é necessário. Inclusive, e felizmente — para os veganos que querem experimentar a sensação do leite sem consumir laticínios —, o cruzamento entre castanhas e sementes, de um lado, e leite e ovos, do outro, é bastante direto. Pegue um pequeno punhado de sementes e castanha e veja por si próprio: mastigue-as com calma, e você vai ver como surge uma sensação genuinamente láctea na boca.

Mesmo que você não seja vegano ou não pense em pastas de castanhas como alternativa ao leite ou aos ovos, encontramos uma tendência natural, em *SABOR*, de usá-las em receitas nas quais, de outro modo, haveria uma colherada de creme de leite ou de maionese (ver nossa SALADA DE PEPINO, p. 113, e nossas BATATAS ASSADAS, p. 276, respectivamente). Na maioria das vezes, porém, os veganos usam a cremosidade natural das castanhas de maneira consciente, para preparar molhos ricos que normalmente são impossíveis de obter sem ovos ou laticínios.

O coco é notoriamente popular e muito eficaz na hora de dar profundidade, corpo e cremosidade a sopas e ensopados veganos. Usamos creme de coco para conseguir isso em nossas BERINJELAS RECHEADAS (p. 152), e há também o SORVETE DE COCO (p. 286), que apresenta cremosidade semelhante sem o uso de laticínios. Com um pouco mais de esforço, uma textura e um corpo comparáveis também podem ser obtidos com outras castanhas. Cozinhar ou deixar de molho amêndoas ou castanhas de caju, por exemplo, e depois processá-las delicadamente

221

INGREDIENTE

é a base para os leites de castanha espumosos que muitas pessoas gostam de usar em seus cappuccini. É também uma ótima forma de se obter um molho esplendidamente cremoso e rico no qual você pode mergulhar o vegetal assado de sua preferência ou nossas ALMÔNDEGAS DE TOFU (p. 268).

ALÉM DE TER UM TALENTO INCRÍVEL PARA SE DISFARÇAR DE LEITE, AS CASTANHAS TAMBÉM SÃO NATURALMENTE "CARNUDAS"

Além de ter um talento incrível para se disfarçar de leite, as castanhas também são naturalmente "carnudas", graças aos altos níveis de gordura e proteína que contêm. Essa característica, entretanto, levou ao que julgamos ser uma consequência infeliz: virarem substitutos para carne moída em receitas assadas. Embora saibamos que existem versões por aí que as pessoas defendem e amam, não estamos convencidos. De acordo com a nossa experiência, o resultado nunca é tão bom quanto um bom bolo de carne (que é o que serviu de inspiração) nem são uma boa vitrine para as castanhas, sendo encharcados e muitas vezes sem graça. Como substituto vegetariano ou vegano do clássico peru na ceia de Natal, preferimos uma couve-flor assada inteira, ou o nosso BIFE DE AIPO--RÁBANO COM MOLHO CAFÉ DE PARIS (p. 60), com a proteína vindo de acompanhamentos à base de lentilhas, grão-de-bico ou soja.

No entanto, para quem estiver morrendo de vontade de que as castanhas sejam a estrela do jantar festivo, temos o nosso BOLO DE RABANETE (p. 270). Cozido no vapor, frito e finalizado com uma farofa de shiitake, castanhas e sementes aromatizados com shoyu, alho e xarope de Maple, essa versão vegana de um *dim sum* chinês é um prato principal de aspecto maravilhoso e de sabor complexo.

Esse bolo de rabanete também é um exemplo de prato em que as castanhas e as sementes podem desempenhar o papel de coadjuvantes. Se analisarmos todas as formas pelas quais elas podem conferir corpo e profundidade, as castanhas que entram aqui no toque final mostram o quão eficazes podem ser ao fazer as vezes de "luz e superfície". É o caso tanto para um prato complexo como o bolo de rabanete quanto para outros cuja execução é rápida e simples — como a nossa SALADA DE TOMATE E AMEIXA (p. 267), por exemplo, ou a SALADA DE "MACARRÃO" DE COUVE-RÁBANO (p. 260).

Existem diversas formas de se obter essa textura crocante. A mais simples delas é pegar um tipo de castanha, picá-la grosseiramente, e partir daí. O impacto das amêndoas em nossa SALADA DE BATATA (p. 275) é um ótimo exemplo. O fato de que é possível comprar amêndoas já defumadas, torradas e salgadas faz com esse modo de espalhar blocos de pequenas bombas de sabor por todo o prato seja quase uma trapaça.

Começar com castanhas cruas descascadas e, em seguida, adicionar camadas de sabor, também é uma vitória fácil. Os amendoins descascados sem sal em nossa SALADA DE RABANETE E PEPINO (p. 263), por exemplo, indiscutivelmente roubam a cena depois de recobertos de uma mistura de pimenta, xarope, sal, limão e azeite. Nessa versão, eles são também, aliás, o melhor petisco de bar de todos os tempos.

222

INGREDIENTE

Fazer uma combinação de sementes e castanhas — em vez de começar apenas com amêndoas ou amendoins, por exemplo — também é uma opção simples que pode gerar resultados grandiosos. Isoladamente, uma ou duas colheres de sopa de gergelim ou meia colher de chá de flocos de pimenta podem não parecer muito emocionantes. Combine os dois, no entanto — com um pouco de sal marinho em flocos e meia folha de alga nori, rica em umami, como fazemos na nossa SALADA DE TOMATE E AMEIXA (p. 267), e de repente você tem algo muito além da categoria do simples gergelim.

Algumas dicas práticas, para concluir. A primeira é sempre provar suas sementes e castanhas antes de usar. Os mesmos óleos que fazem com que as castanhas sejam tão atraentes também as deixam rançosas com muita facilidade. Nozes, castanhas de caju e amendoins são particularmente propensos à deterioração. Dê uma mordiscada e, se elas estiverem com gosto rançoso ou farinhento, providencie uma nova leva. Infelizmente, não há torra nem processamento que consigam *desfazer* o gosto rançoso ou farinhento! Em segundo lugar, mesmo que uma receita não peça que as castanhas ou as sementes sejam torradas, costumamos sempre levá-las um tempinho ao forno de convecção a 160°C (ou ao forno comum a 180°C), espalhadas em uma assadeira. Isso estimula os óleos e faz com que elas fiquem com um sabor um pouco mais intenso. Se preferir, você também pode tostá-las no fogão, em uma frigideira: apenas tome o cuidado de mexer com bastante frequência e ficar sempre de olho nelas. Além disso, retire-as da frigideira um pouco antes de chegar ao ponto desejado: elas continuam a dourar mesmo depois que saem do calor. Não se distraia, ou você vai se pegar xingando seus pinoles metade crus, metade queimados antes mesmo de a diversão começar.

AÇÚCAR: FRUTAS E BEBIDAS

Quando dizemos que determinados ingredientes — cogumelos, aliáceas, castanhas e açúcar foram os quatro tipos que identificamos — têm uma capacidade singular de carregar um prato inteiro nas costas e emprestar a ele suas características particulares, o açúcar é provavelmente o exemplo mais simples. A forma como o umami natural dos cogumelos se torna fundamental para que uma lasanha vegetariana tenha um sabor carnoso não é algo intuitivo para a maioria das pessoas. Já o fato de que uma sobremesa precisa de alguma doçura, seja da forma que for, é uma verdade natural que todo mundo entende.

INGREDIENTE

Por esse motivo, é tentador olhar para o umami, situado na extremidade oposta ao doce no espectro de gostos, como sendo interessante, complexo e repleto de nuances de uma forma que uma sobremesa jamais poderá ser, enquanto o doce é desprezado como sendo unidimensional. Doce é sinônimo de açúcar, e açúcar é sinônimo de doce: os dois se confundem na cabeça. O açúcar vem em embalagens que dizem "refinado", "de confeiteiro" ou "mascavo", e todo mundo sabe que não deve consumi-lo em excesso. E não há mais nada a ser dito, certo?

Mas e as outras formas pelas quais o açúcar pode ser introduzido em nossos preparos culinários — todos os diferentes processos e ingredientes dos quais ele pode ser extraído ou com os quais pode ser combinado para emprestar sua complexidade de sabor? E todas as variedades incríveis de mel que podemos usar para nossos BOLINHOS DE TAPIOCA (p. 280), por exemplo? E a doçura natural da baunilha e do anis-estrelado, ou a doçura defumada que desponta quando o açúcar é misturado com a pimenta *ancho* no preparo de um PUDIM (p. 278)? Ou a doçura perfumada da água de flor de laranjeira usada nos DAMASCOS EM CALDA (p. 282)? O açúcar que compramos em uma embalagem pode ser um pouco óbvio, mas há muitos outros tons de doçura. Em vez de olharmos para o açúcar puro, é aqui, nesses tons e nessas nuances de doçura, que reside o nosso interesse. É para a busca constante por sabor — robusto, complexo e potencializado — que ajustamos nossa bússola.

Se são gradações de luz o que nos interessa, um dos melhores lugares para procurar por elas é debaixo de uma árvore banhada de sol. Uma árvore frutífera, especificamente, que é nossa primeira parada na loja de doces. Usar frutas como veículo para criar todo tipo de camadas intrincadas e complexas de doçura é nosso modo preferido de inserir o açúcar em nossos preparos, principalmente

O AÇÚCAR QUE COMPRAMOS EM UMA EMBALAGEM PODE SER UM POUCO ÓBVIO, MAS HÁ MUITOS OUTROS TONS DE DOÇURA

sobremesas. Com exceção de uma, todas as nossas receitas de fato contêm frutas, de uma forma ou de outra. Morangos e melancias emprestam a doçura do verão ao nosso SORBET DE MELANCIA E MORANGO (p. 283), e banana, coco, lichia e maracujá trazem o sabor dos trópicos para os CREPES DE BANANA ASSADA E CREME DE BARBADOS (p. 290) e o SORVETE DE COCO (p. 286). Nossos queridos limões, laranjas e tangerinas estão sempre presentes, garantindo que a doçura também venha com um toque cítrico. Em algumas receitas isso acontece com estardalhaço: o SORBET DE LIMÃO-SICILIANO DO MAX E DO FLYNN (p. 289), por exemplo, é servido dentro de um limão oco, apenas! Mas as frutas cítricas podem ser igualmente importantes quando desempenham papel coadjuvante, servindo principalmente para impedir que a doçura se torne enjoativa.

Cortar, extrair a polpa, espremer os sumos e raspar a casca: essas são algumas das formas de se embutir a doçura fresca das frutas em uma sobremesa. Dê uma olhada atenta aqui e ali, entretanto, e você vai ver as frutas atuando de diferentes modos, muitas vezes com ingredientes completamente distintos, como em nossos DAMASCOS EM CALDA COM PISTACHE E MASCARPONE DE AMARETTO (p. 282),

224

por exemplo. Os damascos frescos estão lá, é claro, cortados ao meio, sem caroço, prontos para serem cozidos. Mas, além disso, o caroço do damasco é também usado no preparo do licor de amaretto, que, por sua vez, é usado na confecção do biscoito amaretto, que, então, é triturado e misturado ao mascarpone. Olhe mais atentamente para o mascarpone e, de novo, você vai ver o sumo de frutas cítricas em ação. Embora o limão não esteja na lista de ingredientes dos damascos em calda, é ele que é adicionado ao leite integral para ativar a coagulação necessária à fabricação do mascarpone. As frutas desempenham todo tipo de papel aqui: em destaque sob os holofotes, no meio com o resto do grupo, bem como nos bastidores, fora do palco, mas, ainda assim, fundamentais.

SE DEPENDESSE DA GENTE, TODA SOBREMESA SERIA ENCHARCADA COM ALGUM TIPO DE VINHO DOCE

A relação entre doçura e maturação que ocorre na fruta é clara: quanto mais madura, mais doce, macia e suculenta ela será. O que pode ser menos óbvio é a diferença entre frutas climatéricas e não climatéricas. Frutas climatéricas, como a banana, o damasco, o tomate e o melão, armazenam seus açúcares em forma de amido. Uma vez colhidas, o amido é convertido novamente em açúcar. Isso as torna resistentes e versáteis para o cozinheiro doméstico, que pode deixá-las amadurecer em casa, ou aumentar sua doçura ao cozinhá-las. Já as frutas não climatéricas não são tão versáteis. Essa categoria inclui frutas como pêssegos, morangos, uvas e os cítricos. A doçura delas não se desenvolve mais depois que são colhidas. Então, quando dizemos que são necessários morangos *maduros* para o nosso sorbet de melancia e morango, então eles precisam estar maduros e ponto. Um sorbet feito com morangos verdes jamais vai emanar a essência do verão.

Nosso segundo modo preferido de levar o açúcar para as sobremesas de uma maneira interessante, ficando atrás apenas das frutas frescas, é a fruta fermentada em forma de vinho doce. Se dependesse da gente, toda sobremesa seria encharcada com algum tipo de vinho doce, sendo um pavê bem alcoólico a definição de perfeição. O Sauternes, por exemplo, um vinho doce francês, tem um sabor maravilhosamente concentrado, adocicado, fresco, exótico, que lembra uvas-passas. Isso se deve à "podridão nobre" — ou ao fungo do bem — que ataca as três uvas de que é composto o vinho, acrescentando sabor e intensificando sua doçura natural. A fermentação de que falamos tão apaixonadamente no contexto salgado na seção MATURAR (p. 33) é também um importante fator de aprimoramento de sabor aqui.

Não são apenas as frutas doces que podem ser fermentadas e engarrafadas em forma de vinho. O rum, por exemplo, usado no nosso CREME DE BARBADOS (p. 290), é feito pela fermentação e destilação do caldo de cana. O licor italiano amaretto é preparado com açúcar mascavo, vodca (feita, por sua vez, a partir do milho), extrato de amêndoa e extrato de baunilha. O volume de notas doces contidas apenas nessas três bebidas — o rum herbáceo, torrado e picante, o amaretto de amêndoa, amargo, e o Sauternes, que lembra mel e passas — é um indicativo das diversas direções que as receitas em que eles estão presentes podem tomar. Depois de alguns goles, fica bastante difícil defender a ideia de que a doçura é unidimensional.

COGUMELOS

RENDE 4 PORÇÕES
como acompanhamento
ou entrada

BRÓCOLIS COM KETCHUP DE COGUMELOS E NORI

600 g de brócolis ramoso, aparado e sem as folhas

2 dentes de alho, espremidos

3 colheres (sopa) de azeite

sal marinho em flocos e pimenta-do-reino preta

KETCHUP DE COGUMELOS

20 g de porcini seco, reidratado em 400 ml de água quente por 20 minutos

30 g de açúcar

3 colheres (sopa) de shoyu light

200 g de shiitake, sem os talos e com os chapéus picados grosseiramente

2 colheres (sopa) de vinagre de maçã

2 colheres (sopa) de azeite

TOPPING DE NORI

1 colher (sopa) de gergelim, torrado

2 colheres (chá) de alga nori, em flocos ou ½ folha de nori processada finamente em um moedor de café

1½ colher (sopa) de crocante de chalota (industrializado), esfarelado grosseiramente

20 g de amendoim torrado e salgado, picado finamente

1 colher (chá) de flocos de pimenta Aleppo (ou ½ colher (chá) de flocos de pimenta regular)

Sugerimos usar brócolis ramoso no preparo deste prato. O brócolis ninja também serve, mas você vai precisar escaldar os floretes por 2 a 3 minutos, depois escorrer e secar bem antes de levá-los ao forno.

O ketchup de cogumelos é cheio de complexidade e sabor. Fica bom com torradas ou em qualquer situação que peça ketchup, então sinta-se à vontade para dobrar a receita. Ele dura por até uma semana em um pote hermético na geladeira.

1. Preaqueça o forno de convecção a 240°C (ou o forno comum a 260°C).

2. Primeiro, prepare o ketchup. Escorra os cogumelos porcini, reservando o líquido, e pique-os grosseiramente.

3. Coloque o açúcar em uma panela média e leve ao fogo médio. Deixe cozinhar, resistindo à vontade de mexer, por cerca de 12 minutos, ou até que o açúcar adquira um tom de caramelo claro. Acrescente cuidadosamente o shoyu e 3 colheres (sopa) do líquido reservado da hidratação do porcini e mexa até misturar bem; o caramelo vai borbulhar e chiar vigorosamente (não se preocupe se endurecer um pouco, ele vai derreter de novo). Aumente o fogo para médio-alto, adicione o shiitake e cozinhe por 4 minutos ou até que os cogumelos liberem seu líquido e fiquem bem recobertos pelo caramelo. Acrescente os cogumelos porcini reidratados e 250 ml do líquido da hidratação, deixe ferver e cozinhe por 8 minutos ou até o molho reduzir pela metade. Transfira a mistura para um processador de alimentos e bata até ficar bem homogêneo, por cerca de 1 minuto. Com o processador ainda em funcionamento, acrescente o vinagre, o azeite, ½ colher (chá) de sal em flocos e um bom giro do moedor de pimenta e bata por mais 2 minutos, até ficar completamente homogêneo, depois deixe esfriar (você quer que esteja em temperatura ambiente).

4. Em uma tigela, misture o brócolis, o alho, o azeite, 1 colher (chá) de sal em flocos e um bom giro do moedor de pimenta. Transfira para uma assadeira forrada com papel-manteiga e asse por 8 minutos ou até ficar cozido e levemente tostado.

5. Enquanto o brócolis está no forno, prepare o *topping* de nori misturando todos os ingredientes em uma tigela pequena com ½ colher (chá) de sal em flocos.

6. Para servir, espalhe o ketchup de cogumelos em uma travessa, coloque o brócolis por cima e finalize com algumas colheradas do *topping* de nori, servindo o que sobrar à parte.

COGUMELOS

RENDE 6 PORÇÕES
como prato principal

750 g de champignons marrons, cortados ao meio

500 g de shimeji

135 ml de azeite, mais um pouco para untar

60 g de porcini seco

30 g de cogumelo selvagem seco

2 pimentas vermelhas secas, picadas grosseiramente (sem as sementes, se quiser menos picante)

500 ml de caldo de legumes quente

1 cebola, sem casca e cortada em quatro

5 dentes de alho, picados grosseiramente

1 cenoura, sem casca e cortada em 4 (90 g)

2-3 tomates italianos, cortados em quatro (200 g)

75 g de extrato de tomate

130 ml de creme de leite fresco

60 g de Pecorino Romano, ralado finamente

60 g de parmesão, ralado finamente

5 g de folhas de manjericão, picadas finamente

10 g de folhas de salsinha, picadas finamente, mais 1 colher (chá) para servir

250 g de folhas de lasanha secas (cerca de 14 folhas)

sal e pimenta-do-reino preta

LASANHA PICANTE DE COGUMELOS

Esta lasanha contém uma das duas receitas épicas de ragu deste livro — a outra é o ragu de forno definitivo (p. 101) — que, segundo a nossa opinião, não devem nada a nenhum ragu de carne.

Este ragu em particular é uma homenagem ao *penne all'Aconese*, o primeiro prato pelo qual Ixta se apaixonou perdidamente. Ele é servido no Ristorante Pizzeria Acone, um restaurante comunitário no vilarejo toscano de Acone, situado no topo da montanha em que ela passou uma parte importante da infância. A receita é um segredo bem guardado, mas é impossível não perceber o sabor complexo, terroso e repleto de umami dos porcini secos. Esta é a nossa versão sem carne desse molho mítico.

O ragu pode ser facilmente transformado em vegano com a exclusão do creme de leite. Também pode ser preparado com antecedência e mantido na geladeira, pronto para ser servido com massa ou polenta, poupando o trabalho de montagem da lasanha, caso você esteja com pouco tempo.

Reduza a quantidade de pimenta-do-reino e elimine a pimenta vermelha para uma versão mais apropriada para crianças. Se você quiser se adiantar, a lasanha pode ser montada, guardada na geladeira e assada no dia seguinte (depois de ter voltado à temperatura ambiente). *Foto no verso.*

1. Preaqueça o forno de convecção a 230°C (ou o forno comum a 250°C).

2. Coloque os champignons e os shimejis na tigela grande de um processador de alimentos em três ou quatro levas e bata cada uma usando a função pulsar até ficar picado finamente (ou pique tudo à mão). Misture os cogumelos picados em uma tigela grande com 3 colheres (sopa) de azeite e 1 colher (chá) de sal e espalhe em uma assadeira grande de 35 × 40 cm forrada com papel-manteiga. Asse por 30 minutos na prateleira mais alta do forno, mexendo três vezes por completo, até que os cogumelos estejam dourados; eles terão reduzido significativamente em volume. Reserve. Reduza a temperatura do forno de convecção para 200°C (ou do forno comum para 220°C).

3. Enquanto isso, misture os cogumelos secos, as pimentas e o caldo quente em uma tigela grande e deixe de molho por meia hora. Coe o líquido em uma outra tigela, espremendo os cogumelos ao máximo para obter cerca de 340 ml: se ficar com menos que isso, complete com água. Pique grosseiramente os cogumelos reidratados (você quer alguns pedaços grandes) e pique finamente as pimentas. Reserve o caldo e os cogumelos separadamente.

4. Coloque a cebola, o alho e a cenoura no processador de alimentos e bata usando a função pulsar até que estejam picados finamente (ou pique-os à mão). Aqueça 60 ml de azeite em uma frigideira ou panela grande em fogo médio-alto. Quando estiver quente, adicione a mistura de cebola e refogue por 8 minutos, mexendo de vez em quando, até ficar macia e dourada. Bata os tomates no

228

processador usando a função pulsar até que estejam picados finamente (ou pique-os à mão) e, em seguida, adicione-os à panela junto com o extrato de tomate, 1 ½ colher (chá) de sal e 1 ¾ colher (chá) de pimenta-do-reino moída na hora. Cozinhe por 7 minutos, mexendo de vez em quando. Acrescente as pimentas e os cogumelos reidratados e os assados e cozinhe por 9 minutos, resistindo à vontade de mexer: você quer que eles fiquem levemente crocantes e dourados no fundo. Junte o caldo reservado e mais 800 ml de água e, assim que levantar fervura, reduza o fogo para médio e deixe cozinhar por cerca de 25 minutos, mexendo de vez em quando, até obter a consistência de um ragu. Junte 100 ml do creme de leite e cozinhe por mais 2 minutos, depois retire do fogo.

5. Misture os dois queijos e as duas ervas em uma tigela pequena. Para montar a lasanha, espalhe ⅕ do molho no fundo de uma assadeira redonda de 28 cm (ou uma retangular de 20 × 30 cm), depois cubra com ⅕ da mistura de queijo, seguido por uma camada de folhas de lasanha, quebrando-as para encaixar onde for necessário. Repita essas camadas mais três vezes nessa ordem e termine com uma camada final de molho e queijo. Ao total, são cinco camadas de molho e queijo e quatro camadas de massa.

6. Finalize com 1 colher (sopa) de creme de leite e 1 colher (sopa) de azeite, cubra com papel-alumínio e leve ao forno por 15 minutos. Retire o papel-alumínio, aumente a temperatura do forno de convecção para 220°C (ou do forno comum para 240°C) e asse por mais 12 minutos, virando a assadeira na metade do tempo. Ligue a função grill do forno e gratine por 2 minutos, até que as bordas fiquem douradas e crocantes. Deixe esfriar por mais ou menos 5 minutos e regue com os restantes de creme de leite e de azeite. Espalhe a salsinha restante por cima, finalize com um bom giro do moedor de pimenta e sirva.

COGUMELOS

SALADA DE MACARRÃO COM *LAAB* DE COGUMELO E AMENDOIM

RENDE 4 PORÇÕES
como prato principal

25 g de arroz basmati
200 g de bifum
300 g de vagem, com
    as pontas aparadas e
    cortadas ao meio no
    sentido do comprimento
½ **pepino grande** (200 g),
    cortado em quatro no
    sentido da largura, sem
    sementes e cortado em
    fatias diagonais de
    2 mm de espessura
2 pimentas vermelhas
    (20 g), sem sementes e
    cortadas à Julienne (tiras
    finas e uniformes)
½ **cebola-roxa** (60 g),
    sem casca e picada
    finamente
**70 ml de pasta
    de tamarindo
    industrializada,** ou o
    dobro se você mesmo
    extrair a pasta da polpa
    (ver p. 19)
60 ml de xarope de Maple
**3 colheres (sopa) de molho
    de peixe** (opcional, use 2
    colheres (sopa) de shoyu
    light, se preferir)
2 colheres (sopa) de shoyu
75 ml de sumo de limão
    (de 4-5 limões)
**135 ml de óleo de
    amendoim**
**300 g de champignons
    marrons,** picados
    finamente
300 g de shimeji, picado
    grosseiramente
**1 colher (chá) de flocos
    de pimenta vermelha**
120 g de amendoim cru,
    levemente torrado e
    picado finamente
5 g de folhas de hortelã
**5 g de folhas de
    manjericão tailandês**
10 g de folhas de coentro
sal

Usamos cogumelos e amendoim aqui para fazer uma versão vegana (se não incluir o molho de peixe, que é opcional) do *laab*, um prato de carne picada da Tailândia e do Laos. Nosso *laab* é misturado com bifum para criar uma salada fresca rica e complexa o suficiente para compor uma refeição saudável por si só.

O bifum e o *laab* podem ser preparados com até 3 horas de antecedência, se você quiser se adiantar, mas não acrescente as ervas nem monte o prato até o momento de servir.

1. Coloque o arroz em uma panela pequena em fogo médio e toste por 10 minutos, ou até que o arroz comece a ganhar cor e ficar com cheiro de castanhas. Retire do fogo e, quando esfriar, triture até obter um pó fino em um pilão ou em um moedor de café.

2. Coloque o bifum em uma tigela refratária, acrescente 1 litro de água fervente, cubra com um prato grande ou uma tampa e deixe amolecer por 10 minutos. Escorra, passe pela água fria e escorra novamente.

3. Enquanto isso, leve uma panela pequena com água para ferver. Adicione uma colher (chá) de sal, seguida pela vagem, e cozinhe por 3 minutos. Escorra e passe por água fria, para interromper o cozimento da vagem, depois escorra novamente.

4. Em uma tigela grande, misture o bifum escorrido com a vagem, o pepino, a pimenta, a cebola e ⅓ de colher (chá) de sal e reserve.

5. Em uma outra tigela, misture o tamarindo, o xarope de Maple, 2 colheres (sopa) de molho de peixe (se estiver usando), 1 colher (sopa) de shoyu, 3 colheres (sopa) de sumo de limão e 90 ml de óleo de amendoim e reserve.

6. Para fazer o *laab*, aqueça as 3 colheres (sopa) de óleo de amendoim restantes em uma frigideira grande em fogo alto. Adicione os cogumelos e cozinhe por 12 minutos, mexendo de vez em quando, até que evapore todo o líquido liberado e os cogumelos estejam dourados. Acrescente os flocos de pimenta e cozinhe por mais 2 minutos. Retire do fogo e misture o amendoim, o arroz moído, o restante do molho de peixe e do shoyu e as últimas 2 colheres (sopa) de sumo de limão. Mantenha morno.

7. Na hora de servir, adicione as ervas à salada de bifum, junto com metade do molho de tamarindo, e misture.

8. Despeje o restante do molho sobre o *laab* de cogumelos e misture bem. Espalhe o *laab* em uma travessa e coloque o bifum por cima, de modo que o *laab* ainda possa ser visto nas bordas.

233

COGUMELOS

RENDE 4 PORÇÕES
como acompanhamento
ou parte de um *mezze*

HOMUS
2 cabeças de alho, com
o topo cortado (cerca
de ⅓) para expor os
dentes
**2 colheres (sopa) de
azeite**
**2 colheres (sopa) de
tahine**
**300 g de grão-de-bico
cozido** (ver receita
básica de grão-de-bico
na p. 79), ou use
grão-de-bico pré-cozido
de boa qualidade
**2 colheres (sopa) de sumo
de limão-siciliano**
**3 colheres (sopa) de água
muito gelada**
**sal, sal marinho em flocos
e pimenta-do-reino
preta**

COGUMELOS
**140 g de champignons
marrons,** cortados em
quatro
120 g de shiitake, cortados
grosseiramente ao meio
1 dente de alho, amassado
com a lateral da faca
60 ml de azeite
1 limão-siciliano: retire
3 tiras finas da casca,
depois esprema para
obter 2 colheres (sopa)
de sumo
5 g de ramos de tomilho
**1½ colher (chá) de xarope
de Maple**
1 pimenta *cascabel* seca,
com sementes
1 colher (sopa) de endro,
picado grosseiramente
**½ colher (sopa) de folhas
de salsinha,** picadas
finamente

HOMUS DE ALHO ASSADO
COM COGUMELOS GRELHADOS

O homus dura até 3 dias na geladeira, coberto com um pouco de azeite para
não ressecar. Os cogumelos, no entanto, ficam melhores grelhados no dia, pois
amolecem e perdem a textura quando vão para a geladeira.

1. Preaqueça o forno de convecção a 200°C (ou o forno comum a 220°C).

2. Regue as cabeças de alho com 1 colher (chá) de azeite e tempere com
um pouco de sal e pimenta. Embrulhe-as bem em papel-alumínio e leve ao
forno por 40 minutos, até que os dentes estejam macios e dourados. Retire o
papel-alumínio e, quando estiverem frias o suficiente para serem manuseadas,
esprema os dentes e descarte as cascas.

3. Enquanto as cabeças de alho assam, prepare os cogumelos. Aqueça uma
frigideira grande em fogo alto e acrescente os cogumelos bem espalhados (pode
ser necessário fazer isso em levas, dependendo do tamanho da sua frigideira).
Grelhe-os por cerca de 8 minutos, virando, até que todos os lados tenham
marcas escuras de tostado. Coloque os cogumelos em uma tigela média com o
dente de alho amassado, o azeite, as tiras e o sumo de limão, o tomilho, o xarope
de Maple, 1 ½ colher (chá) de sal em flocos e um giro generoso do moedor de
pimenta. Misture bem.

4. Leve a pimenta seca à frigideira para refogar por 4 minutos, até ficar
perfumada. Pique-a grosseiramente, adicione à tigela com os cogumelos e deixe
marinar por 1 a 2 horas.

5. Para o homus, coloque o alho assado e ¾ de colher (chá) de sal em flocos
em um processador de alimentos com todos os ingredientes restantes do homus.
Bata até ficar homogêneo, raspando as laterais da tigela ao longo do processo,
se necessário.

6. Espalhe o homus em uma tigela rasa, criando um grande sulco no meio com
as costas de uma colher. Acrescente o endro e a salsinha aos cogumelos e, em
seguida, coloque a mistura no sulco, junto com o azeite e os aromáticos.

COGUMELOS

CANJA DE ARROZ INTEGRAL E SHIITAKE

RENDE 4 PORÇÕES
como prato principal

80 ml de óleo de girassol
6 cebolinhas, picadas finamente (60 g), mais 2 cebolinhas cortadas à Julienne (tiras finas e uniformes) para servir (20 g)
40 g de gengibre fresco, sem casca e picado finissimamente
6 dentes de alho, picados finissimamente (20 g)
180 g de arroz integral de grão curto
50 g de shiitake seco, picado grosseiramente
150 g de rabanetes regulares ou coloridos, cortados em rodelas finas
2 colheres (sopa) de vinagre de arroz
½ colher (chá) de açúcar
50 g de crocante de chalota, industrializado ou caseiro
sal

RAYU
1 colher (chá) de flocos de pimenta Aleppo (ou ½ colher (chá) de flocos de pimenta regular)
1½ colher (sopa) de flocos de pimentão vermelho
1½ colher (sopa) de gergelim branco, torrado
1 colher (sopa) de gergelim preto, torrado
2½ colheres (chá) de casca de tangerina, finamente ralada
2½ colheres (sopa) de shoyu

Esta canja — "que lembra um incrível risoto de cogumelos, mas mais exótico", para citar Claudine, nossa testadora de receitas — pode ser servida em um brunch de fim de semana ou em uma ceia de outono. Fica ótima acompanhando ovos cozidos ou peixes grelhados ou defumados, se você estiver buscando uma refeição mais substancial, bem como verduras asiáticas refogadas.

O *rayu* é um óleo de pimenta japonês muito apreciado com arroz, lámen ou guioza. Nossa variação inclui casca de tangerina (você pode usar de laranja, em substituição), que proporciona doçura e riqueza. Você pode prepará-lo mesmo que não vá fazer a canja e mantê-lo na geladeira, para sempre que precisar adicionar um pouco de tempero a mais em sua comida. Caso opte por fazer isso, use toda a mistura de cebolinha, gengibre, alho e óleo refogados e misture com o dobro dos ingredientes restantes do *rayu*, junto com mais 60 ml de óleo de girassol morno. Dura por até 2 semanas em um pote hermético na geladeira.

Prepare a canja de véspera, se quiser se adiantar. Pode ser necessário adicionar um pouco de água para afiná-la quando for reaquecer.

1. Coloque o óleo, as cebolinhas picadas, o gengibre, o alho e ¼ de colher (chá) de sal em uma panela grande e alta em fogo médio. Refogue por cerca de 12 minutos, mexendo regularmente, até que tudo esteja macio e bastante aromático. Abaixe o fogo se a mistura começar a ganhar cor ou fritar rápido demais. Retire do fogo e passe por uma peneira, reservando o óleo. Volte com metade da mistura de cebolinha para a panela. Coloque o óleo e a mistura de cebolinha restantes em uma tigela pequena e reserve.

2. Triture o arroz integral em um processador de alimentos, usando a função pulsar, até que os grãos fiquem grosseiramente quebrados, mas não em pó. Reserve.

3. Coloque o shiitake em um moedor de café (ou processador de alimentos) em duas ou três levas e bata usando a função pulsar até picar em pedaços de aproximadamente 1 cm. Despeje o arroz e o shiitake na panela com a mistura de cebolinha e leve ao fogo médio-alto. Adicione 1,5 litro de água e 1 ¼ colher (chá) de sal, deixe ferver e abaixe o fogo para médio. Cozinhe por 30 minutos, mexendo sempre, até o arroz ficar macio e com a consistência de um mingau pastoso.

4. Enquanto o arroz cozinha, coloque os rabanetes em uma tigela pequena com o vinagre, o açúcar e ¼ de colher (chá) de sal e reserve para fazer um picles rápido.

5. Adicione todos os ingredientes do *rayu* à mistura reservada de cebolinha e óleo e misture bem.

6. Quando o arroz estiver cozido, divida-o entre quatro tigelas e coloque o *rayu* sobre cada uma delas. Finalize com o picles de rabanete, a cebolinha cortada à Julienne (tiras finas e uniformes) e o crocante de chalota e sirva.

COGUMELOS

RENDE 12 TACOS
para servir 4 pessoas
como prato principal

700 g de shimeji, picado
grosseiramente
2 dentes de alho, espremidos
3 colheres (sopa) de shoyu
**1½ colher (sopa) de xarope
de Maple**
105 ml de azeite, mais um
pouco para untar
**1 colher (chá) de sementes
de cominho**
4 pimentas *cascabel*
secas, sem os talos e
grosseiramente partidas
**½ colher (chá) de grãos de
pimenta-da-jamaica**
125 g de *masa harina*
(ou mais, se necessário)
2 limões, cortados em gomos,
para servir
sal

PICLES DE CEBOLA
1 cebola-roxa, cortada em
fatias finas na mandolina,
se você tiver uma, ou à mão
(150 g)
2 laranjas: retire 6 tiras finas
da casca, depois esprema
para obter 60 ml de sumo
2 saquetas de chá de hibisco,
ou 5 g de flor de hibisco seca
(opcional)
**10 grãos de pimenta-da-
-jamaica**
**60 ml de vinagre de vinho
branco**
1 colher (chá) de açúcar
¼ de colher (chá) de sal

CREME DE AVOCADO
1 avocado médio, sem caroço
e sem casca
90 g de creme de coco
10 g de folhas de coentro,
picadas grosseiramente
¼ colher (chá) de sal
1 colher (chá) de água

PICLES DE
COUVE-RÁBANO
1 couve-rábano pequena
(ou rabanete grande),
sem casca e cortada
em palitinhos (120 g)
**1½ colher (sopa) de sumo
de limão**

TACOS DE SHIMEJI COM TODOS OS *TOPPINGS* (OU ALGUNS)

Uma refeição composta de tacos tem uma versatilidade que agrada tanto os convidados, que participam da "preparação" da comida enquanto montam seus tacos, como o cozinheiro, que pode escolher quanto de esforço deseja fazer. Aqui, você pode preparar suas próprias tortilhas, por exemplo —, o que na verdade não exige nenhuma habilidade técnica, mas, ainda assim, fazem você se sentir como se tivesse conquistado uma importante montanha mexicana —, ou usar tortilhas de milho compradas prontas. Vidros de picles e uma tigela enorme de guacamole são bons substitutos para nossas (super-rápidas) versões caseiras. A única parte essencial, que você não vai se arrepender de acrescentar ao seu repertório, são os shimejis assados, que ficam crocantes, borrachudos e macios ao mesmo tempo, e absorvem todos os sabores como pequenas esponjas. Os cogumelos também combinam maravilhosamente com a nossa polenta de milho fresco (p. 140) ou com o purê de abóbora rústico da Esme (p. 136).

Os picles podem ser preparados de véspera, assim como as tortilhas, que devem ficar cobertas com um pano de prato e ser reaquecidas em uma frigideira ou em forno quente antes de servir. *Foto no verso.*

1. Preaqueça o forno de convecção a 200°C (ou o forno comum a 220°C).

2. Misture todos os ingredientes do picles de cebola em uma tigela pequena e reserve.

3. Coloque todos os ingredientes do creme na tigela pequena do processador de alimentos. Bata até ficar homogêneo, raspando as laterais da tigela durante o processo. Transfira para uma tigela pequena e reserve.

4. Misture a couve-rábano com o sumo de limão e ¼ de colher (chá) de sal em uma tigela pequena e reserve.

5. Em uma tigela grande, misture os cogumelos com o alho, o shoyu, o xarope de Maple, 75 ml de azeite e ¾ de colher (chá) de sal. Processe o cominho, a pimenta *cascabel* e a pimenta-da-jamaica em um moedor de café ou em um pilão até obter um pó. Coloque 1 ½ colher (chá) dessa mistura de especiarias em uma tigela pequena com as 2 colheres (sopa) restantes do azeite e reserve até a hora de servir. Acrescente o resto da mistura de especiarias à tigela de cogumelos.

6. Coloque os cogumelos em duas assadeiras grandes forradas com papel-manteiga, o mais espaçados possível, e leve ao forno por 20 minutos. Junte todos os cogumelos em uma única bandeja, misture bem e leve de volta ao forno por mais 8 minutos, até ficarem crocantes e dourados.

7. Enquanto os cogumelos assam, prepare as tortilhas. Coloque a *masa harina* e uma boa pitada de sal em uma tigela média e despeje 250 ml de água fervente, mexendo com uma espátula até a massa ficar homogênea. Quando esfriar o suficiente para ser manuseada, forme uma bola lisa que tenha textura de massinha de modelar (o manuseio deve levar menos de 1 minuto). A massa não deve estar úmida nem grudar nas mãos, de modo que você pode precisar adicionar mais de 10 g a 20 g de *masa harina*, dependendo da marca que estiver usando, pois absorvem água de maneira diferente. Divida a massa em 12 pedaços de cerca de 30 g cada um. Com as mãos levemente untadas, molde cada pedaço em uma bola. Mantenha os pedaços de massa com os quais não esteja trabalhando cobertos com um pano úmido limpo.

8. Tenha à mão um pano de prato limpo e alguns pedaços de papel-manteiga, dos quais você vai precisar para prensar a massa. Leve uma frigideira grande e antiaderente ao fogo alto. Coloque um pedaço de massa entre duas folhas de papel-manteiga e, em seguida, usando uma panela pesada (ou uma prensa de tortilha, se você tiver uma), faça pressão de maneira uniforme e com firmeza na massa para achatá-la, formando um círculo de 10 a 12 cm de diâmetro. Retire a folha de papel de cima e use a folha de baixo para transferir a tortilha para a frigideira quente. Doure a massa por 1 minuto e meio, depois vire e deixe por mais 1 minuto, para dourar o outro lado. Transfira a tortilha pronta para o pano de prato, dobre-o para cobrir e repita com o restante da massa (com tantas tortilhas quantas couberem na frigideira de cada vez).

9. Se os cogumelos estiverem frios, aqueça-os em um forno quente por alguns minutos, depois coloque-os em uma travessa grande e regue com o azeite de pimenta reservado anteriormente. Sirva com as tortilhas, os gomos de limão, o creme e os picles (descartando as saquetas de chá) ao lado.

ALIÁCEAS

**RENDE 6 A
8 PORÇÕES**
como entrada

CEBOLAS GRELHADAS DO NEIL COM GAZPACHO VERDE

---

8 cebolas Tropea, sem
a casca, raiz aparada,
cortada ao meio no
sentido do comprimento,
deixando os brotos
intactos (ou 4 cebolas-
-roxas, sem casca e
cortadas em quatro)
20 ml de azeite
2 colheres (chá) de sumo
de limão-siciliano
120 g de feta, esfarelado
grosseiramente
80 g de iogurte grego
20 g de croutons,
caseiros ou comprados,
esfarelados
grosseiramente
¼ de colher (chá) de
sementes de nigela
sal e pimenta-do-reino
preta

GAZPACHO VERDE
2 pimentões verdes,
cortados ao meio no
sentido do comprimento
e sem sementes (240 g)
½ pepino pequeno, picado
grosseiramente (200 g)
1 pimenta verde, picada
grosseiramente
20 g de ciboulette
5 g de folhas de estragão
10 g de folhas de coentro
5 g de folhas de salsinha
1½ colher (sopa) de
vinagre de maçã
1 colher (sopa) de azeite
2 colheres (sopa) de água
¼ de colher (chá) de sal

Esta elegante entrada foi criada por Neil Campbell, o charmoso e criativo chef de cozinha do ROVI, como uma verdadeira celebração da humilde cebola. Quando podemos, usamos cebolas da variedade italiana Tropea no restaurante, que são roxo-claras, doces e maravilhosamente delicadas, mas outras variedades mais suaves de cebola também servem, incluindo a cebola-roxa tradicional.

O gazpacho verde dura três dias em um recipiente hermético na geladeira, assim como o iogurte com feta, se você quiser se adiantar. A receita rende mais gazpacho que o necessário. Sirva o que sobrar em copos de *shot*, para dar o pontapé inicial em um jantar de verão.

Sirva como parte de um *mezze* (ver p. 304) ou como uma entrada elegante, empratado individualmente.

1. Preaqueça o forno de convecção a 220°C (ou o forno comum a 240°C).

2. Primeiro, prepare o gazpacho. Coloque os pimentões verdes em uma bandeja forrada com papel-manteiga, com o lado da pele para cima, e asse por 25 a 30 minutos, até que a pele fique um pouco tostada. Transfira para uma tigela pequena, cubra com um prato e deixe descansar por 20 minutos, depois retire a pele e descarte. Coloque os pimentões no liquidificador com os demais ingredientes do gazpacho. Bata por alguns minutos, até obter um molho verde-claro e, em seguida, leve à geladeira até o momento de servir. Reduza a temperatura do forno de convecção para 180°C (ou do forno comum para 200°C).

3. Aqueça uma frigideira grande antiaderente em fogo alto. Misture as cebolas com 2 colheres (chá) de azeite, o sumo de limão, ¼ de colher (chá) de sal e um pouco de pimenta-do-reino. Coloque as cebolas, com o lado cortado para baixo, na frigideira quente e abaixe o fogo para médio-alto. Para as cebolas Tropea cortadas ao meio, cozinhe por 5 a 6 minutos, sem mexer, até que o lado cortado esteja bem tostado. Se estiver usando cebolas-roxas cortadas em quatro, cozinhe por 5 a 6 minutos em cada lado cortado, até ficarem bem tostadas. Coloque as cebolas em uma assadeira, cubra com papel-alumínio e leve ao forno até que estejam macias e cozidas, mas sem desmanchar. Isso pode levar de 30 a 40 minutos, dependendo da variedade.

4. Coloque o feta e o iogurte na tigela pequena de um processador de alimentos e bata até ficar homogêneo (alguns pequenos grumos provavelmente vão permanecer, o que é bom).

5. Espalhe o feta batido em uma travessa grande, criando um sulco no meio com as costas de uma colher. Despeje cerca de ¼ do gaspacho sobre o feta e, em seguida, espalhe as cebolas desordenadamente por cima. Finalize com os croutons e as sementes de nigela, regue com as 2 colheres (chá) restantes do azeite e sirva.

ALIÁCEAS

PÉTALAS DE CEBOLA AGRIDOCE

RENDE 4 PORÇÕES
como entrada ou parte
de um *mezze*

500 g de cebola-roxa, cada uma do tamanho de uma bola de golfe (cerca de 12), sem casca e cortada ao meio no sentido do comprimento
75 ml de azeite
400 ml de suco de romã (100% puro)
10 g de ciboulette, picada finamente
70 g de queijo de cabra fresco, cremoso e sem casca, partido grosseiramente em pedaços de 2 cm (opcional)
⅔ de colher (chá) de pimenta Urfa em flocos (ou outra variedade, caso você não consiga encontrá-la)
sal

Estas cebolas — doces por dentro, tostadas nas pontas e nadando em um xarope agridoce de romã — nasceram no Testi, um restaurante turco do norte de Londres que adoramos, onde há um prato semelhante feito com cebolas tostadas ao lado do cordeiro na grelha, que depois são colocadas em *şalgam*, uma salmoura azeda resultante da fermentação de cenoura-roxa e nabo e, por fim, adoçado com xarope de romã. As cebolas agridoces são servidas ao lado da carne, cortando sua gordura como uma faca afiada.

Nossas cebolas são feitas com suco de romã reduzido, em vez de xarope e *şalgam*. Obviamente, acompanham bem carnes grelhadas, mas achamos que ficam extremamente deliciosas também em um contexto vegetariano, com ou sem queijo de cabra, que é opcional. Vão muito bem com homus, por exemplo (como o nosso homus com limão, alho frito e pimenta, p. 79), salada de berinjela (ver berinjela com ervas e alho crocante, p. 251) e pão.

1. Preaqueça o forno de convecção a 200°C (ou o forno comum a 220°C).

2. Aqueça uma frigideira grande antiaderente em fogo alto até ficar bem quente. Misture as cebolas com 2 colheres (sopa) de azeite e ¼ de colher (chá) de sal e coloque-as na frigideira com o lado cortado para baixo, bem espaçadas. Coloque uma panela em cima para fazer peso sobre as cebolas e tostar de maneira uniforme, depois abaixe o fogo para médio-alto e deixe cozinhar, sem mexer, por cerca de 6 minutos, ou até que os lados cortados estejam profundamente tostados. Transfira as cebolas para uma assadeira forrada com papel-manteiga, com o lado tostado para cima, e leve ao forno por cerca de 20 minutos ou até ficarem macias. Se suas cebolas forem maiores que uma bola de golfe, pode levar mais tempo. Reserve para esfriar.

3. Enquanto isso, coloque o suco de romã em uma panela média em fogo médio-alto. Deixe ferver e cozinhe por cerca de 12 minutos ou até que o líquido tenha reduzido para cerca de 70 ml e esteja com a consistência de xarope de Maple fino. Reserve para esfriar; ele vai engrossar conforme esfria.

4. Misture a ciboulette com os 45 ml de azeite restantes, com uma boa pitada de sal e reserve.

5. Despeje a calda de romã em uma travessa grande com borda e gire-a para que ela cubra o máximo possível da assadeira. Use as mãos para separar as cebolas em pétalas e, em seguida, espalhe-as desordenadamente sobre a calda. Coloque o queijo de cabra por cima, se estiver usando, regue com o azeite de ciboulette e finalize com os flocos de pimenta.

ALIÁCEAS

RENDE 4 PÃES

PÃO SÍRIO DE AZEITE
COM MANTEIGA DE TRÊS ALHOS

2 tomates italianos
maduros

2 dentes de alho negro,
em lâminas finas

1 colher (chá) de folhas
de tomilho

1 colher (chá) de folhas
de orégano

sal, sal marinho em flocos
e pimenta-do-reino
preta

PÃO SÍRIO

200 g de farinha de trigo
para pão

1 colher (chá) de fermento
biológico instantâneo

1 colher (sopa) de azeite,
mais um pouco para
untar e finalizar

120 ml de água morna

MANTEIGA DE TRÊS
ALHOS

1 cabeça de alho, com o
topo cortado (cerca de
⅓) para expor os dentes

1 dente de alho pequeno,
picado grosseiramente

4 dentes de alho negro,
picados grosseiramente

10 g de folhas de salsinha,
picadas finamente

1½ colher (chá) de
sementes de alcaravia,
torradas e esmagadas

100 g de manteiga sem
sal, amolecida

Há coisas às quais é impossível resistir, e, de fato, não devemos resistir mesmo. Esta manteiga é o melhor exemplo que podemos dar. Feita com o rico alho assado lentamente, o alho negro adocicado e o alho cru pungente, é absolutamente fantástica, e você vai querer passá-la em tudo. Felizmente, as quantidades aqui rendem mais manteiga do que o utilizado neste prato (e, às vezes, até dobramos a receita). Ela dura até duas semanas na geladeira, pronta para ser passada em torradas, derreter sobre legumes assados ou rechear batatas assadas.

Por cima da camada de manteiga, colocamos também tomate fresco ralado, que empresta um frescor e uma acidez aos pães e os transforma em um lanche muito bom por si só. Sem os tomates, no entanto, eles podem acompanhar inúmeras pratos deste livro, como o ratatouille berbere picante com molho de coco (p. 209) e o *korma* de almôndegas de tofu (p. 268), para citar apenas dois.

Embrulhar uma cabeça inteira de alho em papel-alumínio e assá-la, como fazemos aqui, é uma forma mais rápida de obter resultados próximos aos do alho confitado. É um truque bacana que usamos para dar uma profundidade doce-salgada a muitos outros pratos, como nossa galette de abóbora, laranja e sálvia (p. 132), o ensopado de cevada, tomate e agrião (p. 68), os *schnitzels* de pimentão vermelho (p. 146) e o pimentão tostado e polenta de milho fresco (p. 140). Asse três ou quatro cabeças de uma vez só, se quiser: esprema os dentes cozidos em um pote de vidro e cubra-os com azeite — eles duram até duas semanas na geladeira. O alho assado é ótimo para incrementar sopas, ensopados e molhos, e o azeite aromatizado pode ser usado na finalização de pratos.

Prepare a massa com até 2 dias de antecedência e mantenha-a na geladeira, em um pote grande hermético, caso queira se adiantar. *Foto no verso.*

1. Preaqueça o forno de convecção a 200°C (ou o forno comum a 220°C).

2. Primeiro, prepare a massa dos pães. Coloque a farinha, o fermento, o azeite e ½ colher (chá) de sal em uma tigela grande. Despeje a água e use uma espátula para misturar. Transfira para uma superfície levemente untada com azeite e, em seguida, com as mãos também levemente untadas, sove a massa por 5 minutos, até que fique macia e elástica. Pode ser necessário acrescentar mais azeite se a massa começar a grudar na superfície. Coloque-a de volta na tigela, cubra com um pano de prato limpo levemente úmido e deixe crescer em um local quente por pelo menos 1 hora (de preferência 2 horas), até quase dobrar de tamanho. Corte a massa em quatro pedaços iguais e reserve, coberta com um pano de prato limpo.

3. Enquanto a massa cresce, prepare a manteiga. Regue a cabeça de alho com 1 colher (chá) de azeite e tempere com um pouco de sal e pimenta. Embrulhe-a bem com papel-alumínio e leve ao forno por 40 minutos, até que os dentes estejam macios. Retire o papel-alumínio e, quando esfriarem o suficiente para serem manuseados, esprema os dentes, descartando a casca. Aumente a temperatura do forno de convecção para 240°C (ou do forno comum para 260°C).

4. Coloque o alho assado, o alho cru e o alho negro em um pilão com 1 ½ colher (chá) de sal em flocos e um bom giro do moedor de pimenta. Bata até formar uma pasta grossa e transfira para uma tigela com a salsinha, a alcaravia e a manteiga amolecida. Misture bem e reserve.

5. Rale grossamente os tomates, descartando a pele. Coloque-os em uma peneira apoiada sobre uma tigela e reserve, para escorrer um pouco.

6. Coloque uma assadeira grande na prateleira do meio do forno para aquecer.

7. Transfira as bolas de massa para uma superfície levemente untada com azeite e use as mãos para abrir cada pedaço em um círculo com cerca de 18 cm de largura e 0,5 cm de espessura.

8. Asse dois pães de cada vez. Retire a assadeira quente do forno e coloque rapidamente as massas abertas na bandeja, bem espaçadas. A massa deve estar bem fina, mas com elasticidade suficiente para não rasgar. Caso abra um buraco na massa, não se preocupe; isso só vai aumentar a aparência artesanal do pão.

9. Volte rapidamente a assadeira ao forno por cerca de 7 a 8 minutos, até que os pães estejam dourados e crocantes. Repita o processo com os outros dois pães.

10. Espalhe cerca de 1 colher (sopa) de manteiga de alho sobre cada pão e coloque por cima os tomates escorridos e ralados e as lâminas de alho negro. Espalhe as ervas e finalize com um fio de azeite, uma pitada generosa de sal em flocos e um bom giro do moedor de pimenta.

ALIÁCEAS

RENDE 6 PORÇÕES
como acompanhamento
ou parte de um *mezze*

4 berinjelas médias
  (1,2 kg)
175 ml de azeite
6 dentes de alho, cortados
  em fatias finas na
  mandolina, se você tiver
  uma, ou à mão
2½ colheres (sopa) de
  vinagre de vinho
  branco
1 pimenta verde, picada
  finamente
15 g de folhas de hortelã,
  picadas finamente
15 g de folhas de coentro,
  picadas finamente
15 g de endro, picado
  finamente
1 colher (chá) de sumo
  de limão-siciliano
sal e pimenta-do-reino
  preta

BERINJELA COM ERVAS
E ALHO CROCANTE

Esta receita é um meio-termo entre uma salada e um antepasto, que fica perfeita como parte de uma mesa, ou igualmente deliciosa como recheio de sanduíches e *wraps*. O azeite que sobra depois de fritar o alho pode ser alegremente usado para temperar massas ou saladas.

A berinjela pode ser preparada de véspera, se você quiser, até o ponto antes de as ervas serem adicionadas, e finalizada com as ervas, o sumo de limão e o alho crocante na hora de servir.

1. Preaqueça o forno de convecção a 210°C (ou o forno comum a 230°C).

2. Corte as berinjelas em cubos de 3 cm e coloque-os em uma tigela grande com 100 ml de azeite, ¾ de colher (chá) de sal e um bom giro do moedor de pimenta. Misture e espalhe em duas assadeiras grandes forradas com papel-manteiga. Leve ao forno por 35 minutos, mexendo as berinjelas e invertendo a posição das assadeiras na metade do tempo, para que assem de maneira uniforme, até ficarem dourado-escuro. Retire do forno e deixe esfriar.

3. Enquanto as berinjelas estiverem no forno, aqueça os 75 ml do azeite restante em uma panela pequena em fogo médio-alto e forre um prato com papel-toalha. Quando o azeite estiver bem quente, frite o alho, mexendo para separar as fatias, até ficar dourado, por cerca de 1 minuto. Cuidado para não fritar demais, para não queimar e amargar. Use uma escumadeira para transferir o alho para o prato forrado com papel-toalha, reservando o azeite. Tempere com um pouco de sal e reserve.

4. Coloque a berinjela em uma tigela grande com o vinagre, a pimenta e 3 colheres (sopa) do azeite da fritura do alho. Mexa e, em seguida, acrescente as ervas e misture bem. Transfira para uma travessa, tempere com o sumo de limão e sirva com o alho espalhado por cima.

ALIÁCEAS

ARROZ SUJO

RENDE 4 PORÇÕES
como acompanhamento

200 g de arroz basmati
75 ml de azeite
7 dentes de alho, sem casca, 4 em lâminas finas e 3 espremidos
50 g de manteiga sem sal (ou 50 ml de azeite, para manter a receita vegana)
3 cebolas, picadas finamente (350 g)
180 g de castanha-portuguesa cozida e sem casca, picada finamente
25 g de alho negro, picado finamente
1½ colher (sopa) de mix de temperos cajun
150 ml de caldo de legumes ou água
10 g de folhas de salsinha, picadas finamente
1 colher (sopa) de sumo de limão-siciliano
sal

O Yotam se apaixonou pelo arroz sujo pela primeira vez em Nova Orleans, onde o famoso restaurante Herbsaint faz uma versão absurdamente deliciosa desse prato cajun.

Com a ajuda de Rebecca Wilcomb, chef de cozinha do Herbsaint na época, nós o recriamos em Londres. Rebecca nos falou sobre a importância de deixar grudar um pouco no fundo da panela, para intensificar o sabor e ficar com o aspecto "sujo", para o qual também contribuem a carne moída e os miúdos que fazem parte do prato original. Nesta versão sem carne, usamos cebolas profundamente caramelizadas, alho negro e castanhas-portuguesas para criar um efeito semelhante. Achamos, de coração, que fica tão bom quanto a versão original.

As misturas de especiarias cajun variam em relação ao grau de picância, então você pode ter que ajustar a quantidade de acordo com o seu paladar. Algumas também contêm sal como primeiro ingrediente, então tenha isso em mente na hora de temperar.

O arroz pode ser feito com até dois dias de antecedência, mas não acrescente a salsa, as lâminas de alho, o sumo de limão nem o azeite reservado até o momento de servir.

1. Coloque o arroz, ¼ de colher (chá) de sal e 400 ml de água quente em uma panela média que tenha tampa e leve-a ao fogo médio-alto. Espere ferver, reduza o fogo para o mínimo, tampe e deixe cozinhar por 12 minutos. Retire do fogo e deixe descansar, tampado, por 10 minutos, depois solte o arroz com a ajuda de um garfo.

2. Enquanto o arroz cozinha, aqueça 3 colheres (sopa) de azeite em uma panela bem pequena em fogo médio. Uma vez quente, frite o alho em lâminas (não os espremidos!), mexendo para separar as fatias, até dourar, por cerca de 2 a 2 minutos e meio. Cuidado para não fritar demais, senão pode queimar e ficar amargo. Use uma escumadeira para transferir o alho para um prato forrado com papel-toalha, reservando o azeite. Tempere o alho frito com um pouco de sal e reserve.

3. Coloque a manteiga (ou o azeite), as 2 colheres (sopa) do azeite restantes, as cebolas e os alhos espremidos em uma frigideira grande antiaderente em fogo alto. Refogue por cerca de 12 minutos, resistindo à vontade de mexer demais, até que as cebolas fiquem bem douradas — elas devem grudar no fundo da panela em um ponto ou outro, mas não queimar, então ajuste o fogo, se necessário. Reduza o fogo para médio-alto e então adicione as castanhas-portuguesas, o alho negro, o mix de temperos cajun e ½ colher (chá) de sal e continue a refogar por mais 7 minutos, mexendo de vez em quando, até que tudo fique marrom-escuro profundo, mas não queimado.

4. Acrescente o arroz à frigideira, mexa até misturar tudo e aumente o fogo para alto. Quando o arroz no fundo da panela começar a ficar um pouco crocante, depois de cerca de 2 a 3 minutos, acrescente o caldo e deixe cozinhar, sem mexer, até o líquido evaporar, por cerca de mais 2 minutos. Retire do fogo, misture a salsa, o alho frito, o sumo de limão e o azeite reservado da fritura do alho e sirva.

ALIÁCEAS

ANÉIS DE CEBOLA COM LEITELHO E CÚRCUMA

RENDE 4 PORÇÕES
como um aperitivo

250 ml de leitelho
2½ colheres (sopa) de
vinagre de vinho branco
25 g de cúrcuma fresca,
sem casca e finamente
ralada (ou ½ colher (chá)
de cúrcuma em pó)
325 g de farinha de trigo
2½ colheres (sopa) de
sementes de nigela
1½ colher (sopa) de
sementes de alcaravia
1 limão: rale finamente
a casca para obter
2 colheres (chá), depois
corte o restante em
gomos para servir
1 cebola, cortada em fatias
de 2 cm de espessura,
depois separada em
anéis (150 g)
10 cebolinhas, sem raízes
900 ml de óleo de
girassol, para fritar
sal e sal marinho em
flocos

MOLHO
¼ de dente de alho, sem
casca
5 g de cúrcuma fresca,
sem casca e picada
grosseiramente
2½ colheres (sopa) de
saquê mirin
1 colher (sopa) de sumo
de limão
1 pimenta vermelha,
picadas finamente

Anéis de cebola fritos são uma iguaria irresistível, e descobrimos que cebolinhas fritas ficam igualmente deliciosas, então colocamos algumas aqui também. Servimos os anéis como pontapé inicial de uma festa ou como um aperitivo, acompanhados de um molho preparado com cúrcuma, saquê e limão. Essa combinação potente casa perfeitamente com a riqueza das cebolas fritas, mas você pode muito bem deixá-lo de lado e servir os anéis apenas com gomos de limão.

Algumas sugestões. Luvas de borracha ou de cozinha são úteis na hora de ralar a cúrcuma, para evitar manchas amarelas persistentes. Prepare o molho, empane as cebolas e as cebolinhas e arrume a superfície de trabalho antes de começar a fritar, para que você não se distraia da frigideira e possa comer assim que estiver pronto.

1. Para o molho, bata o alho, a cúrcuma e $^1/_8$ de colher (chá) de sal em flocos em um pilão até obter uma pasta grossa. Transfira para uma tigela pequena, misture o saquê mirin, o sumo de limão e a pimenta. Reserve até o momento de servir.

2. Em uma tigela média, misture o leitelho, o vinagre e a cúrcuma e reserve.

3. Misture a farinha, as sementes de nigela e de alcaravia, as raspas de limão e 1 colher (chá) de sal em uma travessa alta ou em um recipiente largo.

4. Coloque duas grades grandes sobre duas assadeiras e forre uma delas com bastante papel-toalha.

5. Em levas, passe os anéis de cebola e as cebolinhas primeiro na mistura de farinha e depois na mistura de leitelho. Levante, bata o excesso de massa, passe novamente na farinha e coloque-as, bem espaçadas, sobre a grade sem papel-toalha.

6. Aqueça o óleo em uma frigideira grande e alta em fogo médio-alto. Quando estiver quente (180°C, se você tiver um termômetro apropriado), frite os anéis e as cebolinhas em três ou quatro levas por 2 a 3 minutos, virando-os na metade do tempo, até ficarem crocantes e dourados. Use uma escumadeira para retirá-los do óleo e colocá-los na grade forrada com papel-toalha. Tempere com bastante sal em flocos, disponha em uma travessa e sirva com o molho e os gomos de limão ao lado.

ALIÁCEAS

RENDE 4 PORÇÕES
como entrada

ALHO-PORÓ COM MOLHO DE MISSÔ E CIBOULETTE

12 alhos-porós médios
(2,1 kg)
300 ml de óleo de girassol, para fritar
1¼ colher (chá) de amido de milho
4 dentes de alho, cortados em fatias finas na mandolina, se você tiver uma, ou à mão
1 colher (sopa) de azeite
sal e sal marinho em flocos

MOLHO DE MISSÔ
E CIBOULETTE
15 g de gengibre fresco, sem casca e picado grosseiramente
1½ colher (sopa) de mix de gergelim branco e preto, bastante torrado
15 g de ciboulette, picada finamente, mais 1 colher (chá) para servir
1½ colher (sopa) de missô branco
60 ml de saquê mirin
¾ de colher (sopa) de vinagre de arroz

A estrela aqui é o molho potente, que faz uma parceria maravilhosa com a leve doçura do alho-poró. Você também pode usá-lo para temperar batatas, tofu, peixe ou frango. O alho e a parte mais escura do alho-poró fritos acrescentam aroma e textura, mas, se você quiser evitar fritura em imersão, você pode perfeitamente deixá-los de fora e servir apenas o alho-poró com o molho. Este prato combina bem com o bolo de rabanete (p. 270), por exemplo, com tofu frito ou com carne assada.

O molho pode ser preparado com até três dias de antecedência e guardado em pote hermético na geladeira. Não cozinhe os alhos-porós muito antes da hora de servir, pois eles podem perder a cor.

1. Retire e descarte as folhas externas mais duras do alho-poró e, em seguida, lave-o bem para remover qualquer sujeira. Corte e reserve as folhas mais escuras da ponta, de modo que cada alho-poró fique com aproximadamente 22 cm de comprimento.

2. Corte 60 g das folhas mais escuras do alho-poró verde em tiras finas de 8 cm de comprimento. Lave muito bem para remover qualquer sujeira, depois seque bem e reserve.

3. Para o molho, bata o gengibre e ¼ de colher (chá) de sal em flocos em um pilão (ou com a lateral de uma faca) até obter uma pasta. Coloque em uma tigela pequena junto com todos os ingredientes restantes do molho, misture bem e reserve.

4. Encha metade de uma panela (grande o suficiente para caber o alho-poró deitado) com água com um pouco de sal e leve-a ao fogo médio-alto. Assim que ferver, coloque o alho-poró e abaixe o fogo para médio. Coloque uma tampa menor que a panela em cima dos alhos-porós, fazendo peso sobre eles de modo que fiquem completamente imersos. Cozinhe assim por 20 minutos ou até que uma faca os atravesse com facilidade, mas sem que percam a forma. Transfira os alhos-porós para uma peneira e deixe-os na vertical, para que escorram por completo.

5. Enquanto o alho-poró escorre, coloque o óleo de girassol em uma panela média alta em fogo médio-alto e forre um prato com papel-toalha. Misture as tirinhas bem secas das folhas mais escuras do alho-poró com 1 colher (chá) de amido de milho. Assim que o óleo estiver quente (170°C, se você tiver um termômetro apropriado), coloque as tirinhas do alho-poró e frite por cerca de 2 minutos, mexendo com um garfo, até ficarem douradas e crocantes. Transfira para o prato forrado com papel-toalha usando uma escumadeira e tempere com um pouco de sal em flocos. Misture o alho com ¼ de colher (chá) do amido de milho restante e frite por cerca de 1 minuto, mexendo sempre para separar as fatias, até ficar crocante e dourado. Transfira para o prato com as tirinhas de alho-poró fritas e tempere com sal em flocos.

6. Disponha o alho-poró em um prato grande e coloque o molho de missô por cima. Tempere com o azeite, o alho-poró e o alho fritos. Finalize com a ciboulette extra e sirva.

ALIÁCEAS

RENDE 6 PORÇÕES
como acompanhamento

8 cebolas médias (1,2 kg)
**100 g de manteiga sem
sal,** derretida
100 g de missô branco

CEBOLA COM MANTEIGA DE MISSÔ

Estas cebolas são uma espécie de milagre e um verdadeiro exemplo de boa relação custo-benefício, em que apenas três ingredientes se juntam para criar algo verdadeiramente espetacular.

Ainda assim, o esforço poupado no *mise en place* precisa ser dedicado a providenciar uma assadeira que seja do tamanho *certo*. Isso é importante. Ela deve ser grande o suficiente para que as cebolas cortadas ao meio formem uma única camada, sem que se sobreponham. As cebolas vão encolher enquanto assam, criando o espaço que os líquidos precisam para reduzir e engrossar, gerando um molho fantástico. Se a sua assadeira não for grande o suficiente para caber 8 cebolas (ou seja, 16 metades), faça menos, ajustando os demais ingredientes na proporção adequada (o método de cozimento e o tempo permanecem os mesmos).

Também é importante saturar bem cada metade de cebola toda vez que for regar, espalhando várias vezes o molho por cima delas para que os lados cortados se mantenham úmidos. Isso garante que elas caramelizem, mas não queimem.

É melhor servi-las assim que saírem do forno, mas, se você estiver preparando com antecedência, aqueça o molho antes de servir, diluindo-o com um pouco de água. Sirva sobre torradas, com arroz ou com purê de batatas. Frango assado, obviamente, também é uma ótima combinação.

1. Preaqueça o forno de convecção a 240°C (ou o forno comum a 260°C).

2. Corte as cebolas ao meio no sentido do comprimento, descartando a casca e a camada logo a seguir, se estiver dura ou ressecada. Apare os topos e um pouco da base (mas não muito, você quer que as metades da cebola permaneçam unidas).

3. Bata a manteiga derretida, o missô e 1 litro de água morna até ficar completamente homogêneo.

4. Coloque as metades de cebola, com o lado cortado para baixo e bem espaçadas, em uma assadeira de metal ou refratária de 28 × 40 cm e despeje a misture de água e missô sobre elas. Cubra bem com papel-alumínio e leve ao forno por 35 minutos. Retire o papel-alumínio e vire as cebolas, para que fiquem com o lado cortado para cima (tome cuidado para elas não se desmancharem). Regue-as muito bem, depois leve-as de volta ao forno, sem o papel-alumínio, por mais 45 minutos, regando a cada 10 minutos, até que as cebolas estejam bem macias e douradas por cima, e que os líquidos tenham reduzido até chegar à consistência de molho.

5. Com cuidado, transfira as cebolas para uma travessa, despeje o molho por cima e em volta delas, e sirva imediatamente.

CASTANHAS E SEMENTES

SALADA DE "MACARRÃO" DE COUVE-RÁBANO

RENDE 4 PORÇÕES
como acompanhamento

1 colher (sopa) de
  gergelim branco ou
  preto, ou uma mistura
  dos dois, torrado
1 colher (chá) de sementes
  de papoula, torradas
1 colher (chá) de alga nori
  em flocos, ou processe
  finamente uma folha
  de nori em um moedor
  de café
1½ colher (chá) de flocos
  de pimenta Aleppo
  (ou ¾ de colher (chá)
  de flocos de pimenta
  regular)
½ colher (chá) de pimenta
  Sichuan, esmagada
  finamente
1 colher (sopa) de
  amendoim torrado
  e salgado, picado
  grosseiramente
2-3 couves-rábano
  médias, aparadas,
  sem casca e cortadas
  em fatias finíssimas na
  mandolina, se você tiver
  uma, ou à mão (570 g)
3 colheres (sopa) de sumo
  de limão
20 g de gengibre fresco,
  sem casca e picado
  grosseiramente
1 colher (sopa) de vinagre
  de arroz
6 cebolinhas, picadas
  finamente (60 g)
60 ml de óleo de girassol
sal marinho em flocos

A picância, a acidez e o efeito anestesiante do gengibre e da pimenta Sichuan proporcionam uma intensidade a esta salada que pode dar sabor a uma refeição inteira. Gostamos de servir com uma tigela de arroz e um pouco de tofu frito (ver tofu com cardamomo, verduras e limão (p. 172) para saber a melhor forma de fritar tofu), frutos do mar ou carne.

A farofa de amendoim, nori, pimenta e sementes é muito especial, então prepare a mais para colocar sobre saladas, macarrão e arroz. Ela permanece crocante por até três dias em um recipiente hermético.

Se você não encontrar couve-rábano, também funciona com um rabanete branco ou com mamão verde. A salada pode perder a cor e ficar um pouco empapada, então é melhor montá-la imediatamente antes de servir.

1. Coloque o gergelim, as sementes de papoula, a alga, os flocos de pimenta Aleppo, a pimenta Sichuan e o amendoim em uma tigela pequena com ½ colher (chá) de sal marinho em flocos.

2. Coloque as fatias de couve-rábano umas sobre as outras em pilhas não muito grandes e corte em tiras de 2 cm de largura (para se assemelhar a um talharim). Em uma tigela, adicione o sumo de limão e 1 colher (chá) de sal marinho em flocos, misture e deixe descansar por 10 minutos.

3. Enquanto isso, coloque o gengibre e ¾ de colher (chá) de sal marinho em flocos em um pilão e bata até obter uma pasta. Coloque em uma tigela pequena com o vinagre e ⅔ das cebolinhas. Aqueça ligeiramente o óleo em uma panela pequena em fogo médio e adicione-o à tigela com o gengibre e a cebolinha. Deixe descansar por 20 minutos, para os sabores se integrarem.

4. Escorra a couve-rábano para retirar a maior parte do líquido que terá se formado, depois misture-a com o óleo de gengibre e cebolinha. Transfira para uma travessa, espalhe sobre a farofa e finalize com o restante da cebolinha.

CASTANHAS E SEMENTES

RENDE 4 PORÇÕES
como acompanhamento

1 **pepino,** cortado em
meias-luas de 0,25 cm
de espessura, em uma
mandolina, se você tiver
uma, ou à mão (300 g)

1 **rabanete branco,** sem
casca e cortado em
meias-luas de 0,25 cm
de espessura, em uma
mandolina, se você tiver
uma, ou à mão (300 g)

50 g **de rabanete,** fatiado
finamente em uma
mandolina, se você tiver
uma, ou à mão

20 g **de folhas de coentro,**
com uma parte dos
caules

1 **dente de alho,** espremido

¼ **de pimenta** *jalapeño,*
sem sementes e picada
finamente (5 g)

1 **colher (chá) de**
sementes de cominho,
torradas e esmagadas
grosseiramente em um
pilão

2-3 **limões:** rale finamente
a casca para obter 1
colher (chá), depois
esprema para obter 3
colheres (sopa) de sumo

2 **colheres (sopa) de azeite**

sal marinho em flocos e
pimenta-do-reino preta

AMENDOIM *CHIPOTLE*

1 **pimenta** *chipotle* **seca,**
sem o talo (ou ½ colher
(chá) de flocos de
pimenta *chipotle*)

90 g **de amendoim cozido**
sem sal

1 **pitada de pimenta-**
-caiena

1¼ **colher (sopa) de golden**
syrup

2 **colheres (chá) de casca**
de limão ralada

1½ **colher (chá) de sumo**
de limão

1½ **colher (chá) de azeite**

SALADA DE RABANETE E PEPINO COM AMENDOIM *CHIPOTLE*

Se você estiver com vontade de preparar um banquete mexicano completo, sirva esta salada junto com os tamales de queijo (p. 158) ou com os tacos de shimeji (p. 238), ou ambos (ver nosso banquete mexicano, p. 303)! Menos trabalhoso é combiná-lo apenas com os cogumelos assados da receita de tacos, transformando esta salada em um jantar ideal para um dia de semana. A *jícama*, uma raiz mexicana crocante, é muito bem-vinda no lugar do rabanete branco, caso você consiga encontrá-la.

Dobre a receita do amendoim *chipotle*, se desejar. Eles são muito bons como aperitivo e permanecem crocantes em um recipiente fechado por até três dias. A salada, no entanto, perderá a textura se esperar por muito tempo, portanto é melhor servi-la imediatamente.

1. Para o amendoim *chipotle*, triture as pimentas secas em um moedor de café até obter um pó fino ou esmague-as finamente num pilão. Separe ½ colher (chá) (reservando o restante para outra receita) e coloque em uma panela pequena junto com o amendoim, a pimenta-caiena, o golden syrup, ⅓ de colher (chá) de sal marinho em flocos, as raspas de casca de limão, o sumo de limão e o azeite. Leve a panela ao fogo médio-alto e cozinhe, mexendo sempre, por cerca de 8 minutos, ou até que os amendoins estejam pegajosos e bem recobertos. Transfira para uma assadeira forrada com papel-manteiga e deixe esfriar completamente. Quebre em pedaços pequenos e reserve.

2. Coloque o pepino, o rabanete branco, os rabanetes e o coentro em uma tigela grande. Em uma outra tigela menor, misture o alho, a pimenta *jalapeño*, o cominho, as raspas de casca limão, o sumo de limão, o azeite, 1 ¼ colher (chá) de sal em flocos e um bom giro do moedor de pimenta. Misture bem e despeje sobre os legumes. Transfira para uma travessa grande, finalize com metade do amendoim e sirva o restante deles em uma tigela à parte.

263

CASTANHAS E SEMENTES

COSTELINHAS DE MILHO

RENDE 4 PORÇÕES
como aperitivo ou entrada

3 espigas de milho, sem a palha (700 g)
1,3 litro de óleo de girassol, para fritar
1½ colher (chá) de mel
sal marinho em flocos

MANTEIGA DE LIMÃO-NEGRO E SEMENTE DE ABÓBORA
25 g de semente de abóbora
60 g de manteiga sem sal, bem amolecida
1-2 limões-negros secos, picados grosseiramente, depois processados em um moedor de café para obter 2¼ colheres (chá), ou substitua por raspas de casca de limão (ver p. 18).

A ideia de usar o milho como uma costelinha em nosso restaurante ROVI foi dada pelo Max Ng e a equipe do Momofuku Ssäm, em Nova York. Esses pedaços de milho fritos, que magicamente se entortam e ficam parecendo costelinhas, funcionaram extremamente bem no ROVI, com seu conceito de tratar vegetais como carne. Tanto que alguns fãs obstinados cancelaram suas reservas abruptamente quando o milho saiu da estação, e tivemos que tirá-lo do cardápio.

Para os cozinheiros amadores, que não são dotados dos músculos nem das facas dos nossos chefs arrojados, o maior desafio é o preparo do milho, que deve ser cortado através da espiga. Certifique-se de que sua faca seja grande e afiada e faça movimentos determinados e com força (mantendo os dedos bem afastados). Uma faca cega não conseguirá cortar e tem maiores chances de provocar um acidente.

Dobre a receita da manteiga de limão-negro e semente de abóbora. Fica deliciosa sobre torradas com um fio de mel por cima e pode ser guardada por até uma semana em um pote hermético na geladeira.

1. Preaqueça o forno de convecção a 160°C (ou o forno comum a 180°C). Para a manteiga de limão-negro, coloque as sementes de abóbora em uma assadeira pequena e torre-as no forno até ficarem perfumadas e douradas e as cascas começarem a rachar, por cerca de 10 minutos. Bata grosseiramente as sementes tostadas em um moedor de café (ou pique-as finamente) e deixe descansar por 10 minutos para esfriar.

2. Em uma tigela média, use uma espátula para misturar a manteiga com 2 colheres (chá) do limão-negro moído, as sementes de abóbora picadas finamente e 1 colher (chá) de sal em flocos, até ficar bem distribuído. Mantenha na geladeira, caso esteja preparando com antecedência, e retire 30 minutos antes de usar, para amolecer.

3. Use uma faca grande e afiada para cortar cuidadosamente cada espiga ao meio no sentido da largura, em seguida corte cada metade em quatro no sentido do comprimento. O modo mais fácil de fazer isso é com a espiga em pé, para que você não esmague os grãos.

4. Aqueça o óleo em uma panela média e alta em fogo médio-alto. Quando estiver quente (cerca de 180°C, se você tiver um termômetro apropriado), teste a temperatura mergulhando a ponta de um dos pedaços de milho; deve chiar, mas não dourar imediatamente.

5. Frite o milho em três levas por 6 a 7 minutos (cuidado, o óleo pode espirrar!), virando-os algumas vezes até que fiquem levemente entortados e dourados. Retire do óleo com uma escumadeira e deixe descansar em uma travessa forrada com papel-toalha enquanto repete o processo com o restante. Transfira para uma tigela e misture com o mel e 1½ colher (chá) de sal em flocos.

6. Coloque em uma travessa e sirva com a manteiga ao lado, finalizando com o restante do limão-negro moído.

CASTANHAS E SEMENTES

RENDE 6 PORÇÕES

SALADA DE TOMATE E AMEIXA COM NORI E GERGELIM

800 g de tomates maduros variados (coração de boi, italiano, rajado, verde, amarelo e cereja), os maiores cortados em gomos de 1 cm de espessura, os cereja cortados ao meio ou em quatro

3 ameixas maduras, sem caroço e cortadas em gomos de 1 cm de espessura (250 g)

4 cebolinhas, picadas finamente

5 g de folhas de coentro, picadas grosseiramente

sal marinho em flocos

MOLHO

1¼ colher (chá) de molho de peixe (opcional)

2 colheres (chá) de açúcar

2 colheres (sopa) de vinagre de arroz

2 colheres (chá) de shoyu

2 colheres (sopa) de óleo de amendoim

5 g de gengibre fresco, sem casca e cortado à Julienne (tiras finas e uniformes)

½ dente de alho, espremido

¼ de colher (chá) de casca de laranja finamente ralada

SAL DE NORI E GERGELIM

½ folha de alga nori

1½ colher (sopa) de gergelim branco ou preto, ou uma mistura dos dois, torrado

½ colher (chá) de flocos de pimenta

Deixar as batatas fritas de lado e petiscar folhas de nori secas é muito atual. Isso só pode ser uma coisa boa, porque elas são deliciosas e nutritivas, e porque você pode comprá-las facilmente e usar para aprimorar o sabor de todo tipo de prato, desde vegetais assados e saladas até arroz e macarrão. Portanto, prepare o dobro (ou o quádruplo!) da quantidade de sal de nori e gergelim, se quiser, e tenha ele à mão para todos esses casos.

As ameixas ficam ótimas com os tomates, mas, se não estiver na época, substitua-as por mais tomate; a salada fica ótima mesmo assim. Adicione as ervas e o molho aos tomates e às ameixas imediatamente antes de servir, para que a salada não fique muito empapada.

1. Misture todos os ingredientes do molho com ½ colher (chá) de sal em flocos e deixe descansando enquanto prepara o restante da salada.

2. Quebre a folha de nori e, em seguida, triture até obter um pó grosso (um moedor de café é o melhor equipamento para fazer isso). Em uma tigela pequena, misture a nori com o gergelim, os flocos de pimenta e ½ colher (chá) de sal em flocos.

3. Em uma tigela grande, misture os tomates, as ameixas, as cebolinhas, o coentro e o molho. Transfira para uma travessa, espalhe a mistura de nori e gergelim por cima e sirva.

CASTANHAS E SEMENTES

RENDE 16 ALMÔNDEGAS
para servir 4 pessoas como
prato principal

½ **cebola-roxa,** cortada em
rodelas finas (60 g)
2 **colheres (sopa) de sumo**
de limão-siciliano
40 g **de castanha-de-caju**
20 g **de amêndoas**
branqueadas
6 **bagas de cardamomo,**
apenas as sementes
2 **colheres (chá) de**
sementes de cominho
2 **colheres (chá) de**
sementes de coentro
3 **colheres (sopa) de azeite**
1 **cebola,** picada
grosseiramente (150 g)
4 **dentes de alho,**
espremidos
15 g **de gengibre fresco,**
sem casca e ralado
1 **pimenta verde,** sem
sementes e picada
finamente
1 **pau de canela**
¾ **de colher (chá) de**
cúrcuma em pó
2 **tomates italianos,** sem
a pele e ralados (180 g)
2 **colheres (sopa) de folhas**
de coentro, picadas
finamente, para servir
sal e pimenta-do-reino
preta

ALMÔNDEGA DE TOFU
2 **colheres (sopa) de**
azeite, mais um pouco
para modelar
250 g **de champignons**
marrons, em fatias de
0,5 cm de espessura
200 g **de tofu extrafirme,**
bem seco e esfarelado
grosseiramente
3 **dentes de alho,**
espremidos
150 g **de tofu macio**
2 **colheres (sopa) de tahine**
1 **colher (sopa) de shoyu**
30 g **de farinha panko**
½ **colher (sopa) de amido**
de milho
5 **cebolinhas,** picadas
finamente (75 g), mais
1 colher (sopa) para servir
10 g **de folhas de coentro,**
picadas finamente

KORMA DE ALMÔNDEGAS DE TOFU

Se você não tiver tempo para preparar as almôndegas, pode fazer o molho para servir com couve-flor ou batata-doce assadas. Ele dura três dias na geladeira e até um mês no freezer. As almôndegas podem ser assadas de véspera; basta reaquecê-las no molho antes de servir.

O pão sírio (p. 246) é um excelente acompanhamento aqui, e supera qualquer *naan* de alho comprado pronto. Tanto o *korma* quanto o pão sírio fazem parte do nosso banquete *korma* (ver p. 303), caso você se considere à altura do desafio.

1. Preaqueça o forno de convecção a 200°C (ou o forno comum a 220°C). Misture a cebola-roxa, o sumo de limão e ⅛ de colher (chá) de sal em uma tigela pequena e reserve enquanto você prepara as almôndegas e o molho, ou pode deixar até mesmo de um dia para o outro.

2. Acrescente as castanhas-de-caju e as amêndoas em uma panela pequena em fogo médio-alto. Coloque água suficiente para cobri-las, espere ferver, abaixe o fogo para médio e cozinhe por 20 minutos. Escorra e reserve.

3. Para as almôndegas, aqueça o azeite em uma frigideira grande em fogo alto, adicione os cogumelos e o tofu firme e cozinhe até dourar levemente, por cerca de 8 minutos. Acrescente o alho, mexa por 30 segundos e retire do fogo. Coloque a mistura em um processador de alimentos e bata usando a função pulsar até ficar picada grosseiramente. Transfira para uma tigela grande com todos os ingredientes restantes das almôndegas, ¾ de colher (chá) de sal e um bom giro do moedor de pimenta. Misture muito bem. Com as mãos untadas com azeite, faça 16 almôndegas do tamanho de uma bola de pingue-pongue, com cerca de 40 g cada uma, apertando-as para que não se desmanchem. Coloque-as em uma assadeira forrada com papel-manteiga, bem espaçadas, e asse por 25 minutos, até dourar levemente. Reserve.

4. Enquanto as almôndegas estão no forno, prepare o molho. Esmague as sementes de cardamomo, de cominho e de coentro em um pilão e reserve. Coloque 1 ½ colher (sopa) de azeite em uma frigideira grande que tenha tampa em fogo médio-alto. Adicione a cebola e refogue por 10 minutos ou até amolecer e ficar bem dourada. Transfira para um liquidificador junto com a castanha-de-caju e as amêndoas e 200 ml de água, e bata até ficar completamente homogêneo, por cerca de 2 minutos.

5. Coloque a 1 ½ colher (sopa) restante de azeite na mesma frigideira em fogo médio-alto. Adicione o alho, o gengibre e a pimenta verde e refogue por 1 minuto, em seguida acrescente as especiarias e refogue por mais 1 minuto. Adicione os tomates e cozinhe por 4 minutos, mexendo de vez em quando, até engrossar. Adicione a mistura de cebola e castanhas batida e mais 500 ml de água, 1 ½ colher (chá) de sal e um bom giro do moedor de pimenta. Espere ferver, abaixe o fogo para médio e cozinhe por 25 minutos, até reduzir em um terço. Coloque as almôndegas na frigideira com o molho, tampe e deixe por 5 minutos, até que as almôndegas estejam aquecidas. Espalhe o coentro e a cebola-roxa por cima.

CASTANHAS E SEMENTES

RENDE 4 PORÇÕES
como prato principal

BOLO DE RABANETE

CASTANHAS COM
SHOYU E MAPLE

15 g de shiitake seco, hidratado em água fervente por 20 minutos

30 g de pinole, picado grosseiramente

50 g de castanha- -portuguesa cozida e sem casca, picada grosseiramente

1 colher (sopa) de gergelim branco ou preto, ou uma mistura dos dois

1 dente de alho pequeno, espremido

¼ de colher (chá) de gengibre fresco, sem casca e ralado finamente

3 colheres (sopa) de shoyu

60 ml de xarope de Maple

BOLO DE RABANETE

130 g de farinha de arroz tailandesa (não substituir pela farinha de arroz glutinoso nem pela farinha de arroz regular)

1 colher (sopa) de amido de milho

2½ colheres (chá) de açúcar

1 dente de alho pequeno, espremido

¼ colher (chá) de gengibre fresco, sem casca e ralado finamente

2 colheres (chá) de óleo de gergelim

1-2 rabanetes brancos grandes, a ponta aparada, descascados e ralados grosseiramente (600 g)

105 ml de óleo de girassol, mais um pouco para untar

sal

Uma ligeira obsessão e uma implicância se uniram aqui, em um prato do qual estamos particularmente orgulhosos. A obsessão é o bolo de rabanete — que não é propriamente um bolo e não é feito com qualquer rabanete, mas com o rabanete branco —, servido como parte do *dim sum* chinês. A implicância é o *nut roast*, o prato principal tradicionalmente oferecido aos veganos e vegetarianos no Natal, quando ninguém consegue pensar em nada melhor para fazer para eles.
O desafio era combinar os dois para criar um prato vegano festivo que fosse especial e verdadeiramente prazeroso. Gostamos de acreditar que o nosso bolo, em que a tradicional linguiça chinesa e os camarões secos são substituídos por blocos de cogumelos shiitake, pinoles, castanhas-portuguesas e gergelim, pode estar com todo o mérito no centro de qualquer ceia de Natal (ver p. 304) e nas mesas dos melhores restaurantes de Chinatown.

Se você não tiver uma forma alta de 23 × 30 cm, use outra com dimensões parecidas; o objetivo principal é que o bolo tenha 2 cm de espessura. A fôrma ou assadeira precisa ser alta, pois fica em banho-maria e você não quer que a água entre pelas laterais.

Prepare o bolo de véspera, para se adiantar, e mantenha-o na geladeira, pronto para ser frito na hora de servir. Mantenha a mistura de castanhas com shoyu e Maple ligeiramente coberta em temperatura ambiente, caso você a prepare de véspera também. O bolo fica melhor frito dos dois lados, mas, para poupar tempo, você pode pincelar as fatias com óleo e assá-las em forno bem quente por cerca de 7 minutos ou até ficarem douradas por cima. *Foto no verso.*

1. Primeiro, prepare as castanhas com shoyu e Maple. Escorra os cogumelos, espremendo-os até ficarem bem secos, depois pique-os finamente e reserve.

2. Coloque os pinoles e as castanhas-portuguesas em uma frigideira grande antiaderente e leve ao fogo médio-alto. Torre por 3 a 4 minutos, mexendo, até ficarem dourados e perfumados, depois acrescente o gergelim e deixe por 1 minuto, seguido pelos cogumelos picados, o alho, o gengibre, o shoyu, o xarope de Maple e ⅛ de colher (chá) de sal. Continue a cozinhar, mexendo, até que o líquido comece a borbulhar, reduza e recubra as castanhas e os cogumelos, por 4 a 5 minutos. Espalhe sobre uma assadeira forrada com papel-manteiga e reserve.

3. Para o bolo de rabanete, misture os seis primeiros ingredientes com 240 ml de água e 1 colher (chá) de sal em uma tigela grande até ficar homogêneo e reserve enquanto prepara o resto.

270

CASTANHAS E SEMENTES

PARA SERVIR
40 ml de shoyu
20 ml de xarope de Maple
1 colher (chá) de óleo de gergelim torrado
1½ colher (sopa) de ciboulette, picada finamente

4. Leve uma frigideira grande ao fogo médio com os 600 g de rabanete ralado e 2 colheres (sopa) de água e cozinhe por 15 minutos, mexendo de vez em quando, até que todo o líquido tenha evaporado (cuidado para não deixar o rabanete dourar). Deixe descansar por 10 minutos para esfriar.

5. Preaqueça o forno de convecção a 220°C (ou o forno comum a 240°C). Forre com papel-manteiga e unte uma forma ou assadeira de 23 × 30 cm e reserve.

6. Transfira o rabanete para a tigela com a mistura de farinha de arroz, junto com 80 g das castanhas com shoyu e Maple, e misture. Despeje a mistura na fôrma forrada e untada e alise a superfície, depois cubra bem com papel-alumínio e coloque-a em uma assadeira um pouco mais alta que a fôrma. Despeje água fervente suficiente na assadeira até chegar a três quartos da lateral da fôrma com o bolo de rabanete e leve ao forno por 35 minutos. Retire a fôrma do banho-maria, descarte o papel-alumínio e espere esfriar. Leve à geladeira por 40 minutos ou de um dia para o outro, até esfriar completamente.

7. Desenforme o bolo sobre uma tábua e corte-o em 8 pedaços. Pincele cada um de ambos os lados usando 4 colheres (sopa) de óleo (no total).

8. Aqueça uma frigideira grande antiaderente em fogo médio-alto e adicione 1 ½ colher (sopa) de óleo de girassol. Frite os pedaços em duas levas (ou mais, se não couberem 4 pedaços na frigideira), bem espaçados, por 2 a 3 minutos de cada lado, até ficarem dourados e crocantes. Mantenha a primeira leva aquecida enquanto frita o restante com a 1 ½ colher (sopa) restante de óleo de girassol.

9. Coloque todos os ingredientes para servir (exceto a cebolinha) e 80 ml de água em uma panela pequena em fogo médio-alto e aqueça por cerca de 3 minutos.

10. Arrume as fatias de bolo de rabanete em uma travessa grande, ligeiramente sobrepostas. Despeje metade do molho e espalhe metade da cebolinha e o restante das castanhas por cima. Sirva imediatamente, com o que sobrou do molho à parte.

RENDE 4 PORÇÕES
como acompanhamento

SALADA DE BATATA
COM MANJERICÃO TAILANDÊS

600 g de batatas para salada pequenas ou médias (ou 1,1 kg, caso não esteja usando a alcachofra-de--jerusalém), sem casca e cortadas em cubos de 3-4 cm

600 g de alcachofra-de--jerusalém, sem casca e cortada em cubos de 3 cm (500 g) (opcional)

75 ml de azeite

50 g de rabanete, fatiado finamente em uma mandolina, se você tiver uma, ou à mão

3 limões: rale finamente a casca para obter 1¼ colher (sopa), depois esprema para obter 3 colheres (sopa) de sumo

1 dente de alho pequeno, picado grosseiramente

15 g de gengibre fresco, sem casca e picado grosseiramente

20 g de folhas de manjericão tailandês, picadas grosseiramente, mais 8 g de folhas separadas

1 pimenta verde grande, em rodelas finas

30 g de amêndoas defumadas, tostadas e salgadas, picadas grosseiramente (ou amêndoas tostadas e salgadas, em substituição)

sal e sal marinho em flocos

Esse é o mais fresco que uma salada de batata pode ser, graças às grandes quantidades de limão, alho, pimenta e manjericão tailandês misturadas a ela. Rende um bom jantar leve com o brócolis em duas versões (p. 186), por exemplo, e combina muito bem com salmão ou frango assado.

Se você não conseguir encontrar manjericão tailandês, uma combinação de coentro e manjericão comum em proporções iguais é uma alternativa muito boa. O molho perde a cor verde brilhante depois de algum tempo, então prepare-o pouco antes da hora de servir.

Quando é época de alcachofra-de-jerusalém, gostamos de assá-las e adicioná-las a esta salada. Estamos cientes, no entanto, de que nem todo mundo é fã dela, portanto, ela pode facilmente ser substituída pela mesma quantidade de batata (nesse caso, vão estar todas cozidas, de modo que não será necessário ligar o forno).

1. Preaqueça o forno de convecção a 210°C (ou o forno comum a 230°C) se for assar as alcachofras-de-jerusalém.

2. Coloque as batatas em uma panela grande, encha com água fria e com sal até cobri-las, leve para ferver, reduza o fogo e cozinhe por cerca de 10 minutos ou até que as batatas estejam cozidas, mas sem perder a forma. Escorra e deixe esfriar por 15 minutos.

3. Enquanto isso, misture as alcachofras-de-jerusalém (se estiver usando) com 1 colher (sopa) de azeite e ½ colher (chá) de sal em flocos e espalhe-as em uma assadeira forrada com papel-manteiga. Leve ao forno por 18 a 20 minutos, virando-as na metade do tempo, até estarem douradas e assadas. Deixe esfriar por alguns minutos e coloque-as em uma tigela grande com as batatas já frias.

4. Enquanto as alcachofras-de-jerusalém assam, misture os rabanetes com 1 colher (sopa) de sumo de limão e ¼ de colher (chá) de sal em flocos e reserve.

5. Em um moedor de café ou na tigela pequena de um processador de alimentos, bata as raspas de limão, o alho, o gengibre e 20 g de folhas de manjericão tailandês com 1 colher (chá) de sal em flocos e os 60 ml restantes de azeite até obter uma pasta verde brilhante. Despeje na tigela das batatas, junto com as 2 colheres (sopa) restantes de sumo de limão. Misture delicadamente os rabanetes (incluindo o líquido) e as folhas de manjericão tailandês separadas. Finalize com a pimenta e as amêndoas e sirva.

CASTANHAS E SEMENTES

RENDE 4 PORÇÕES
como acompanhamento

900 g de batatas para assar, com casca e cortadas em cubos de 2,5-3 cm

50 g de *harissa* de rosas (ajuste de acordo com a marca que estiver usando; ver p. 18)

1 dente de alho, espremido

3 colheres (sopa) de azeite

1½ colher (sopa) de ciboulette, picada finamente

1½ colher (sopa) de gergelim branco ou preto, ou uma mistura dos dois, torrado

sal e pimenta-do-reino preta

MOLHO DE TAHINE E SHOYU

60 g de tahine (mexa bem antes de usar, para misturar os sólidos e o óleo)

2 colheres (sopa) de shoyu

1½ colher (sopa) de saquê mirin

1½ colher (sopa) de vinagre de arroz

BATATAS ASSADAS COM TAHINE E SHOYU

Existem diferentes escolas de batatas assadas. A escola inglesa, que pede para que sejam descascadas, pré-cozidas e assadas em gordura escaldante, é a que Yotam defende com orgulho e à qual Ixta se opõe fortemente. Os dois, no entanto, estão de acordo com a devoção à escola italiana, que envolve o mínimo de esforço e o máximo de azeite (duas vantagens), e proporciona um resultado extremamente crocante. Os complementos — tahine, shoyu, gergelim e cebolinha — podem não ser muito ortodoxos, mas acrescentam um sabor de acastanhado que as batatas adoram.

Prepare o dobro ou o triplo do molho de tahine e shoyu, se quiser; fica ótimo com salada (ver salada de pepino à X'ian Impression, p. 113), por cima de arroz ou de macarrão, ou como molho para espetinhos de tofu ou de frango. Ele vai durar por até duas semanas em um pote na geladeira.

1. Preaqueça o forno de convecção a 240°C (ou o forno comum a 260°C).

2. Em uma tigela grande, misture bem a batata, a *harissa*, o alho e o azeite com ¾ de colher (chá) de sal e uma pitada generosa de pimenta. Transfira para uma assadeira grande forrada com papel-manteiga e deixe o mais espaçado possível, depois cubra bem com papel-alumínio e leve ao forno por 15 minutos.

3. Retire o papel-alumínio, reduza a temperatura do forno de convecção para 200°C (ou do forno comum para 220°C) e asse por mais 25 minutos, mexendo na metade do tempo, até que as batatas estejam cozidas e bem douradas.

4. Enquanto estiverem assando, misture todos os ingredientes do molho com 1 colher (sopa) de água até ficar homogêneo.

5. Coloque as batatas em uma tigela grande e rasa e espalhe o molho por cima. Finalize com cebolinha e gergelim e sirva.

AÇÚCAR: FRUTAS E BEBIDAS

RENDE 6 PORÇÕES

PUDIM DE TANGERINA E PIMENTA *ANCHO*

120 g de açúcar
1 colher (sopa) de sumo
 de tangerina

PUDIM
**1 pimenta *ancho* seca
 grande,** hidratada
 em água fervente por
 10 minutos, depois
 escorrida (sem as
 sementes, se quiser
 menos picante)
270 g de leite condensado
**100 ml de creme de leite
 fresco**
400 ml de leite integral
3 ovos
**1 colher (chá) de pasta
 ou extrato de baunilha**
**1 colher (chá) de casca
 de tangerina,** finamente
 ralada
sal marinho em flocos

O pudim é a sobremesa mexicana mais tradicional, consistindo em um creme solidificado com um caramelo por baixo (ou por cima, depois de desenformado). O método aqui não poderia ser mais simples: depois de fazer o caramelo, todos os ingredientes do creme são despejados no liquidificador e batidos até ficar homogêneo. Fácil assim.

Esta receita foi originalmente desenvolvida com laranjas-sanguíneas, que combinam maravilhosamente com a pimenta *ancho*. Se estiver na época, use-as em vez da tangerina. E experimente com outras pimentas secas e com sumos de outras frutas!

O pudim dura até três dias na geladeira, se você quiser se adiantar.

1. Preaqueça o forno de convecção a 150°C (ou o forno comum a 170°C). Coloque uma fôrma quadrada antiaderente de 20 × 20 cm, ou um refratário de tamanho similar, no forno para manter aquecida até que seja necessário. Certifique-se de que a fôrma não seja de fundo falso, você não quer que o caramelo escorra.

2. Para o caramelo, coloque o açúcar em uma panela grande em fogo médio e cozinhe por cerca de 8 minutos: resista à vontade de mexer e, em vez disso, gire a panela até que o açúcar derreta. Continue girando lentamente até que o açúcar fique âmbar-escuro, então, com cuidado e rapidez, retire a fôrma do forno e despeje o caramelo dentro dela, inclinando a fôrma para que o caramelo recubra todo o fundo de maneira uniforme. Deixe o caramelo endurecer enquanto prepara o pudim.

3. Esprema muito bem a pimenta para retirar todo o líquido. Descarte o talo e, em seguida, coloque a pimenta, suas sementes e todos os demais ingredientes restantes do pudim no liquidificador e bata em velocidade alta por cerca de 30 segundos, até misturar bem.

4. Toque no caramelo para se certificar de que ele endureceu e, em seguida, coloque uma peneira fina sobre a fôrma. Despeje o creme na fôrma passando pela peneira, e descarte quaisquer pedaços maiores de pimenta que tenham sido retidos.

5. Transfira a fôrma com cuidado para uma assadeira maior e de borda alta e leve ao forno, mantendo a porta aberta. Com cuidado, despeje água fervente suficiente na assadeira maior até chegar à metade da altura fôrma do pudim. Asse por 40-50 minutos, ou até que parte de cima fique firme e dourada, mas o pudim ainda esteja gelatinoso (ele vai terminar de endurecer na geladeira). Retire-o do banho-maria e deixe esfriar um pouco, depois leve-o à geladeira por pelo menos três horas ou de um dia para o outro.

6. Retire o pudim da geladeira 30 minutos antes de servir. Com cuidado, passe uma pequena faca nas bordas para soltá-lo. Coloque um prato grande (maior do que o pudim e com uma borda, para conter o caramelo) por cima do pudim. Segurando o prato e a fôrma ao mesmo tempo, vire rapidamente. Levante a fôma com cuidado — o pudim deve ter se soltado no prato. Espalhe o sumo de tangerina sobre o pudim e sirva imediatamente.

278

AÇÚCAR: FRUTAS E BEBIDAS

RENDE 15 BOLINHOS
para servir 4 pessoas

BOLINHOS DE TAPIOCA COM CALDA DE LARANJA E ANIS-ESTRELADO

90 g de tapioca
granulada pequena

420 ml de leite integral

120 ml de creme de leite
fresco

1 colher (chá) de pasta
ou extrato de baunilha

½ colher (chá) de
anis-estrelado em pó

3 colheres (sopa) de
açúcar

1 ovo, clara e gema
separadas, mais 1 gema

3 laranjas: rale finamente
a casca para obter
1½ colher (chá), depois
esprema 2 laranjas para
obter 80 ml de sumo

75 g de mel

2 anises-estrelados
inteiros

15 g de polvilho doce

500 ml de óleo de
girassol, para fritar

10 g de açúcar de
confeiteiro, para
polvilhar

⅓ de colher (chá) de sal
marinho em flocos

Mesmo que você ache que não gosta de tapioca, experimente esses bolinhos. Eles são doces, macios, crocantes, e é muito difícil parar de comê-los depois que a gente começa. Eles podem ser preparados com um dia de antecedência até o estágio em que você resfria a mistura crua, pronta para fritar quando for a hora. A calda também pode ser preparada um dia antes.

1. Coloque a tapioca, o leite, o creme de leite, a baunilha e o anis-estrelado em uma panela média de fundo grosso e deixe de molho por 20 minutos. Leve a panela ao fogo médio-alto e espere ferver. Adicione o açúcar e o sal, abaixe o fogo para médio e cozinhe por 12 minutos, mexendo sempre, até a tapioca ficar translúcida e al dente e a mistura engrossar. Bata as gemas com 3 colheres (sopa) da mistura de tapioca em uma tigela pequena e despeje de volta na panela. Desligue o fogo e mexa sem parar por cerca de 1 minuto, até que as gemas estejam incorporadas à mistura, mas sem talhar. Acrescente as raspas de laranja e transfira tudo para uma tigela, para esfriar.

2. Bata as claras em neve até formar picos firmes. Incorpore-as à mistura de tapioca já fria e cubra com plástico filme tocando a superfície, para evitar a formação de uma pele. Leve à geladeira para firmar, por cerca de 1 hora e meia ou de um dia para o outro.

3. Usando uma faca afiada, corte o topo e a base da laranja que ficou inteira. Passe a faca rente à polpa para tirar a casca e a parte branca, e rente às membranas para soltar os gomos, depois corte cada gomo ao meio. Reserve até o momento de usar.

4. Para a calda, coloque o sumo de laranja, o mel, 30 ml de água e os anises-estrelados inteiros em uma panela pequena e leve ao fogo médio-alto. Deixe borbulhar por cerca de 10 a 12 minutos ou até reduzir pela metade. Retire do fogo, acrescente os gomos de laranja e deixe esfriar por completo.

5. Acrescente o polvilho à mistura de tapioca e misture bem.

6. Aqueça o óleo em uma panela média em fogo médio-alto. Quando estiver quente, pegue cerca de 35 g da mistura de tapioca com as mãos e forme um bolinho do tamanho aproximado de uma bola de golfe pequena; a mistura é muito pegajosa, então pode ser que você queira usar luvas. Delicadamente, coloque o bolinho no óleo quente e repita o processo, trabalhando rapidamente, fritando cerca de cinco bolinhos de cada vez, até ficarem bastante dourados por fora e quentes por dentro, por cerca de 4 a 5 minutos. Transfira-os para uma bandeja forrada com papel-toalha enquanto continua. Você deve ficar com 15 bolinhos ao todo.

7. Para servir, divida a calda por quatro pratos, coloque três bolinhos em cada um (guardando os demais para quem quiser repetir) e polvilhe-os com açúcar de confeiteiro.

AÇÚCAR: FRUTAS E BEBIDAS

RENDE 4 PORÇÕES

DAMASCOS EM CALDA COM PISTACHE E MASCARPONE DE AMARETTO

80 g de pistache

80 g de biscoito amaretto (da variedade dura), esfarelado grosseiramente

2 colheres (sopa) de açúcar

120 g de mascarpone

120 ml de creme de leite fresco

1 colher (chá) de casca de limão, finamente ralada

DAMASCOS EM CALDA

100 ml de Sauternes, ou outro vinho de sobremesa leve

1 limão: retire 3 tiras finas da casca, depois esprema para obter 1 colher (sopa) de sumo

¼ de colher (chá) de pasta ou extrato de baunilha

60 g de açúcar

6 damascos médios, cortados ao meio e sem caroço (280 g)

1 colher (chá) de água de flor de laranjeira

Pesche ripiene — pêssegos recheados — é uma sobremesa típica do Piemonte, na Itália. É uma lição de simplicidade, na qual bastam apenas alguns poucos ingredientes sensacionais — pêssego maduro, biscoito amaretto, mascarpone, açúcar e ovos — para criar algo espetacular. Talvez, por ser tão fácil, tenha sido uma das primeiras sobremesas que Ixta preparou, do primeiro livro de receitas que teve, *Italy: The Beautiful Cookbook*, de Lorenza de' Medici. Alguns toques Ottolenghi depois e eis esta receita, inspirada no *pesche ripiene*, usando damascos em vez de pêssegos, e com a adição de pistaches, da água de flor de laranjeira e das raspas de limão.

Esta sobremesa é rica, maravilhosamente refrescante e requer muito pouco esforço. Certifique-se, porém, de usar damascos que estejam na melhor forma. Se não estiverem maduros, leve-os à panela com a calda quente *antes* de tirá-la do fogo, deixando-os cozinhar em fogo baixo por alguns minutos. Você pode misturar os damascos à calda um dia antes de servir, se quiser se adiantar. O creme de amaretto também pode ser preparado com um dia de antecedência; os biscoitos vão amolecer um pouco, mas tudo bem — você vai obter a textura crocante dos biscoitos restantes que vão por cima da sobremesa. *Foto no verso.*

1. Para os damascos, coloque o Sauternes, 40 ml de água, as tiras da casca e o sumo do limão, a baunilha e 60 g de açúcar em uma panela média em fogo alto e cozinhe até que o açúcar derreta e a calda comece a ferver. Retire do fogo e coloque os damascos na calda quente, com o lado cortado para baixo. Deixe-os cozinhar no calor residual até que fiquem macios, mas sem perder a forma, de 20 a 40 minutos, dependendo do quanto estiverem maduros. Descarte a casca de limão, retire os damascos da calda e cubra-os, para evitar que percam a cor, e reserve. Volte com a calda ao fogo médio-alto e cozinhe até reduzir para 70 ml, por 5 a 6 minutos. Acrescente a água de flor de laranjeira e reserve em temperatura ambiente até o momento de usar.

2. Preaqueça o forno de convecção a 170°C (ou o forno comum a 190°C). Coloque os pistaches em uma assadeira e asse por 10 minutos, até ficarem bem perfumados.

3. Depois de frios, pique finamente os pistaches e coloque-os em uma tigela com o biscoito e as 2 colheres (sopa) de açúcar.

4. Coloque o mascarpone e o creme de leite na tigela da batedeira com o batedor em globo, ou use um batedor elétrico portátil, e bata por 1 a 2 minutos, até ficar homogêneo e fofo (tome cuidado para não bater demais). Incorpore ¾ da mistura de biscoito e pistache ao creme e reserve.

5. Para servir, distribua os damascos e o creme por quatro tigelas. Despeje a calda sobre os damascos e espalhe o restante da farofa de amaretto e pistache por cima. Finalize com as raspas de limão e sirva.

AÇÚCAR: FRUTAS E BEBIDAS

RENDE 8 PORÇÕES

SORBET DE MELANCIA E MORANGO

1 melancia pequena
(1,4 kg), sem casca e sem sementes, a polpa cortada em pedaços de 2 cm (700 g de polpa)

300 g de morangos, maduros, sem os cabos e picados grosseiramente

10 g de folhas de limão *kaffir* **frescas,** sem os talos e trituradas em um moedor de café ou picadas finissimamente, ou 3 saquetas de chá *rooibos*

250 g de glucose

8 limões: rale finamente a casca para obter 4 colheres (chá), esprema para obter 90 ml de sumo, depois corte o restante em gomos para servir (você vai precisar de 1 colher (chá) de casca de limão ralada a mais se estiver usando o chá *rooibos*)

60 ml de vodca

1¼ colher (sopa) **de açúcar,** para servir

Este sorbet é preparado sem máquina de sorvete, mesmo assim, é incrivelmente sedoso. Agradeça à vodca e à glucose: elas trabalham em conjunto para evitar a formação de grandes cristais de gelo.

Você pode optar por aromatizar seu sorvete com folhas frescas de limão *kaffir* ou com chá *rooibos*. Embora sejam bastante diferentes, ambos funcionam muito bem. As folhas frescas de limão, que vêm sendo cada vez mais fáceis de se encontrar nos supermercados, proporcionam uma fragrância cítrica intensa, que combina maravilhosamente bem com a melancia e o morango.

Se você não consegue encontrar as folhas de limão, ou se quiser experimentar algo diferente, descobrimos que o chá *rooibos* — feito com as folhas do "arbusto vermelho" sul-africano — é uma combinação de sabores igualmente maravilhosa, trazendo consigo notas florais e ligeiramente amargas. Se você optar por ele, que pode ser encontrado em supermercados, basta mergulhar 3 saquetas de chá na glucose quente, em vez das folhas de limão. Você pode então usar uma colher (chá) de raspas de limão no açúcar da finalização, em vez das folhas frescas.

Retire o sorbet do freezer 5 a 10 minutos antes de servir, para facilitar ficar mais macio. Dura por até um mês no freezer. *Foto no verso.*

1. Coloque os pedaços de melancia e os morangos em um recipiente grande que caiba no seu freezer e congele por cerca de 2 horas ou até ficarem sólidos.

2. Enquanto isso, coloque ⅔ das folhas de limão (ou os saquinhos de chá de *rooibos*) em uma panela média com a glucose, as raspas e o sumo de limão e a vodca e aqueça suavemente em fogo médio, até que a glicose derreta e fique morna. Reserve por 30 minutos, para infundir, e em seguida passe por uma peneira colocada sobre o liquidificador, descartando os aromáticos. Adicione as frutas congeladas ao copo do liquidificador e bata até ficar homogêneo e pastoso.

3. Despeje em um recipiente largo que possa ir ao freezer, cubra com uma tampa e leve ao freezer até endurecer, por cerca de 5 horas.

4. Misture as folhas de limão restantes (ou uma colher (chá) extra de raspas de limão, se estiver usando o chá *rooibos*) com o açúcar. Divida o sorvete em oito taças ou tigelas e sirva com um pouco do açúcar polvilhado por cima e os gomos de limão ao lado.

AÇÚCAR: FRUTAS E BEBIDAS

RENDE 6 PORÇÕES

SORVETE DE COCO COM LICHIA E MARACUJÁ

180 g de coco laminado
560 g de creme de coco
300 g de açúcar
1 colher (chá) de pasta
ou extrato de baunilha
¾ de colher (chá) de
anis-estrelado em pó
1 colher (chá) de sal
marinho em flocos
140 ml de aquafaba
(o líquido escorrido
de um vidro de 400 g
de grão-de-bico; use
o grão-de-bico para
preparar o orecchiette
à puttanesca, p. 139)
15 lichias frescas, sem
casca, sem caroço e
cortadas grosseiramente
ao meio; lichias em
conserva também
funcionam (250 g)
90 g de polpa de maracujá
(cerca de 4-5 maracujás)
3 colheres (sopa) de sumo
de limão

Esta é uma sobremesa feita para impressionar, e que nem precisa de máquina de sorvete. Ela obtém o volume e a textura suave graças à aquafaba — o líquido viscoso que você encontra no grão-de-bico em conserva — que pode (inacreditavelmente) ser batido da mesma forma que a clara de ovo.

O sorvete e as lascas de coco (apelidadas de "crocante de coco" na cozinha de testes, por motivos que se tornarão bastante óbvios depois que você as tiver feito) rendem cerca de 12 porções. Ambos duram por um bom tempo, de modo que você pode sempre recorrer a eles. As frutas são suficientes para 6 porções, portanto aumente ou diminua as quantidades de acordo com o número de bocas.

O sorvete derrete muito rápido, então retire-o apenas na hora de servir e coloque-o de volta no freezer logo depois.

1. Preaqueça o forno de convecção a 180°C (ou o forno comum a 200°C). Espalhe o coco laminado em uma assadeira grande e leve ao forno por 7 minutos, mexendo na metade do tempo, até ficar dourado e perfumado.

2. Coloque o creme de coco em uma panela média com o açúcar, a baunilha e o anis-estrelado. Leve ao fogo médio e cozinhe até que o açúcar e o creme se dissolvam, por cerca de 5 minutos. Retire do fogo, acrescente o coco laminado tostado e deixe em infusão por pelo menos 1 hora. Transfira o líquido para uma tigela grande, comprimindo o coco laminado com uma colher para garantir que eles não caiam. Coloque o coco laminado escorrido junto com o sal em flocos em uma assadeira grande de 30 × 40 cm forrada com papel-manteiga. Misture bem e espalhe o máximo possível. Deixe em temperatura ambiente por pelo menos 2 horas. Se estiver fazendo na véspera, cubra ligeiramente com papel-manteiga, mas não leve à geladeira.

3. Coloque a aquafaba na tigela da batedeira com o batedor em globo (ou use um batedor elétrico portátil). Bata em velocidade alta por cerca de 8 minutos, até obter picos médios. Incorpore delicadamente a aquafaba ao creme de coco na tigela, até ficar bem combinado. Despeje a mistura em um recipiente grande, cubra com uma tampa ou feche bem com plástico filme e leve ao freezer por 5 horas ou de um dia para o outro, mexendo a mistura duas ou três vezes durante esse período.

4. Preaqueça o forno de convecção a 160°C (ou o forno comum a 180°C). Asse a mistura por 15 minutos, mexendo duas vezes, até ficar profundamente dourado. Deixe descansar por 10 minutos, para esfriar e ficar crocante.

5. Misture a lichia, o maracujá e o sumo de limão em uma tigela média.

6. Sirva cerca de 70 g de sorvete em cada uma das seis tigelas, coloque a mistura de frutas por cima e finalize com um pequeno punhado de coco laminado tostado.

AÇÚCAR: FRUTAS E BEBIDAS

SORBET DE LIMÃO-SICILIANO DO MAX E DO FLYNN

RENDE 8 PORÇÕES

8 limões-sicilianos grandes e não encerados

200 g de açúcar

3 saquetas de chá de hibisco, ou 10 g de flor de hibisco seca

10 g de hortelã, caules e folhas

Alguns podem achar que este sorbet de hibisco e limão servido dentro de um limão é um pouco extravagante — o sorbet fica com um tom rosa brilhante por causa do hibisco —, mas nós amamos a cor e a apresentação da velha escola italiana. Max e Flynn, os filhos do Yotam, afirmaram que essa foi a melhor sobremesa que eles já comeram, "melhor que pudim". Provavelmente foi a cor que os encantou tanto, mas, apesar da acidez, o sorbet é inegavelmente saboroso de uma forma extremamente agradável e inesperada.

Sinta-se à vontade para servi-lo em um recipiente comum, caso não queira cavoucar os limões. Se você não tiver uma máquina de sorvete, despeje o sorbet em um recipiente plástico e leve-o ao freezer por algumas horas, quebrando os cristais de gelo com um garfo de vez em quando. Os limões recheados duram por até um mês em um recipiente fechado no freezer.

1. Corte o terço superior de cada limão. Esprema ambas as partes para obter 350 g de sumo e polpa combinados. Use uma colher para cavoucar os limões, descartando a polpa e o miolo restantes e tomando cuidado para não perfurar as cascas. Não se preocupe se você não conseguir tirar tudo. Apare um pouco da base de cada limão para que eles possam ficar em pé (mais uma vez, tomando cuidado para não perfurar a casca) e arrume-os em uma assadeira baixa, com o lado aberto para cima, de modo que fiquem firmes e equilibrados. Leve os limões ocos e as tampas ao freezer em assadeira separadas enquanto você prepara o sorbet.

2. Coloque o sumo e a polpa, sem as sementes, em uma panela média com o açúcar, o hibisco (as saquetas ou as flores secas) e 350 ml de água. Leve ao fogo médio-alto e cozinhe por cerca de 6 minutos, mexendo de vez em quando, até que o açúcar se dissolva e o líquido esteja quente. Retire do fogo, acrescente a hortelã e deixe em infusão por 15 minutos, até que o líquido fique rosa brilhante.

3. Coe o líquido em um recipiente largo e descarte os aromáticos. Leve à geladeira até esfriar completamente. Despeje-o gelado em uma máquina de sorvete e bata por 25 a 30 minutos ou até ficar congelado e homogêneo. Transfira o sorbet para um saco de confeitar ou um saco plástico com fecho hermético, tipo Ziploc, e feche bem. Leve ao freezer por 3 a 4 horas, até ficar firme, esmagando o saco com as mãos algumas vezes para quebrar os cristais de gelo.

4. Retire a assadeira com os limões ocos do freezer. Corte a ponta do saco de confeitar ou do saco plástico para criar uma abertura de 2 a 3 cm de largura. Despeje o sorbet dentro dos limões de modo que ultrapasse a borda em cerca de 5 cm (pode ser necessário segurar o saco de confeitar com um pano de prato, pois fica muito gelado). Cubra cada um com uma tampa de limão, empurrando para que fiquem estáveis e leve de volta ao freezer por pelo menos uma hora antes de servir.

AÇÚCAR: FRUTAS E BEBIDAS

RENDE 4 PORÇÕES

CREPES DE BANANA ASSADA E CREME DE BARBADOS

CREPES
50 g de farinha de trigo
1 colher (chá) de açúcar mascavo claro
1 ovo grande
150 ml de leite integral
25 g de manteiga sem sal, para fritar
20 g de amêndoa laminada, ligeiramente torrada
sal

CREME DE BARBADOS
100 g de mascarpone
150 g de iogurte grego extrafirme
½ colher (chá) de pasta ou extrato de baunilha
1 colher (sopa) de rum escuro com especiarias
35 g de açúcar mascavo claro

BANANAS ASSADAS
30 g de manteiga sem sal
2½ colheres (sopa) de açúcar mascavo claro
¼ de colher (chá) de gengibre em pó
4 bananas maduras, sem casca, cortadas ao meio no sentido do comprimento e depois novamente no sentido da largura

O creme de Barbados, apresentado a nós pela tia de Ixta, Rose (por meio da Nigella Lawson), é extremamente perigoso: untuoso, alcoólico, doce e, se o açúcar tiver sido misturado ao rum pouco antes de servir, crocante também.

A massa rende o suficiente para cerca de sete crepes, três a mais que o necessário de fato. Esse excedente serve para compensar os "desaparecidos em ação", quando o cozinheiro simplesmente não consegue resistir à tentação de experimentar. Prepare a massa na véspera, se quiser se adiantar ou, a exemplo do Yotam, triplique a receita, frite um monte de crepes e guarde-os no freezer, separados com papel-manteiga, prontos para serem descongelados rapidamente sempre que der vontade. O creme também pode ser preparado de véspera, mas evite assar as bananas e misturar o rum com o açúcar até a hora de servir. *Foto no verso.*

1. Preaqueça o forno de convecção a 230°C (ou o forno comum a 250°C). Para os crepes, misture a farinha em uma tigela média com o açúcar e ⅛ de colher (chá) de sal. Adicione o ovo e bata e, em seguida, acrescente o leite aos poucos, mexendo até obter uma massa lisa e fina. Deixe descansar por 20 minutos.

2. Para o creme de Barbados, misture o mascarpone, o iogurte e a baunilha até ficar homogêneo e reserve.

3. Para as bananas, leve uma frigideira média que possa ir ao forno em fogo médio-alto e acrescente a manteiga. Depois de derretida, adicione o açúcar e o gengibre e mexa até derreter e combinar, por 1 a 2 minutos. Retire do fogo, coloque as bananas e misture delicadamente para que fiquem recobertas, depois as posicione com o lado cortado para cima. Leve ao forno por 12 minutos ou até estarem douradas e bem macias. Tempere com um pouco de sal.

4. Coloque 5 g da manteiga dos crepes em uma frigideira média e leve ao fogo médio-alto. Depois que derreter e começar a espumar, adicione cerca de 3 ½ colheres (sopa) da massa, girando a panela para formar um crepe fino de cerca de 16 cm de diâmetro. Cozinhe por 1 a 2 minutos e, usando uma espátula, vire. Cozinhe por mais 30 a 60 segundos, até dourar bem dos dois lados, e reserve. Você pode precisar abaixar o fogo para médio se a frigideira ficar quente demais. Repita com a manteiga e a massa restantes até obter quatro crepes bons (os primeiros podem não sair perfeitos). Cubra e mantenha aquecido.

5. Na hora de servir, misture o rum e o açúcar em uma tigela pequena.

6. Para servir, coloque um crepe em cada prato e espalhe ¼ das bananas por cima de cada um. Dobre o crepe e coloque um pouco do creme de Barbados ao lado. Regue com a mistura de rum e açúcar, finalize com as amêndoas e sirva.

ACÚCAR: FRUTAS E BEBIDAS

PUDIM DE CAFÉ E PÂNDANO

RENDE 4 PORÇÕES

50 g de folhas frescas de pândano, cortadas grosseiramente em pedaços de 4 cm (ou 1 fava de baunilha, cortada ao meio no sentido do comprimento)

300 ml de leite integral

300 ml de creme de leite fresco

15 g de amido de milho

1¼ colher (chá) de café solúvel

4 gemas

50 g de açúcar

1 colher (chá) de cacau em pó

25 g de manteiga sem sal, em temperatura ambiente, cortada em cubos de 1 cm

30 g de macadâmia salgada, bem torrada e picada grosseiramente

¼ de colher (chá) de sal marinho em flocos

CALDA DE CAFÉ

150 ml de café forte

50 g de açúcar

Extremamente perfumadas, as folhas de pândano são usadas na culinária asiática para dar sabor a todo tipo de receita, doces e salgadas. O seu aroma fica algo entre a grama e a baunilha, e elas funcionam particularmente bem com frutas tropicais, em bolos, e em parceria com o café, como acontece aqui. Caso você não consiga encontrá-las, substitua por uma fava de baunilha inteira.

A calda de café pode ser feita com um dia de antecedência, mas tende a penetrar no pudim se ficar sobre ele, por isso deixe para colocá-la apenas na hora de servir. Leva 2 horas para fazer a infusão do leite com o pândano e cerca de 6 horas para os pudins firmarem, portanto é provável que você queira prepará-los com antecedência. *Foto no verso.*

1. Coloque as folhas de pândano (ou a fava de baunilha), o leite e o creme de leite em uma panela média com tampa e leve ao fogo médio. Tampe e deixe aquecer e cozinhar suavemente, apertando as folhas algumas vezes para liberar o sabor, por cerca de 20 minutos. Retire do fogo e deixe em infusão, com a tampa, por pelo menos 2 horas. Passe por uma peneira apoiada sobre uma tigela, apertando para extrair o máximo de líquido possível, e descarte as folhas (ou a fava). Meça 80 ml do leite aromatizado em uma tigela média, adicione o amido de milho e misture até dissolver por completo. Despeje o restante do leite aromatizado de volta na panela, acrescente o café solúvel e misture bem. Reserve.

2. Enquanto isso, prepare a calda colocando o café e o açúcar em uma panela pequena em fogo médio-alto. Espere ferver e deixe borbulhar por 6 a 7 minutos ou até reduzir pela metade e ficar com a consistência de xarope de Maple. Reserve para esfriar; vai engrossar à medida que descansa.

3. Em uma tigela média, misture as gemas, o açúcar, o cacau em pó e o sal até ficar homogêneo.

4. Leve a panela do leite aromatizado de volta ao fogo médio e deixe ferver. Tempere os ovos despejando lentamente metade da mistura de leite quente na tigela com a mistura das gemas, mexendo sem parar até que a tigela esteja quente ao toque. Adicione a mistura de amido de milho e leite e bata até ficar homogêneo. Despeje a mistura temperada de volta na panela aos poucos e bata continuamente, até ficar com a consistência de um creme espesso, mas ainda líquido, por cerca de 5 minutos. Retire do fogo e misture a manteiga até incorporar por completo.

5. Distribua o pudim em quatro taças de martíni (ou algo semelhante) e deixe esfriar um pouco antes de cobrir com plástico filme e levar à geladeira para solidificar, por cerca de 6 horas ou de um dia para o outro.

6. Para servir, espalhe 2 colheres (chá) de calda de café sobre cada pudim, finalize com a macadâmia e sirva qualquer sobra de calda à parte.

ACÚCAR: FRUTAS E BEBIDAS

RENDE 6 PORÇÕES

FRUTAS VERMELHAS COM *LABNEH* DE OVELHA E AZEITE DE LARANJA

900 g de iogurte de leite de ovelha, ou de leite de vaca, em substituição

½ colher (chá) de sal

100 ml de azeite de boa qualidade

10 g de ramos de tomilho-limão, mais algumas folhas separadas para servir

1 laranja: retire 6 tiras finas da casca

200 g de amoras

250 g de framboesas

300 g de morangos, sem os cabos e cortados ao meio (ou em quatro, se forem muito grandes)

50 g de açúcar

1 limão: rale finamente a casca para obter 1 colher (chá), depois esprema para obter 1 colher (sopa) de sumo

200 g de mirtilos

150 g de cerejas, sem caroço

Esta vitrine do melhor da que há na estação pode fazer as vezes de sobremesa leve ou de peça central em um brunch. Você pode preparar o seu próprio *labneh*, mas isso demanda deixar o iogurte escorrer por umas boas 24 horas, ou facilitar as coisas usando *labneh* comprado pronto no mesmo dia ou iogurte grego misturado com um pouco de creme de leite com alto teor de gordura. Você pode ficar totalmente à vontade para escolher as frutas vermelhas que quiser usar, de acordo com o que esteja bom e não muito caro. Você pode usar menos tipos, ou algumas frutas congeladas, se quiser, principalmente para as que são processadas. A receita rende mais azeite do que o necessário; guarde-o em uma jarra de vidro para servir sobre saladas ou vegetais cozidos.

1. Coloque o iogurte e o sal em uma tigela média e misture bem. Forre uma peneira com um pedaço de musselina grande o suficiente para ultrapassar as bordas e apoie a peneira sobre uma tigela. Despeje o iogurte sobre a musselina e dobre as laterais de modo a embrulhar completamente o iogurte. Coloque um peso sobre a musselina (algumas latas ou potes servem) e deixe na geladeira para escorrer por pelo menos 24 horas (e até 48).

2. Enquanto isso, coloque o azeite em uma panela pequena que tenha tampa em fogo médio. Aqueça delicadamente por cerca de 7 minutos, ou até que se formem pequenas bolhas. Retire do fogo, acrescente o tomilho e as tiras de casca de laranja, tampe e deixe em infusão por no mínimo meia hora, mas de preferência de um dia para o outro.

3. No dia seguinte, coloque 50 g de amoras, 100 g de framboesas e 100 g de morangos na tigela pequena de um processador de alimentos junto com o açúcar e o sumo de limão e bata até ficar completamente homogêneo. Coloque todas as frutas restantes em uma tigela grande junto com as frutas batidas e misture delicadamente. Você pode servir imediatamente ou levar a mistura à geladeira por algumas horas, trazendo-a de volta à temperatura ambiente antes de servir.

4. Espalhe o *labneh* em uma travessa grande. Espalhe as frutas por cima e salpique com as raspas de limão. Finalize com 2 colheres (sopa) do azeite aromático, junto com algumas tiras de casca de laranja e as folhas extras de tomilho.

BOMBAS DE SABOR

Tivemos vários títulos provisórios para este livro ao longo do processo de escrita. Um deles foi *The Ottolenghi F-bomb* [algo como *A bomba-S de Ottolenghi*]. Jamais seria aceito, nós sabíamos, mas a ideia das "bombas de sabor" esteve conosco a cada etapa da nossa jornada. Tendo na despensa um pequeno arsenal de temperos, molhos, picles, óleos aromáticos e assim por diante, uma refeição cheia de sabor estará apenas a alguns passos de distância. Essa lista é o nosso arsenal. Todas são receitas que constam das receitas do livro, mas é útil mencioná-las aqui também, para demonstrar como elas podem ser independentes e versáteis. Você não precisa preparar todas, mas ter uma, duas ou três na geladeira é bastante útil. Seus ovos mexidos feitos em 5 minutos nunca mais serão os mesmos depois de regados com o azeite de *cascabel* defumada ou servidos com um pouco de molho de pimenta tostada ao lado.

Algumas questões práticas: se você estiver preparando alguma delas para uma receita, muitas vezes vale a pena dobrar ou triplicar as quantidades para ter um pouco já pronto. O prazo de validade e as observações variam de acordo com cada uma, portanto veja a instrução específica para obter maiores detalhes. Se você multiplicar uma receita, provavelmente vai precisar aumentar proporcionalmente o tamanho da panela ou da tigela e também do tempo de cozimento. Oferecemos sempre uma descrição visual do que é necessário, então, se as quantidades forem aumentadas, use-as mais como um guia, em vez de se ater religiosamente aos tempos informados. Como sempre, siga seus instintos e tenha confiança para ser seu próprio juiz. Se a aparência, o cheiro e o sabor lhe dizem que algo está delicioso e pronto, então é grande a probabilidade de que *esteja* mesmo.

Óleos, manteigas e marinadas
1. Óleo de pimenta (p. 159)
2. Óleo anestesiante (p. 196)
3. Azeite de *cascabel* defumada (p. 41)
4. *Rayu* (p. 237)
5. Manteiga de limão-negro e semente de abóbora (p. 264)
6. Manteiga de três alhos (p. 246)
7. Manteiga de limão *kaffir* (p. 50)
8. Manteiga de pimenta (p. 205)
9. Marinada de feno-grego (p. 63)

Molhos
10. *Nam jim* de laranja sanguínea (p. 202)
11. Molho de pimenta tostada (p. 45)
12. Chutney de coentro (p. 193)
13. *Nam prik* (p. 44)
14. Molho rápido de pimenta (p. 151)
15. Molho agridoce de tamarindo (p. 193)
16. *Chamoy* (p. 187)
17. Molho de tahine e shoyu (p. 113)

Condimentos e picles
18. Molho rosê (p. 146)
19. Maionese de folha de curry (p. 89)
20. Molho barbecue de tâmara (p. 59)
21. Picles de cebola com hibisco (p. 158)

Castanhas e sais
22. Amendoim *chipotle* (p. 263)
23. Sal de nori e gergelim (p. 267)

SUGESTÕES DE REFEIÇÕES E BANQUETES

Refeições centradas em vegetais são flexíveis por natureza. Não há uma hierarquia natural nem uma ordem clara em que as coisas precisam aparecer na mesa. A noção de "prato principal mais acompanhamentos", em que muitos de nós confiam, simplesmente não se encaixa com a mesma facilidade em uma refeição em que a carne ou o peixe não estão no centro das atenções. Embora não sejamos muito fãs de nenhuma estrutura fixa mesmo quando servimos carne ou peixe, sabemos que a liberdade associada à pluralidade de opções de um menu vegetariano pode gerar alguma confusão.

Para ajudar um pouco na escolha de como servir as refeições de *SABOR*, bolamos algumas sugestões. São ideias apenas, sementes que plantamos na sua cabeça para que você possa navegar por entre pratos que nunca preparou antes. Nós incentivamos você a adaptar os nossos menus. Eles não precisam ser seguidos a ferro e fogo. Inclua outros pratos se precisar de mais coisas, retire se achar que está sobrando.

Também adoraríamos que você servisse nossas receitas ao lado dos seus pratos prediletos. Preparar um novo prato já é um desafio, preparar dois é desafio em dobro. Facilite sua vida dando um passo de cada vez, se necessário.

Inclusive, preparar um único prato de *SABOR* e servi-lo com um ou dois acompanhamentos é algo que recomendamos de todo o coração. A maioria das receitas do livro foi concebida com sabores potentes em mente. A "salada simples", as "verduras refogadas" ou o "arroz" que mencionamos abaixo são uma desculpa para você inserir seus pratos preferidos das famílias dos vegetais (crus ou cozidos) e dos amidos. Acompanhe um dos nossos pratos mais substanciais com eles, e você não vai precisar de mais nada.

Por último, se adiante! Sempre que possível, damos uma ideia sobre quais partes de uma receita podem ser preparadas com antecedência; muitas vezes é a receita inteira. Por favor, aproveite isso. Não há nada melhor que colocar uma refeição na mesa em questão de minutos e com (aparentemente) muito pouco esforço. Poupa você do estresse e te deixa livre para aproveitar os frutos do seu merecido trabalho.

SUGESTÕES DE REFEIÇÕES E BANQUETES

Cozinha do dia a dia

UMA PANELA SÓ, PRONTO EM MEIA HORA OU MENOS

Ovos assados com **batata** e *gochujang* (p. 99) + **salada** simples

Cacio e pepe **com zaatar** (p. 104) + **salada** simples

Orecchiette à puttanesca em uma panela só (p. 139) + **salada** simples

Tofu com cardamomo, **verduras** e limão (p. 172) + **arroz** oriental

Abobrinha supermacia com *harissa* e limão (p. 204) + **macarrão** ou **arroz**

UMA PANELA SÓ, PRONTO EM UMA HORA

Ensopado de *bkeila*, **batata** e **feijão--manteiga** (p. 75) + **tofu** ou **peixe** grelhados

Polenta de milho fresco com **ovos** assados (p. 163) + **salada** simples

Ragu de forno definitivo (p. 101) + massa ou polenta e **salada** simples

PRONTO EM UMA HORA

Berinjela no vapor com molho de pimenta tostada (p. 45) + **macarrão** ou **arroz**

Ervilhas em caldo de parmesão com molho de limão tostado (p. 109) + **macarrão**

Panquecas de grão-de-bico com iogurte de picles de manga (p. 91) + **salada** simples

Bolinhos de arroz com kimchi e gruyère (p. 166) + **salada** simples

Udon com **tofu** frito e *nam jim* de laranja (p. 202)

Salada de macarrão com *laab* de cogumelo e amendoim (p. 233)

Mafalda com **abóbora** assada e molho de iogurte (p. 151) + **verduras** refogadas ou **salada** simples

Canja de **arroz** integral e shiitake (p. 237) + **ovo** cozido de gema mole ou **tofu** grelhado e **verduras** refogadas

Ratatouille berbere picante com molho de coco (p. 209) + **arroz** e/ou **pão sírio**

Omelete de coco e cúrcuma (p. 145) + **tofu** frito ou **camarão**

Batata-doce com molho de tomate, limão e cardamomo (p. 131) + **arroz** e **verduras** refogadas

SUGESTÕES DE REFEIÇÕES E BANQUETES

REFEIÇÕES DE POUCO ESFORÇO/ALTO IMPACTO

Bife de **rutabaga** com crosta de curry (p. 63) + **arroz** ou **pão sírio**

Couve-de-bruxelas agridoce com castanha-portuguesa e uva (p. 93) + **tofu** grelhado e **arroz**

Couve-flor assada com manteiga de pimenta (p. 205) + **arroz** e **verduras** refogadas

Bifes de **portobello** com purê de feijão-branco (p. 210) + **verduras** refogadas ou **salada** simples

ACOMPANHAMENTOS DE POUCO ESFORÇO/ALTO IMPACTO

Salada de pepino à Xi'an Impression (p. 113)

Batata frita de forno com maionese de folha de curry (p. 89)

Salada de tomate com iogurte de limão e cardamomo (p. 164)

Verduras refogadas com iogurte (p. 175)

Pétalas de **cebola** agridoce (p. 245)

Cebola com manteiga de missô (p. 258)

Figos grelhados com molho Shaoxing (p. 110)

Salada de tomate e **ameixa** com nori e gergelim (p. 267)

Salada de "macarrão" de couve-rábano (p. 260)

Batatas assadas com tahine e shoyu (p. 276)

Salada de **cenoura** assada com *chamoy* (p. 187)

PARA FAZER COM ANTECEDÊNCIA

Ragu de forno definitivo (p. 101) + **massa** ou **polenta**

Acelga colorida com tomate e azeitona verde (p. 183) + **arroz** ou **massa**

Lasanha picante de **cogumelos** (p. 228) + **salada** simples

Berinjelas recheadas em **dal** de curry e coco (p. 152) + **arroz** e/ou **pão sírio**

Bolinhos de berinjela *alla parmigiana* (p. 156) + **macarrão** e **verduras** refogadas

Korma de **almôndegas de tofu** (p. 268) + **arroz** e/ou pão sírio e **salada** simples

Canja de **arroz** integral e shiitake (p. 237) + **ovo** cozido de gema mole ou tofu grelhado e **verduras** refogadas

Ratatouille berbere picante com molho de coco (p. 209) + **arroz** e/ou **pão sírio**

Bifes de **portobello** com purê de feijão-branco (p. 210) + **verduras** refogadas ou **salada** simples

SUGESTÕES DE REFEIÇÕES E BANQUETES

Banquetes

BRUNCH

Ovos assados com batata e *gochujang* (p. 99) ou **Omelete** de coco e cúrcuma (p. 145) + **Salada** de rabanete e pepino com amendoim *chipotle* (p. 263) + **Crepes** de banana assada e creme de Barbados (p. 290)

Polenta de milho fresco com ovos assados (p. 163) + Salada de **tomate** com iogurte de limão e cardamomo (p. 164) + **Feijão-manteiga** em azeite de *cascabel* defumada (p. 41) + **Abobrinha** supermacia com *harissa* e limão (p. 204)

REFEIÇÕES EM TRÊS ETAPAS

Pappa al pomodoro com limão e semente de mostarda (p. 85) + *Cacio e pepe* com **zaatar** (p. 104) + **Damascos** em calda com pistache e mascarpone de amaretto (p. 282)

Costelinhas de milho (p. 264) + **Nhoque** de rutabaga com manteiga de missô (p. 94) + **Sorvete** de coco com lichia e maracujá (p. 286)

Aipo-rábano assado e em picles com molho *sweet chilli* (p. 55) + **Tofu** com cardamomo, verduras e limão (p. 172) e **arroz** + Pudim de **café** e pândano (p. 291)

Sopa de ervas e **berinjela** chamuscada (p. 42) + **Orecchiette** à puttanesca em uma panela só (p. 139) + **Sorbet** de limão-siciliano do Max e do Flynn (p. 289)

BANQUETE ROVI

Tempurá de talos, folhas e ervas (p. 184) + **Beterraba** *hasselback* com manteiga de limão *kaffir* (p. 50) + **Pimentão** tostado e polenta de milho fresco (p. 140) + **Acelga** colorida com tomate e **azeitona** verde (p. 183) + **Pudim** de tangerina e pimenta *ancho* (p. 278)

BANQUETE *KORMA*

Korma de **almôndegas de tofu** (p. 268) + **Ratatouille** berbere picante com molho de coco (p. 209) ou Bife de **rutabaga** com crosta de curry (p. 63) + **Pão sírio** de azeite com manteiga de três alhos (sem os tomates) (p. 246) ou **arroz**

BANQUETE MEXICANO

Tamales de queijo com todos os *toppings* (ou alguns) (p. 158) ou **Tacos de shimeji** com todos os *toppings* (ou alguns) (p. 238) (ou ambos) + **Salada** de rabanete e pepino com amendoim *chipotle* (p. 263) + **Pudim** de tangerina e pimenta *ancho* (p. 278)

BANQUETE DO LESTE ASIÁTICO

Repolho com creme de gengibre e óleo anestesiante (p. 196) + **Panqueca** de aspargos e *gochujang* (p. 102) + Caponata *fusion* com **tofu** macio (p. 135) + **Salada** de pepino à Xi'an Impression (p. 113) + Pudim de **café** e pândano (p. 291)

SUGESTÕES DE REFEIÇÕES E BANQUETES

BANQUETES FESTIVOS

Bolo de rabanete (p. 270) + **Couve-
-de-bruxelas** agridoce com castanha-
-portuguesa e uva (p. 93) + **Alho-poró**
com molho de missô e ciboulette
(p. 257) + **Purê de abóbora** rústico
da Esme (p. 136) + **Arroz** sujo (p. 252)

Couve-flor assada com manteiga
de pimenta (p. 205) + **Batatas
gratinadas** com limão e coco (p. 72)
+ Salada de **cenoura** assada com
chamoy (p. 187) + **Vagens** grelhadas
em cocção lenta (p. 4 9) ou **vagem**
no vapor

ALMOÇO DE DOMINGO

Bife de **aipo-rábano** com molho
Café de Paris (p. 60) + **Salada** de
pepino, *zaatar* e limão picado (p. 191)
+ **Batata frita** de forno (sem a
maionese de folha de curry) (p. 89)

BANQUETE DE VERÃO
AO AR LIVRE

Salada de **melão** e **melancia** com
mozarela de búfala, *kasha* e folha de
curry (p. 80) + **Salada de tomate** e
ameixa com nori e gergelim (p. 267) +
Salada de batata com manjericão
tailandês (p. 275) + **Pão sírio** de azeite
com manteiga de três alhos (p. 246) +
Abobrinha supermacia com *harissa*
e limão (p. 204)

MEZZE

Berinjela com ervas e alho crocante
(p. 251) + Pétalas de **cebola** agridoce
(p. 245) ou **Cebolas** grelhadas do
Neil com **gazpacho** verde
(p. 242) + **Homus** de alho assado
com cogumelos grelhados (p. 234) +
Salada de **tomate** com iogurte de
limão e cardamomo (p. 164) + **Pão
sírio** de azeite com manteiga de três
alhos (p. 246)

PASTINHAS

Homus com limão, alho frito e
pimenta (p. 79) + Purê de **batata-
-doce** com iogurte e limão (p. 192) +
Purê de feijão-branco com aïoli
(p. 76) + **Purê de cenoura** ao curry
com manteiga *noisette* (p. 67)

ÍNDICE REMISSIVO

A

ABACATE 123
  alface-americana com creme de berinjela defumada 38
  creme de avocado 238
  salada de avocado 159
  sopa fria de avocado com azeite de alho crocante 82
ABÓBORA
  fregola com abóbora e molho de tomate anisado 137
  galette de abóbora, laranja e sálvia 132
  mafalda com abóbora assada e molho de iogurte 151
  purê de abóbora rústico da Esme 136
ABÓBORA MORANGA
  fregola com abóbora e molho de tomate anisado 137
ABÓBORA-DE--PESCOÇO
  galette de abóbora, laranja e sálvia 132
  mafalda com abóbora assada e molho de iogurte 151
  purê de abóbora rústico da Esme 136
ABOBRINHA
  abobrinha supermacia com *harissa* e limão 204
AÇAFRÃO
  tagliatelle de açafrão 198
  tagliatelle de açafrão com ricota e crocante de chalota e *chipotle* 199
ACELGA
  acelga colorida com tomate e azeitona verde 183
ACIDEZ 124-6, 171-95
ÁCIDO GLUTÂMICO 217-8
AÇÚCAR 223

AGRIÃO
  ensopado de cevada, tomate e agrião 68-9
AÏOLI 76
AIPO-RÁBANO 6-7, 29
  aipo-rábano assado e em picles com molho *sweet chilli* 55
  aipo-rábano assado inteiro, três versões 55, 59-60
  bife de aipo-rábano com molho café de Paris 60
  "tacos" de repolho com aipo-rábano e barbecue de tâmara 59
ALCACHOFRA-DE--JERUSALÉM
  salada de batata com manjericão tailandês 275
ALFACE
  alface-americana com creme de berinjela defumada 38
ALHO 218-9
  berinjela com ervas e alho crocante 251
  bolinhos de berinjela *alla parmigiana* 156
  ensopado de cevada, tomate e agrião 68-9
ALHO-NEGRO 17, 219
  aïoli 76
  arroz sujo 252
  azeite de alho crocante 82
  azeite de alho e gengibre 45
  canja de arroz integral e shiitake 237
  fregola com abóbora e molho de tomate anisado 137
  galette de abóbora, laranja e sálvia 132
  homus com limão, alho frito e pimenta 79
  homus de alho assado com cogumelos grelhados 234
  pão sírio de azeite com manteiga de três alhos 246-7
  pimentão tostado e polenta de milho fresco

com gema curada em shoyu 140
  "tacos" de repolho com aipo-rábano e barbecue de tâmara 59
  tofu com cardamomo, verduras e limão 172
  tofu com limão-negro da Noor 176
ALHO-PORÓ 219
  alho-poró com molho de missô e ciboulette 257
ALIÁCEAS 217-9
ALMÔNDEGA
  korma de almôndegas de tofu 268
AMEIXA
  salada de tomate e ameixa com nori e gergelim 267
AMÊNDOA 221
AMENDOIM 223
  amendoim *chipotle* 263
  brócolis com ketchup de cogumelos e nori 227
  salada de macarrão com *laab* de cogumelo e amendoim 233
AMORA
  frutas vermelhas com *labneh* de ovelha e azeite de laranja 295
ANCHOVA 17, 19
ANIS-ESTRELADO
  bolinhos de tapioca com calda de laranja e anis-estrelado 280
  fregola com abóbora e molho de tomate anisado 137
AQUAFABA
  sorvete de coco com lichia e maracujá 286
AROMA 119
AROMÁTICOS
  aromáticos crocantes 72
  aromáticos fritos 79
  óleos aromáticos 31-2
ARROZ
  arroz sujo 252
  bolinhas de arroz glutinoso em *rasam* de tamarindo 180

  bolinhos de arroz com kimchi e gruyère 166-7
  canja de arroz integral e hitake 237
ASPARGO
  panqueca de aspargos e *gochujang* 102
  salada de aspargos com tamarindo e limão 171
AZEITE 29-31, 121-2
  pão sírio de azeite com manteiga de três alhos 246
AZEITONAS
  acelga colorida com tomate e azeitona verde 183
  bolinhos de berinjela *alla parmigiana* 156
  ervilhas em caldo de parmesão com molho de limão tostado 109
  orecchiette à puttanesca em uma panela só 139

B

BANANA-DA-TERRA
  banana-da-terra com salada de coco, maçã e gengibre 62
BATATA
  batata frita de forno com maionese de folha de curry 89
  batatas assadas com tahine e shoyu 276
  batatas *chaat masala* com iogurte e tamarindo 193
  batatas gratinadas com limão e coco 72
  ensopado de *bkeila*, batata e feijão--manteiga 75
  nhoque de rutabaga com manteiga de missô 94-5
  ovos assados com batata e *gochujang* 99
  salada de batata com manjericão tailandês 275

ÍNDICE REMISSIVO

BATATA FRITA
batata frita de forno com maionese de folha de curry 89

BATATA-DOCE
batata-doce com molho de tomate, limão e cardamomo 131
purê de batata-doce com iogurte e limão 192

BERINJELA
alface-americana com creme de berinjela defumada 38
berinjela com ervas e alho crocante 251
berinjela no vapor com molho de pimenta tostada 45
berinjelas recheadas em dal de curry e coco 152
bolinhos de berinjela *alla parmigiana* 156
caponata *fusion* com tofu macio 135
ratatouille berbere picante com molho de coco 209
sopa de ervas e berinjela chamuscada 42
recheadas em dal de curry e coco 152-3

BETERRABA
beterraba *hasselback* com manteiga de limão *kaffir* 50-1

BISCOITO AMARETTO
damascos em calda com pistache e mascarpone de amaretto 282

BKEILA
ensopado de *bkeila*, batata e feijão-manteiga 75

BOLINHAS DE ARROZ GLUTINOSO
batata-doce com molho de tomate, limão e cardamomo 131
bolinhas de arroz glutinoso em *rasam* de tamarindo 180

salada de tomate com iogurte de limão e cardamomo 164
salada de tomate e ameixa com nori e gergelim 267

BOLINHOS
bolinhas de arroz glutinoso em *rasam* de tamarindo 180
bolinhos de arroz com kimchi e gruyère 166-7
bolinhos de berinjela *alla parmigiana* 156
bolinhos de tapioca com calda de laranja e anis-estrelado 280;
bolo de rabanete 270

BOMBAS DE SABOR 297-9

BRÓCOLIS 25
brócolis com ketchup de cogumelos e nori 227
brócolis em duas versões com pimenta e cominho 186

BROTO DE FEIJÃO
omelete de coco e cúrcuma 145

BROTOS 25
couve-de-bruxelas agridoce com castanha-portuguesa e uva 93

C

cacio e pepe com *zaatar* 104

CALDA DE CAFÉ 291

CALDOS
bolinhas de arroz glutinoso em *rasam* de tamarindo 180
ervilhas em caldo de parmesão com molho de limão tostado 109

CAMADAS 119-20

canja de arroz integral e shiitake 237

CANÔNIGO
salada de pepino, *zaatar* e limão picado 191

CAPONATA
caponata *fusion* com tofu macio 135

capsaicina 127

CARDAMOMO 17
batata-doce com molho de tomate, limão e cardamomo 131
maionese de folha de curry 89
salada de tomate com iogurte de limão e cardamomo 164
tofu com cardamomo, verduras e limão 172

CASTANHA-DE-CAJU 221, 223
korma de almôndegas de tofu 268

CASTANHA-PORTUGUESA
arroz sujo 252
castanhas com shoyu e maple 270
couve-de-bruxelas agridoce com castanha-portuguesa e uva 93

CASTANHAS 220-3, 260-77, 299
castanhas com shoyu e maple 270-1
torrar 21, 30

castanhas e sais 299

CEBOLA 30, 217-8
anéis de cebola com leitelho e cúrcuma 255
cebola com manteiga de missô 258
cebolas grelhadas do Neil com gazpacho verde 242
pétalas de cebola agridoce 245
picles de cebola 238
picles de cebola com hibisco 158

CEBOLINHA
anéis de cebola com leitelho e cúrcuma 255
panqueca de aspargos e *gochujang* 102

CENOURA

galette de abóbora, laranja e sálvia 132
ragu de forno definitivo 101
salada de cenoura assada com *chamoy* 187

CEREJAS
frutas vermelhas com *labneh* de ovelha e azeite de laranja 295

CEVADA
ensopado de cevada, tomate e agrião 68-9
ragu de forno definitivo 101

CHÁ DE HIBISCO
picles de cebola com hibisco 158
sorbet de limão-siciliano do Max e do Flynn 289

CHALOTA 217
couve-de-bruxelas agridoce com castanha-portuguesa e uva 93
crocante de chalota e *chipotle* 199

CHAMOY
salada de cenoura assada com 187

CHOY SU
tofu com cardamomo, verduras e limão 172

CHUTNEY DE COENTRO 193

CIBOULETTE
ciboulette molho de missô e ciboulette 257

COCO 123, 221
banana-da-terra com salada de coco, maçã e gengibre 62
sorvete de coco com lichia e maracujá 286

COENTRO
chutney de coentro 193
sopa de ervas e berinjela chamuscada 42

COGUMELO PORCINI 216-7
ketchup de cogumelos 227
lasanha picante de cogumelos 228

309

ÍNDICE REMISSIVO

ragu de forno definitivo 101

COGUMELO SHIITAKE 217

canja de arroz integral e shiitake 237

homus de alho assado com cogumelos grelhados 234

ketchup de cogumelos 227

COGUMELOS 215-7, 227-41

bifes de portobello com purê de feijão-branco 210

canja de arroz integral e shiitake 237

cogumelos secos 216-7

homus de alho assado com cogumelos grelhados 234

ketchup de cogumelos 227

korma **de almôndegas de tofu** 268

lasanha picante de cogumelos 228-9

ragu de forno definitivo 101

salada de macarrão com *laab* de cogumelo e amendoim 233

tacos de shimeji com todos os *toppings* (ou alguns) 238-9

COMBINAÇÃO 7, 9, 116-211

COMPOSTOS SULFUROSOS 219

COMPOSTOS VOLÁTEIS 219-20

COR, ACIDEZ E 125

COUVE-DE-BRUXELAS

couve-de-bruxelas agridoce com castanha--portuguesa e uva 93

COUVE-FLOR 25

couve-flor assada com manteiga de pimenta 205

COUVE-RÁBANO

ensopado de cevada, tomate e agrião 68-9

ovos assados com batata e *gochujang* 99

picles de couve-rábano 238

ratatouille berbere picante com molho de coco 209

salada de "macarrão" de couve-rábano 260

COUVE-TOSCANA

verduras refogadas com iogurte 175

CREAM CHEESE

repolho com creme de gengibre e óleo anestesiante 196

CREME DE ABACATE 238

CREME DE COCO

batatas gratinadas com limão e coco 72

creme de abacate 238

molho de coco e pepino 209

ragu de forno definitivo 101

sorvete de coco com lichia e maracujá 286

CREME DE IOGURTE 50-1

CREME DE LEITE

creme de iogurte 50-1

pudim de café e pândano 291

crepes de banana assada e creme de barbados 290

CÚRCUMA

anéis de cebola com leitelho e cúrcuma 255

omelete de coco e cúrcuma 145

CURRY

berinjelas recheadas em dal de curry e coco 152-3

bife de rutabaga com crosta de curry 63

korma **de almôndegas de tofu** 268

purê de cenoura ao curry com manteiga *noisette* 67

CUZCUZ

fregola com abóbora e molho de tomate anisado 137

D

DAL DE COCO 152-3

DAMASCO

damascos em calda com pistache e mascarpone de amaretto 282

salada de cenoura assada com *chamoy* 187

DOÇURA 119-21, 131-49

DOURAR 28-9, 38

E

EM UMA PANELA SÓ

abobrinha supermacia com *harissa* e limão 204

azeite de *cascabel* **defumada** 41

bifes de portobello com purê de feijão-branco 210

manteiga de três alhos 246-7

vagens grelhadas em cocção lenta 49

ENDRO

tempurá de talos, folhas e ervas 184

ENSOPADOS

ensopado de *bkeila*, **batata e feijão--manteiga** 75

ensopado de cevada, tomate e agrião 68-9

ERVAS

berinjela com ervas e alho crocante 251

sopa de ervas e berinjela chamuscada 42

ERVILHA

ervilhas em caldo de parmesão com molho de limão tostado 109

sopa fria de avocado com azeite de alho crocante 82

escala de Scoville 127

ESPINAFRE

berinjelas recheadas

em dal de curry e coco 152-3

ensopado de *bkeila*, **batata e feijão--manteiga** 75

fregola com abóbora e molho de tomate anisado 137

polenta de milho fresco com ovos assados 163

sopa de ervas e berinjela chamuscada 42

tofu com limão-negro da Noor 176

ESPINAFRE CHINÊS

nhoque de rutabaga com manteiga de missô 94-5

F

FARINHA DE ROSCA

bolinhos de berinjela *alla parmigiana* 156

schnitzels **de pimentão vermelho** 146

FARINHA PANKO

pappa al pomodoro com limão e semente de mostarda 85

schnitzels **de pimentão vermelho** 146-7

FEIJÃO-BRANCO

purê de feijão-branco com aïoli 76

FEIJÃO-MANTEIGA 20

bifes de portobello com purê de feijão-branco 210

ensopado de *bkeila*, **batata e feijão--manteiga** 75

feijão-manteiga em azeite de *cascabel* **defumada** 41

FEIJÕES 18-20

bifes de portobello com purê de feijão-branco 210

ensopado de *bkeila*, **batata e feijão--manteiga** 75

ÍNDICE REMISSIVO

feijão-manteiga em azeite de *cascabel* defumada 41

feijão-preto com coco, pimenta e limão 86

purê de feijão-branco com aïoli 76

FENO-GREGO
bife de rutabaga com crosta de curry 63

FETA
cebolas grelhadas do Neil com gazpacho verde 122-3

polenta de milho fresco com ovos assados 163

FIGO
figos grelhados com molho Shaoxing 110

FILME-PLÁSTICO 21

FLEXITARIANISMO 9-10

FLOR DE HIBISCO 18

FOLHAS DE CURRY
bolinhas de arroz glutinoso em *rasam* de tamarindo 180

dal de coco 152-5

maionese de folha de curry 89

panqueca de grão-de-bico com iogurte de picles de manga 91

pappa al pomodoro com limão e semente de mostarda 85

salada de melão e melancia com mozarela de búfala, *kasha* e folha de curry 80

FOLHAS DE LIMÃO KAFFIR
manteiga de limão *kaffir* 50-1

molho de limão *kaffir* 50-1

schnitzels de pimentão vermelho 146-7

sorbet de melancia e morango 283

FOLHAS DE PÂNDANO
pudim de café e pândano 291

FRAMBOESA
frutas vermelhas com

labneh de ovelha e azeite de laranja 295

FRUTAS 224-5, 278-95
ver também as frutas individualmente

FRUTAS VERMELHAS
frutas vermelhas com *labneh* de ovelha e azeite de laranja 295

G

GALANGA: NAM PRIK 44

galette de abóbora, laranja e sálvia 132

GAZPACHO VERDE 242

GENGIBRE
azeite de alho e gengibre 45

banana-da-terra com salada de coco, maçã e gengibre 62

bolinhas de arroz glutinoso em *rasam* de tamarindo 180

dal de coco 153

repolho com creme de gengibre e óleo anestesiante 196

GERGELIM 220-3
rayu 237

sal de nori e gergelim 267

GLUTAMATO 35, 214

GORDURA 121-3, 150-69
ver também manteiga, óleos etc.

GORDURAS VEGETAIS 123

GOSTO 119

GRÃO-DE-BICO
homus com limão, alho frito e pimenta 79

homus de alho assado com cogumelos grelhados 234

orecchiette à puttanesca em uma panela só 139

panqueca de grão-de-bico com iogurte de picles de manga 91

receita básica de grão-de-bico 79

GRUYÈRE
bolinhos de arroz com kimchi e gruyère 166-7

H

HARISSA 18, 129
abobrinha supermacia com *harissa* e limão 204

batatas assadas com tahine e shoyu 276

beterraba *hasselback* com manteiga de limão *kaffir* 50

manteiga de pimenta 205

ragu de forno definitivo 101

HOMUS
homus com limão, alho frito e pimenta 79

homus de alho assado com cogumelos grelhados 234

HORTELÃ
tempurá de talos, folhas e ervas 184

I

Ikeda, Kikunae 35

INFUNDIR 31-2, 76-91

INGREDIENTES 6-9, 13-21, 212-95
nota sobre os ingredientes 21

IOGURTE 123
alface-americana com creme de beringela defumada 38

batatas *chaat masala* com iogurte e tamarindo 193

cebolas grelhadas do Neil com gazpacho verde 242

creme de barbados 290

frutas vermelhas com *labneh* de ovelha e azeite de laranja 295

iogurte de picles de manga 91

mafalda com abóbora assada e molho de iogurte 151

pimentão tostado e polenta de milho fresco com gema curada em shoyu 140

purê de batata-doce com iogurte e limão 192

salada de tomate com iogurte de limão e cardamomo 164

verduras refogadas com iogurte 175

IOGURTE DE LEITE DE OVELHA
frutas vermelhas com *labneh* de ovelha e azeite de laranja 295

IOGURTE DE PICLES DE MANGA 91

K

KASHA
salada de melão e melancia com mozarela de búfala, *kasha* e folha de curry 80

KETCHUP DE COGUMELOS 227

korma de almôndegas de tofu 268

L

LABNEH
frutas vermelhas com *labneh* de ovelha e azeite de laranja 295

LARANJA
bolinhos de tapioca com calda de laranja e anis-estrelado 280

311

ÍNDICE REMISSIVO

frutas vermelhas com *labneh* de ovelha e azeite de laranja 295

galette de abóbora, laranja e sálvia 132

nam jim de laranja sanguínea 202

PICLES DE CEBOLA 238

lasanha picante de cogumelos 228-9

LEITE

pudim de tangerina e pimenta *ancho* 278

LEITE CONDENSADO

pudim de tangerina e pimenta *ancho* 278

LEITE DE COCO

dal de coco 153

omelete de coco e cúrcuma 145

pudim de café e pândano 291

LEITELHO

anéis de cebola com leitelho e cúrcuma 255

LENTILHA

dal de coco 153

ragu de forno definitivo 101

LICHIA

sorvete de coco com lichia e maracujá 286

LIMÃO

feijão-preto com coco, pimenta e limão 86

manteiga de limão--negro e semente de abóbora 264

salada de aspargos com tamarindo e limão 171

LIMÃO-NEGRO 18

batatas gratinadas com limão e coco 72

maionese de folha de curry 89

manteiga de limão--negro e semente de abóbora 264

purê de batata-doce com iogurte e limão 192

tofu com limão-negro da Noor 176

tofu com cardamomo, verduras e limão 172

verduras refogadas com iogurte 175

LIMÃO-SICILIANO

abobrinha supermacia com *harissa* e limão 204

homus com limão, alho frito e pimenta 79

molho de limão chamuscado 109

salada de pepino, *zaatar* e limão picado 191

sorbet de limão--siciliano do Max e do Flynn 289

vagens grelhadas em cocção lenta 49

M

MAÇÃ

banana-da-terra com salada de coco, maçã e gengibre 62

MACADÂMIA

pudim de café e pândano 291

MACARRÃO

lasanha picante de cogumelos 228-9

orecchiette à puttanesca em uma panela só 139

salada de macarrão com *laab* de cogumelo e amendoim 233

tagliatelle de açafrão 198

tagliatelle de açafrão com ricota e crocante de chalota e *chipotle* 199

udon com tofu frito e *nam jim* de laranja 202

mafalda com abóbora assada e molho de iogurte 151

MAILLARD, REAÇÃO DE 28-30

MAIONESE DE FOLHA DE CURRY 89

MANJERICÃO

salada de batata com manjericão tailandês 275

MANTEIGA 122, 298

cebola com manteiga de missô 258

manteiga de limão *kaffir* 50-1

manteiga de limão--negro e semente de abóbora 264

manteiga de pimenta 205

manteiga de três alhos 246-7

purê de cenoura ao curry com manteiga *noisette* 67

MARACUJÁ

sorvete de coco com lichia e 286

MARINADAS 298

MASA HARINA 17-8

tacos de shimeji com todos os *toppings* (ou alguns) 238-39

tamales de queijo com todos os *toppings* (ou alguns) 158

MASCARPONE

creme de barbados 290

damascos em calda com pistache e mascarpone de amaretto 282

galette de abóbora, laranja e sálvia 132

MATURAR 33-5, 93-113

MEDIDAS 21

MELANCIA

salada de melão e melancia com mozarela de búfala, *kasha* e folha de curry 80

sorbet de melancia e morango 283

MILHO FRESCO

costelinhas de milho 264

pimentão tostado e polenta de milho fresco com gema curada em shoyu 140

polenta de milho fresco com ovos assados 163

tamales de queijo com todos os *toppings* (ou alguns) 158

MIRTILO

frutas vermelhas com *labneh* de ovelha e azeite de laranja 295

MISSÔ 19, 34-5

cebola com manteiga de missô 258

molho de missô e ciboulette 257

nhoque de rutabaga com manteiga de missô 94-5

MOLHO BARBECUE DE TÂMARA 59

MOLHO CAFÉ DE PARIS

bife de aipo-rábano 60

MOLHO DE PEIXE 19

MOLHOS 99, 102, 255, 298

molho agridoce de tamarindo 193

molho barbecue de tâmara 59

molho café de Paris 60

molho de coco e pepino 209

molho de limão chamuscado 109

molho de limão *kaffir* 50-1

molho de missô e ciboulette 257

molho de pimenta tostada 45

molho de tahine e shoyu 113, 276

molho de tamarindo e limão 171

molho de tangerina 184

molho de tomate, limão e cardamomo 131

molho de toranja 145

molho Shaoxing 110

molho *sweet chilli* 55

nam jim de laranja sanguínea 202

salada de batata com manjericão tailandês 275

salsa roja 159

MORANGO

frutas vermelhas com *labneh* de ovelha e azeite de laranja 295

sorbet de melancia e morango 283

ÍNDICE REMISSIVO

MOZARELA 123

salada de melão e melancia com mozarela de búfala, *kasha* e folha de curry 80

tamales de queijo com todos os *toppings* (ou alguns) 158-9

N

nam jim de laranja sanguínea 202

nam prik, repolho com 44

NHOQUE

nhoque de rutabaga com manteiga de missô 94

NORI

brócolis com ketchup de cogumelos e nori 227

sal de nori e gergelim 267

NOZ 223

O

ÓLEO DE GIRASSOL 31, 122-3

ÓLEO DE PIMENTA 159

azeite de *cascabel* defumada 41

bifes de portobello com purê de feijão-branco 210

caponata *fusion* com tofu macio 135

escala de Scoville 127

homus com limão, alho frito e pimenta 79

molho *sweet chilli* 55

ovos assados com batata e *gochujang* 99

pappa al pomodoro com limão e semente de mostarda 85

picles de pimenta verde 199

pudim de tangerina e pimenta *ancho* 278

purê de feijão-branco com aïoli 76

ratatouille berbere picante com molho de coco 209

repolho com *nam prik* 44

salada de cenoura assada com *chamoy* 187

salada de "macarrão" de couve-rábano 260

salsa roja 158

tacos de shimeji com todos os *toppings* (ou alguns) 238-9

ÓLEOS 221-3, 298

azeite de alho crocante 82

azeite de *cascabel* defumada 41

óleo anestesiante 196

óleo aromático 31-2, 59

óleo de pimenta 159

OMELETE

omelete de coco e cúrcuma 145

ORECCHIETTE

orecchiette à puttanesca em uma panela só 139

OVO

omelete de coco e cúrcuma 145

ovos assados com batata e *gochujang* 99

pimentão tostado e polenta de milho fresco com gema curada em shoyu 140

polenta de milho fresco com ovos assados 163

pudim de café e pândano 291

schnitzels de pimentão vermelho 146

P

PANEER

berinjelas recheadas em dal de curry e coco 152-3

PANQUECA

panqueca de aspargos e *gochujang* 102

panqueca de grão-de-bico com iogurte de picles de manga 91

PÃO

alface-americana com creme de berinjela defumada 38

pão sírio de azeite com manteiga de três alhos 246-7

pappa al pomodoro com limão e semente de mostarda 85

PÃO DE FERMENTAÇÃO NATURAL

alface-americana com creme de berinjela defumada 38

pappa al pomodoro com limão e semente de mostarda 85

PÃO SÍRIO

pão sírio de azeite com manteiga de três alhos 246

PAPEL-ALUMÍNIO 21

PAPEL-MANTEIGA 21

PAPILAS GUSTATIVAS 121

pappa al pomodoro com limão e semente de mostarda 85

PARMESÃO 34, 123

bolinhos de berinjela *alla parmigiana* 156

cacio e pepe com *zaatar* 104

ervilhas em caldo de parmesão com molho de limão tostado 109

lasanha picante de cogumelos 228-9

polenta de milho fresco com ovos assados 163

PASTA DE PIMENTA COREANA *GOCHUJANG* 18-9

ovos assados com batata e *gochujang* 99

panqueca de aspargos e *gochujang* 102

PECORINO 34

lasanha picante de cogumelos 228

pecorino *cacio e pepe* com *zaatar* 104

PEIXE 17, 19

PEPINO

cominho, brócolis em duas versões com pimenta e 186

gazpacho verde 242

molho de coco e pepino 209

salada de macarrão com *laab* de cogumelo e amendoim 233

salada de pepino à xi'an impression 113

salada de pepino, *zaatar* e limão picado 191

salada de rabanete e pepino com amendoim *chipotle* 263

sopa fria de avocado com azeite de alho crocante 82

PÊSSEGO

vagens e pêssegos grelhados do Calvin 37

PESTO 221

PÉTALAS DE CEBOLA AGRIDOCE 245

PICÂNCIA 127-8, 196-211

PICLES 299

picles de aipo-rábano 55, 238-9

picles de couve-rábano 238

picles de manga 19

picles de pimenta verde 199

PIMENTA ALEPPO 17

brócolis com ketchup de cogumelos e nori 227

canja de arroz integral e shiitake 237

couve-flor assada com manteiga de pimenta 205

nam jim de laranja sanguínea 202

purê de feijão-branco com aïoli 76

repolho com *nam prik* 44

313

ÍNDICE REMISSIVO

salada de cenoura assada com *chamoy* 187
salada de "macarrão" de couve-rábano 260
PIMENTA *ANCHO* 20
feijão-preto com coco, pimenta e limão 86
pudim de tangerina e pimenta *ancho* 278
salsa roja 158-9
PIMENTA *CASCABEL* 20
azeite de *cascabel* defumada 41
tacos de shimeji com todos os *toppings* (ou alguns) 238-9
PIMENTA *CHIPOTLE* 20
amendoim *chipotle* 263
bifes de portobello com purê de feijão-branco 210
crocante de chalota e *chipotle* 199
PIMENTAS 16-8
brócolis em duas versões com pimenta e cominho 186
canja de arroz integral e shiitake 237
couve-flor assada com manteiga de pimenta 205
feijão-preto com coco, pimenta e limão 86
molho de pimenta tostada 45
nam jim de laranja sanguínea 202
panqueca de aspargos e *gochujang* 102
PIMENTÕES 20
gazpacho verde 242
pimentão tostado e polenta de milho fresco com gema curada em shoyu 140
ratatouille berbere picante com molho de coco 209
schnitzels de pimentão vermelho 146-7
PINOLE
castanhas com shoyu e maple 270
PISTACHE
damascos em calda com pistache e mascarpone de amaretto 282
salada de aspargos com tamarindo e limão 171
POLENTA
pimentão tostado e polenta de milho fresco com gema curada em shoyu 140
polenta de milho fresco com ovos assados 163
PUDIM DE TANGERINA E PIMENTA *ANCHO* 278
PURÊ DE ABÓBORA RÚSTICO DA ESME 136
PURÊ DE FEIJÃO-BRANCO COM AÏOLI 76

QUEIJO 34, 122-3
bolinhos de arroz com kimchi e gruyère 166-7
bolinhos de berinjela *alla parmigiana* 156
cacio e pepe com *zaatar* 104
cebolas grelhadas do Neil com gazpacho verde 242
ervilhas em caldo de parmesão com molho de limão tostado 109
lasanha picante de cogumelos 228-9
pétalas de cebola agridoce 245
polenta de milho fresco com ovos assados 163
salada de melão e melancia com mozarela de búfala, *kasha* e folha de curry 80
salada de tomate com iogurte de limão e cardamomo 164
tamales de queijo com todos os *toppings* (ou alguns) 158-9
vagens e pêssegos grelhados do Calvin 37; *ver também* mascarpone, *paneer*, ricota
QUEIJO DE CABRA
pétalas de cebola agridoce 245
salada de tomate com iogurte de limão e cardamomo 164
"tacos" de repolho com aipo-rábano e barbecue de tâmara 59
vagens e pêssegos grelhados do Calvin 37

R

RABANETE
alface-americana com creme de berinjela defumada 38
bolo de rabanete 270
canja de arroz integral e shiitake 237
omelete de coco e cúrcuma 145
salada de batata com manjericão tailandês 275
salada de rabanete e pepino com amendoim *chipotle* 263
RAGU DE FORNO DEFINITIVO 101
RAMOS DE BETERRABA tempurá de talos, folhas e ervas 184
RATATOUILLE
ratatouille berbere picante com molho de coco 209
RAYU 237
REPOLHO
com *nam prik* 44
repolho com creme de gengibre e óleo anestesiante 196
"tacos" de repolho com aipo-rábano e barbecue de tâmara 59
RICOTA
bolinhos de berinjela *alla parmigiana* 156
figos grelhados com molho Shaoxing 110
tagliatelle de açafrão com ricota e crocante de chalota e *chipotle* 199
RÚCULA
figos grelhados com molho Shaoxing 110
RUM 225
RUTABAGA
bife de rutabaga com crosta de curry 63
nhoque de rutabaga com manteiga de missô 94-5

S

sal de nori e gergelim 267
SALADAS
banana-da-terra com salada de coco, maçã e gengibre 62
bife de rutabaga com crosta de curry 63
omelete de coco e cúrcuma 145
salada de abacate 159
salada de aspargos com tamarindo e limão 171
salada de batata com manjericão tailandês 275
salada de cenoura assada com *chamoy* 187
salada de macarrão com *laab* de cogumelo e amendoim 233
salada de "macarrão" de couve-rábano 260
salada de melão e melancia com mozarela de búfala, *kasha* e folha de curry 80
salada de pepino à Xi'an impression 113
salada de pepino, *zaatar* e limão picado 191

314

ÍNDICE REMISSIVO

salada de rabanete e
pepino com amendoim
chipotle 263
salada de tomate
com iogurte de limão
e cardamomo 164
salada de tomate
e ameixa com nori
e gergelim 267
SALSINHA
sopa de ervas e
berinjela queimada 42
SÁLVIA
galette de abóbora,
laranja e sálvia 132
SAUTERNES 225
damascos em calda com
pistache e mascarpone
de amaretto 282
schnitzels de pimentão
vermelho 147, 246
SEMENTE DE ABÓBORA
manteiga de limão-
-negro e semente de
abóbora 264
SEMENTES 220-3, 260-77
torrar 21, 30
SENTIDOS 214
SHOYU 34-5
castanhas com shoyu
e maple 270
molho de tahine
e shoyu 113
SOPAS
sopa de ervas
e berinjela
chamuscada 42
sopa fria de avocado
com azeite de alho
crocante 82
SORBETS
sorbet de limão-
-siciliano do Max
e do Flynn 289
sorbet de melancia
e morango 283
SORVETE
sorvete de coco com
lichia e maracujá 286
SUCO DE ROMÃ
pétalas de cebola
agridoce 245
**SUGESTÕES DE
REFEIÇÕES E
BANQUETES** 300-4

T

TACO
"tacos" de repolho com
aipo-rábano e barbecue
de tâmara 59
tacos de shimeji com
todos os *toppings* (ou
alguns) 238
TAGLIATELLE
tagliatelle e açafrão
com ricota e crocante
de chalota e *chipotle* 198
TAHINE 220-1
molho de tahine
e shoyu 113
TAMALES
tamales de queijo
com todos os *toppings*
(ou alguns) 158-9
TAMARINDO 19
bolinhas de arroz
glutinoso em *rasam*
de tamarindo 180
molho agridoce de
tamarindo 193
salada de aspargos
com tamarindo e limão
171
salada de macarrão
com *laab* de cogumelo
e amendoim 233
TANGERINA
molho de tangerina
184
pudim de tangerina
e pimenta *ancho* 278
TÉCNICA 6, 22-115
TEMPERATURAS 21
**TEMPERATURAS DE
FORNO** 21
tempurá de talos, folhas
e ervas 184
TEXTURA, ACIDEZ E 125
TOFU
caponata *fusion* com
tofu macio 135
korma de almôndegas
de tofu 268
tofu com cardamomo,
verduras e limão 172
tofu com limão-negro
da Noor 176

udon com tofu frito e
nam jim de laranja 202
TOMATE
acelga colorida com
tomate e azeitona verde
183
bolinhos de berinjela
alla parmigiana 156
caponata *fusion* com
tofu macio 135
ensopado de cevada,
tomate e agrião 68-9
fregola com abóbora
e molho de tomate
anisado 137
molho de pimenta
tostada 45
orecchiette à
puttanesca em uma
panela só 139
pappa al pomodoro
com limão e semente
de mostarda 85
ratatouille berbere
picante com molho
de coco 209
salsa roja 159
TORANJA
bife de rutabaga com
crosta de curry 63
molho de toranja 145
TOSTAR 25-7, 36-49,
127-8

U

udon com tofu frito e
nam jim de laranja 202
umami 35, 214, 217-8, 223
UVA
couve-de-bruxelas
agridoce com castanha-
-portuguesa e uva 93

V

VAGEM
bolinhos de arroz com
kimchi e gruyère 166-7

salada de macarrão
com *laab* de cogumelo
e amendoim 233
vagens e pêssegos
grelhados do Calvin 37
vagens grelhadas em
cocção lenta 49
VERDURAS
tofu com cardamomo,
verduras e limão 172
verduras refogadas
com iogurte 175
VINAGRE 126
VINAGRE DE ARROZ 20
VINHO 225
**VINHO DE ARROZ
SHAOXING** 20
figos grelhados com
molho Shaoxing 110

X

XAROPE DE MAPLE
castanhas com shoyu
e maple 270-71

Z

ZAATAR
cacio e pepe com *zaatar*
104
salada de pepino, *zaatar*
e limão picado 19

315

AGRADECIMENTOS

Muitas vezes me perguntam como eu consigo continuar criando receitas para cozinheiros caseiros depois de mais de uma década publicando livros. A resposta é que eu não consigo. O que eu criei (junto com muitas outras pessoas) foram ambientes dos quais tenho um orgulhoso imenso: a cozinha de testes, que fica sob um arco ferroviário em Camden, na região norte de Londres, e os restaurantes Ottolenghi, incluindo o NOPI e o ROVI. Esses são os lugares onde os novos pratos ganham forma, e são as pessoas que trabalham neles que concebem as ideias que chegam às cozinhas em forma de livro.

Em Camden, ao lado de Ixta e Tara, a equipe da cozinha de testes tem a bênção de contar com Noor Murad, que cresceu no Bahrein e é a especialista não oficial em banquetes do Oriente Médio, tamarindo e qualquer coisa relacionada ao arroz, entre inúmeros outros talentos. Também sou imensamente grato a Gitai Fisher, que entende de tudo e muitas vezes é a pessoa que tem uma ideia brilhante para nos ajudar a solucionar um prato "problemático".

Outros colaboradores recorrentes são Calvin von Niebel, Verena Lochmuller, Paulina Bembel, Neil Campbell, Helen Goh e Esme Howarth. Sou grato a todos eles. Também sou grato a Claudine Boulstridge por suas opiniões inestimáveis.

Gostaria de agradecer a Jonathan Lovekin e Caz Hildebrand, meus parceiros criativos de longa data, por serem tão incrivelmente bons no que fazem, a Wei Tang pelos adereços e pela honestidade, e a Nishant Choksi, pelas ilustrações inteligentes. Obrigado também a Sam Carroll e Sytch Farm Studios.

Obrigado a Felicity Rubinstein por estar ao meu lado, muitas vezes tendo que segurar minha mão, durante velhos e novos desafios, e a Lizzy Gray por sua inteligência e sua paciência infinita.

Um enorme obrigado a Noam Bar por sua presença contínua por trás de cada projeto, a Cornelia Staeubli por seu apoio incondicional, e a Sami Tamimi por sua amizade.

Também sou extremamente grato à equipe da Ebury: Joel Rickett, Sarah Bennie, Diana Riley, Alice Latham e Celia Palazzo. Do outro lado do Atlântico, meu mais profundo obrigado a Kim Witherspoon, Aaron Wehner, Lorena Jones, Hannah Rahill, Kate Tyler, Windy Dorresteyn e Sandi Mendelson.

Obrigado também a Mark Hutchinson e Gemma Bell e sua equipe, e a Bob Granleese e Tim Lusher.

Por fim, mas o mais importante, agradeço ao amor da minha vida, Karl Allen, e aos meus dois macaquinhos, Max e Flynn. Obrigado também a Michael e Ruth Ottolenghi; Tirza, Danny, Shira, Yoav e Adam Florentin; Pete e Greta Allen, Shachar Argov, Garry Chang, Alex Meitlis, Ivo Bisignano, Lulu Banquete, Tamara Meitlis, Keren Margalit, Yoram Ever-Hadani, Itzik Lederfeind, Ilana Lederfeind e Amos, Ariela e David Oppenheim.

YOTAM OTTOLENGHI

AGRADECIMENTOS

Obrigada aos meus pais, Nicolas Belfrage e Maria Candida de Melo, pelo amor sem limites e pelas inesquecíveis aventuras pelo Brasil, pelo México e pela Itália, que moldaram a cozinheira que eu sou hoje.

À minha irmã, Beatriz Belfrage, pela sabedoria e pelo apoio com os quais posso sempre contar.

Ao meu primo, Moby Pomerance, por alimentar em mim o amor pela comida.

Obrigada a Claudia Lazarus, minha parceira no crime na maioria dos empreendimentos relacionados à comida fora da equipe Ottolenghi. Obrigada ao restaurante NOPI, onde conheci Claudia em uma cozinha lotada e onde a minha "aventura Ottolenghi" teve início.

Obrigada a Alex Intas, por seu amor e apoio inabaláveis, mas, mais importante, por seu inabalável apetite.

Obrigada a Lauren e Felipe Gonzalez, por me darem uma cópia de *Comida de verdade* tantos anos atrás com uma mensagem no tom de "acredite nos seus sonhos". Nem em sonho eu imaginava tudo isso!

A Noor Murad, obrigada por ser uma fonte constante de luz e inspiração.

A Jonathan, Lizzy, Celia, Annie, Caz, Wei e Nishant, obrigada por colaborarem para tornar alegre esta minha primeira empreitada no mundo da produção de livros.

E, o mais importante, obrigada a Yotam pela oportunidade única e por ser um professor extremamente paciente, inteligente e gentil.

IXTA BELFRAGE

Copyright © 2020 by Yotam Ottolenghi e Ixta Belfrage

Copyright das fotografias © 2020 by Jonathan Lovekin, exceto p. 211 © by Louise Hagger

Copyright das ilustrações © 2020 by Nishant Choksi

Publicado pela primeira vez no Reino Unido em 2020 como *FLAVOUR* pela Ebury Press, um selo da Ebury. Ebury é parte do grupo Penguin Random House.

O direito moral dos autores está reservado.

Companhia de Mesa é um selo da Editora Schwarcz S.A.

Grafia atualizada segundo o Acordo Ortográfico da Língua Portuguesa de 1990, que entrou em vigor no Brasil em 2009.

TÍTULO ORIGINAL Flavour
CAPA E PROJETO GRÁFICO Here Design
PREPARAÇÃO Milena Varallo
ÍNDICE REMISSIVO Julio Haddad
REVISÃO Jane Pessoa e Márcia Moura

Dados Internacionais de Catalogação na Publicação (CIP)
(Câmara Brasileira do Livro, SP, Brasil)

Ottolenghi, Yotam
  Sabor / Yotam Ottolenghi, Ixta Belfrage ; tradução Bruno Fiuza. — 1ª ed. — Companhia de Mesa, 2023.

  Título original: Flavour.
  ISBN 978-65-86384-14-7

  1. Culinária 2. Culinária (Legumes) 3. Culinária (Verduras) 4. Gastronomia I. Belfrage, Ixta. II. Título.

22-137552   CDD-641.6565

Índice para catálogo sistemático:
1. Verduras e legumes : Receitas : Culinária   641.6565

Aline Graziele Benitez – Bibliotecária – CRB-8/3129

Esta obra foi composta por Osmane Garcia Filho em Brown e Baskerville e impressa pela Geográfica em ofsete sobre papel Couché Matte da Suzano S.A. para a Editora Schwarcz em fevereiro de 2023

Todos os direitos desta edição reservados à
EDITORA SCHWARCZ S.A.
Rua Bandeira Paulista, 702, cj. 32
04532-002 — São Paulo — SP
Telefone: (11) 3707-3500
www.companhiadasletras.com.br
instagram.com/companhiademesa

A marca FSC® é a garantia de que a madeira utilizada na fabricação do papel deste livro provém de florestas que foram gerenciadas de maneira ambientalmente correta, socialmente justa e economicamente viável, além de outras fontes de origem controlada.